Grundlagen Fälle Schuldrecht BT
Kaufrecht

2007

Frank Müller
Rechtsanwalt und Repetitor in Münster

ALPMANN UND SCHMIDT Juristische Lehrgänge Verlagsges. mbH & Co. KG
48149 Münster, Annette-Allee 35, 48001 Postfach 1169, Telefon (0251) 98109-33
AS-Online: www.alpmann-schmidt.de

Müller, Frank
Grundlagen Fälle
Schuldrecht BT
Kaufrecht
1. Auflage 2007
ISBN-13: 978-3-89476-923-9

Verlag Alpmann und Schmidt Juristische Lehrgänge
Verlagsgesellschaft mbH & Co. KG, Münster

Die Vervielfältigung, insbesondere das Fotokopieren
ist nicht gestattet (§§ 53, 54 UrhG) und strafbar (§ 106 UrhG).
Im Fall der Zuwiderhandlung wird Strafantrag gestellt.

Benutzerhinweise

Die Skriptenreihe „Grundlagen Fälle" soll den Einstieg bzw. die Wiederholung des jeweiligen Rechtsgebiets anhand von Klausurfällen ermöglichen. Dies resultiert aus der Erkenntnis, dass allein das abstrakte Bearbeiten eines Rechtsgebiets nicht effektiv ist, weil unser Gehirn rein abstraktes Wissen nur unzureichend speichert. Andererseits bestehen Prüfungsaufgaben i.d.R. in dem Lösen von konkreten Fällen. Hier muss dann der Kandidat beweisen, dass er das Erlernte auf den konkreten Fall anwenden kann und die spezifischen Probleme des Falles entdeckt. Ferner muss er zeigen, dass er den Gutachtenstil beherrscht und an den Problemstellen überzeugend argumentieren kann. Während des Studiums besteht die Gefahr, dass man zu abstrakt lernt, sich verzettelt und letztlich gänzlich den Überblick über das wirklich Wichtige verliert.

Nutzen Sie die jahrzehntelange Erfahrung unseres Repetitoriums. Seit 50 Jahren wenden wir konsequent die Fallmethode an. Denn ein **prüfungsorientiertes Lernen** muss „hart am Fall" ansetzen. Schließlich sollen Sie keine Aufsätze oder Dissertationen schreiben, sondern eine überzeugende Lösung des konkret gestellten Falles abgeben. Da wir nicht nur Skripten herausgeben, sondern in mündlichen Kursen Studenten ausbilden, wissen wir aus der täglichen Praxis, „wo der Schuh drückt".

Wir haben seit Jahrzehnten einen Fernklausurenlehrgang. Hier hat die **Analyse von Tausenden abgegebener Klausurlösungen** gezeigt, welche typischen Fehlerquellen bestehen. Gerade dieser Umstand hat uns bewogen, unsere jahrzehntelange Erfahrung umzusetzen und die vorliegende Skriptenreihe herauszugeben. Wir haben daher insofern eine einzigartige Sammlung von AS-Klausuren zusammengestellt.

Die AS-Klausuren enthalten eine **Fallsammlung von typischen Klausurproblemen**. Die Lösung ist jeweils kompakt und vermeidet – so wie es in einer Klausurlösung auch sein soll – überflüssigen dogmatischen „Ballast". Die Lösungen sind, wie es gute Klausurlösungen erfordern, komplett durchgegliedert. Sie sind im Gutachtenstil geschrieben, wobei die unproblematischen Stellen entsprechend kurz ausfallen und ggf. nicht ausformuliert sind, was dann kursiv gedruckt ist. Gleichwohl müssen diese Stellen in einer Klausurlösung ausformuliert werden!

Sie erhalten jeweils Zusatzhinweise zum Standort des Fallproblems sowie zu Quervernetzungen. Ferner haben Sie zu jedem Rechtsgebiet die wichtigsten Aufbauschemata, welche gewährleisten, dass die Falllösung strukturiert erfolgt und kein Problem des Falles übersehen wird. Die Aufbauschemata dienen auch dem besseren Abspeichern und Übertragen auf andere Fälle.

Das Skript soll Ratgeber und Leitfaden für den Aufbau von Klausurlösungen sein. Mithilfe der Aufbauübersichten kann einerseits der typische Fallaufbau nach Anspruchsgrundlagen eingeübt werden. Andererseits wird das Systemverständnis durch ergänzende Übersichten sowie Randtexte mit Tipps und Warnhinweisen gefördert und vertieft.

Zur **Optimierung des Lernerfolges** mit diesem Skript empfehlen wir Ihnen, zunächst nur den Falltext der Klausur zu lesen und erst selbst eine Lösung zu finden. Wenn Sie dann im Anschluss die Lösung im Skript lesen, adaptieren Sie besser die Problemschwerpunkte des Falles.

Die einprägsamen Aufbauschemata ermöglichen es Ihnen dabei, jeweils die gesamte Materie zu erfassen und auf andere Fälle zu übertragen.

Achten Sie auf die Randbemerkungen, welche Ihnen Klausurtipps nicht nur in juristischer, sondern auch in taktischer Hinsicht geben.

Bitte beachten Sie, dass wir hier Klausuranwendung vermitteln. Die Skriptenreihe zu den AS-Klausuren **ersetzt** daher **nicht die Erarbeitung der gesamten Materie** sowie der Struktur des gesamten Rechtsgebiets. Übergreifende Aufbauschemata für das gesamte Zivilrecht finden Sie in unserer Skriptenreihe „Aufbauschemata Zivilrecht/ZPO".

Zur flächendeckenden, anspruchsvollen Vertiefung empfehlen wir unsere bewährten AS-Skripten zu dem jeweiligen Rechtsgebiet, s. unser Verlagsprogramm am Ende dieses Skripts.

Klausurtechnik und -taktik

A. Oberste Klausurregel
„Ruhe bewahren – andere kochen auch nur mit Wasser."

B. Technischer Ablauf:
Der technische Ablauf einer Klausur stellt prinzipiell einen „Vierakter" dar; optimal mit folgendem Ablauf:

1. Akt:	Vollständiges Erfassen des Sachverhalts
2. Akt:	Erstellen einer vollständigen Lösungsskizze (Gliederung)
3. Akt:	Niederschrift des Gutachtens
4. Akt:	Durchlesen der eigenen Lösung und „Feilen" an Lösung

C. Die sieben Regeln für eine erfolgreiche Klausurbearbeitung:

I. Sachverhaltsaufbereitung
- Den Sachverhalt sorgfältig mindestens **zwei- bis dreimal vollständig lesen**
- **Sachverhaltsskizze und/oder Zeitstrahl** erstellen
- Dabei auf gesondertem Blatt die ersten Ideen („§§ ... , konkludente Anfechtung" etc.) notieren

⇨ **Klausurtipp:** Die ersten Ideen sind häufig die besten!

II. Fragestellung erarbeiten
Fragestellung genau **herausarbeiten und auch beachten**; dabei
- Aufgliederung nach Sachverhaltsteilen, Personen und erfragten Rechtsfolgen
- Interessengegensätze herausfinden; worum geht es in dem Fall bzw. zwischen den Parteien?
- W-Fragen beachten:
Wer-will-was-von wem-weswegen-woraus?

III. Rechtliches Durchdringen des Falles
Die rechtliche Durchdringung des Falles und die Erstellung der Lösungsskizze vollzieht sich in **zwei Phasen**:

1. Brainstorming (kreative Phase):
- Auffinden und Ordnen der fallverdächtigen Rechtsnormen
- Alle Gesetze – auch wenn hinlänglich bekannt – lesen, um nichts zu vergessen

⇨ **Klausurtipp:** Auch immer „zwei §§ davor und zwei dahinter" prüfen!!!

2. Disziplinierte Prüfung (Arbeitsphase)
Akribische Prüfung der für lösungsrelevant erkannten Rechtsnormen

IV. Der Sachverhalt ist mitteilsam und heilig!!!
1. Eine Klausurlösung muss laufen wie eine **„Klickerbahn"**: Ein Teil muss sich aus dem anderen ergeben; wenn es bei der Lösung nicht richtig weitergeht, darf nicht der Sachverhalt dem gewollten Ergebnis angepasst werden, sondern der eigene Lösungsansatz muss überprüft werden.

2. **Ausnahmen:**
   - Im Sachverhalt **nicht genannte Formalien** dürfen als gegeben angenommen werden (z.B. formgerechte Klageerhebung)
   - Bei Lücken im Sachverhalt immer **lebensnahe Auslegung**; aber nur, wenn sie für die Lösung auch wirklich erforderlich ist
   - An **Rechtsansichten der Beteiligten** ist man nicht gebunden, vielmehr können sie ein Tipp des Klausurstellers, aber auch eine Falle sein!

V. Schwerpunktbildung
1. Bereits bei der Erstellung der Gliederung problemorientiert prüfen, **Schwerpunkte bilden** und in der Lösungsskizze kennzeichnen (z.B. durch eine andere Farbe oder mit einem „P")
2. Als abwegig Erkanntes aussortieren!

Merke: Immer kritikfähig in Bezug auf die eigene Lösung bleiben!!!

VI. Prüfungsreihenfolge vom Speziellen zum Besonderen
1. **Prüfungsreihenfolge** im Zivilrecht (sofern nicht durch Fragestellung eingeengt)
   - Primäranspruch vor Sekundäranspruch
   - Vertragliche immer vor gesetzlichen Ansprüchen etc.
2. **Spezialnormen vor Generalnormen** (Gewährleistungsrecht ist bei Sach- oder Rechtsmängeln spezieller und verdrängt den Generaltatbestand des § 280 Abs. 1 BGB)
3. **Logische Vorränge** beachten
   - Verfahrensrechtliche Vorränge beachten (Zulässigkeit vor Begründetheit einer Klage)
   - §§ 987 ff. BGB schließen §§ 812 ff., 823 ff. BGB aus wegen § 993 Abs. 1, 2. Halbs. BGB!
4. **Konkrete Prüfungsaufhänger** suchen

   Keine abstrakten Erörterungen, sondern Probleme stets konkret am Tatbestandsmerkmal erörtern

VII. Handwerkliches Können bei der Erstellung der Lösung
1. Bei der **Subsumtion** immer den Pendelblick bewahren zwischen der zu prüfenden Norm, der Fragestellung, dem Sachverhalt und dem Gesetzestext
2. **Gesetzesnorm genau bezeichnen** (nicht „§ 812 BGB", sondern § 812 Abs. 1 S. 1, 1. Alt. BGB) und vollständig prüfen
3. **Reihenfolge:** Definition, dann Subsumtion, dann (Zwischen-)Ergebnis („Somit besteht der Anspruch aus ...")

   Nicht Ergebnis voranstellen, da Urteilsstil („Der Anspruch besteht, denn ...")!
4. **Klare und geraffte Argumentationen** („dafür/dagegen; zu folgen ist")
5. **Meinungsstreite** nur nach vorheriger Herleitung und nur, wenn es für die Falllösung darauf ankommt. Nach der Darstellung der einzelnen Meinung Ergebnis zum konkreten Fall. Bei verschiedenen Ergebnissen: Stellungnahme nicht vergessen!
6. **Tatbestandsmerkmale können offengelassen werden,** wenn ihr Vorliegen problematisch und die Norm wegen eines anderen, gleichrangigen Tatbestandsmerkmals nicht einschlägig ist.
7. Wichtig: **Gliederungspunkte verwenden,** da nur so dem Prüfer klar wird, dass man die Systematik (z.B. Obervoraussetzung, Untervoraussetzung; Anwendbarkeit – Voraussetzungsseite – Rechtsfolge) beherrscht. Also nicht in „einer Soße" herunterschreiben! Hingegen sind Überschriften, z.B. „Tatbestand", „Rechtswidrigkeit", entbehrlich.
8. Bilden Sie **Schwerpunkte**. D.h. ausführliche Argumentation an den „Knackpunkten" des Falles, hingegen Unproblematisches kurz erörtern. (Ausführlich zum Gutachtenstil s. AS-Skript „Juristische Methodenlehre")

INHALTSVERZEICHNIS

- Vertiefungsschema 1: Käuferrechte im Überblick 1

1. Teil: Abgrenzung Schuldrecht AT zu kaufrechtlicher Gewährleistung 2
Fall 1:   Abgrenzung Unmöglichkeit zur Gewährleistung 2
Fall 2:   Abgrenzung Anfechtungsrecht zur Gewährleistung 5
Fall 3:   Abgrenzung allgemeine Leistungsstörungen zum Gewährleistungsrecht 8
- Vertiefungsschema 2: Mangelbegriff im Kaufrecht 12

2. Teil: Anwendungsbereich der Gewährleistung 14
Fall 4:   Vereinbarte Beschaffenheit 14
Fall 5:   Gewöhnliche Beschaffenheit 17
Fall 6:   Werbeaussagen 19
Fall 7:   Lieferung anderer Sachen, Minderleistung 21
Fall 8:   Fehlerhafte Montageanleitung, Montage 23
Fall 9:   Rechtsmangel 25
- Aufbauschema 1: Generalaufbau Gewährleistungsrechte 27
- Aufbauschema 2: Der Nacherfüllungsanspruch 28

3. Teil: Anspruch auf Nacherfüllung 29
Fall 10: Nacherfüllung beim Stückkauf 29
Fall 11: Umfang der Nacherfüllung 33
Fall 12: Nutzungsvergütung im Rahmen der Nacherfüllung 36
- Aufbauschema 3: Rücktritt 37

4. Teil: Rücktritt 39
Fall 13: Rücktritt 39
Fall 14: Rücktritt und Wertersatz 45
- Aufbauschema 4: Minderung 47

5. Teil: Minderung 48
Fall 15: Minderung 48
Fall 16: Minderung als Anspruchsgrundlage 50
- Aufbauschema 5: Schadensersatz/Aufwendungsersatz statt der Leistung 51

6. Teil: Schadensersatz 52
Fall 17: Schadensersatz wegen anfänglicher Unmöglichkeit 52
Fall 18: Schadensersatz wegen nachträglicher Unmöglichkeit 54
Fall 19: Folgeschäden bei Unmöglichkeit der Nacherfüllung 57
Fall 20: Schadensersatz statt der Leistung bei Ausbleiben der Nacherfüllung 61
- Aufbauschema 6: Schadensersatz neben der Leistung 63
Fall 21: Folgeschäden bei Ausbleiben der Nacherfüllung 64
Fall 22: Verzögerungsschäden bei Ausbleiben der Nacherfüllung 67
Fall 23: Eigenmächtige Mängelbeseitigung 69
Fall 24: Doppelte Fristsetzung? 73

7. Teil: Aufwendungsersatz ...75
Fall 25: Aufwendungsersatz ...75
▶ Aufbauschema 7: Selbstständiger Garantievertrag ...78

8. Teil: Garantie ...79
Fall 26: Herstellergarantie ...79
Fall 27: Selbstständige Verkäufergarantie ...83
▶ Aufbauschema 8: Unselbstständiger Garantievertrag ...86
Fall 28: Unselbstständige Garantie – Beschaffenheitsgarantie ...87
Fall 29: Unselbstständige Verkäufergarantie – Haltbarkeitsgarantie ...90
▶ Aufbauschema 9: Abweichen vom Aufbauschema 1 bei Verbrauchsgüterkauf ...94

9. Teil: Verbrauchsgüterkauf/Unternehmerregress ...95
Fall 30: Anwendungsbereich des Verbrauchsgüterkaufs ...95
Fall 31: Gestaltungsmöglichkeiten beim Verbrauchsgüterkauf ...100
Fall 32: Inzahlunggabe/Agenturgeschäfte ...102
Fall 33: Beweislastumkehrung ...105
▶ Aufbauschema 10: Der Unternehmerregress ...108
Fall 34: Unternehmerregress ...109
▶ Vertiefungsschema 3: Besonderheiten bei Verbrauchsgüterkauf/Unternehmerregress ...114
▶ Vertiefungsschema 4: Gewährleistungsausschluss ...116

10. Teil: Gewährleistungsausschluss ...117
Fall 35: Gesetzliche Ausschlussgründe ...117
Fall 36: Individual-vertragliche Ausschlussgründe ...119
▶ Aufbauschema 11: Gewährleistungsausschluss durch AGB ...122
Fall 37: Gewährleistungsausschluss durch AGB ...124

11. Teil: Verjährung ...127
Fall 38: Verjährung der Gewährleistung ...127
Fall 39: Ablauf der Verjährungsfrist bei Gestaltungsrechten ...131

12. Teil: Rechtskauf, Forderungskauf ...133
Fall 40: Rechtskauf, Forderungskauf ...133

Stichwortverzeichnis ...135

Vertiefungsschema 1: Käuferrechte im Überblick

Käuferrechte wegen Leistungsstörungen

Nichtleistung des Verkäufers
= Verstoß gegen § 433 Abs. 1 S. 1*
→ d.h. keine Lieferung

1. **Erfüllungsanspruch auf Lieferung aus § 433 Abs. 1**
   a) besteht **grds. fort**
   b) **Untergang, falls**
      ▸ Unmöglichkeit zu liefern, § 275
      ▸ Rücktritt des Käufers
         – § 326 Abs. 5 (Unmöglichkeit)
         – § 323 Abs. 1, 1. Alt.
      ▸ SchE statt der Leistung, vom Käufer verlangt, § 281 Abs. 4

2. **Sekundärrechte des Käufers**
   ▸ **Rücktrittsrecht** (§ 325: kumulativ möglich)
      – § 326 Abs. 5 (Unmöglichkeit)
      – § 323 Abs. 1, 1. Alt.
   ▸ **SchE statt der Leistung (oder Aufwendungsersatz)**
      – § 311 a Abs. 2 (i.V.m. § 284) bei anfänglicher Unmöglichkeit
      – § 280 Abs. 1, Abs. 3
      – § 280 Abs. 1, Abs. 3, § 281
      – § 283 (i.V.m. § 284) bei nachträglicher Unmöglichkeit
      – § 280 Abs. 1, Abs. 3, § 282 (bei Nebenpflichtverletzung)
   ▸ **SchE neben der Leistung**
      – § 280 Abs. 1, Abs. 2 i.V.m. § 286 (Verzögerungsschaden)
      – § 280 Abs. 1 bei Nebenpflichtverletzung i.S.v. § 241 Abs. 2

Schlechtleistung des Verkäufers
= Verstoß gegen § 433 Abs. 1 S. 2
→ d.h. Lieferung, aber Sach- oder Rechtsmangel, §§ 434, 435

1. **Gefahrübergang i.S.v. §§ 446, 447, 300 Abs. 2 bereits erfolgt** (vgl. Wortlaut § 434 Abs. 1)

2. **Abgestufte Rechte des Käufers aus § 437**
   a) **§ 437 Nr. 1 i.V.m. § 439: Vorrangig Nacherfüllungsanspruch**
   b) **Grds. nachrrangig, d.h. wenn Nacherfüllung erfolglos:**
      aa) **Rücktritt, § 437 Nr. 2, 1. Alt. i.V.m.**
         ▸ § 326 Abs. 5 Unmöglichkeit der Nacherfüllung
         ▸ § 323 Abs. 1, 2. Alt. Ausbleiben der Nacherfüllung
         oder Minderung gem. § 437 Nr. 2, 2. Alt. i.V.m. § 441
      bb) **SchE statt der Leistung (Aufwendungsersatz) aus § 437 Nr. 3**
         ▸ i.V.m. § 311 a Abs. 2 (i.V.m. § 284)
         ▸ i.V.m. § 280 Abs. 1, Abs. 3, §§ 283, 284)
         ▸ i.V.m. § 280 Abs. 1, Abs. 3, 281 (§ 284) bei Ausbleiben der Nacherfüllung
      cc) **SchE neben der Leistung, § 437 Nr. 3 i.V.m.**
         ▸ § 280 Abs. 1, Abs. 2 i.V.m. § 286 (Verzögerungsschaden)
         ▸ § 280 Abs. 1 bei Nebenpflichtverletzung i.S.v. § 241 Abs. 2

* §§ ohne Gesetzesangabe sind solche des BGB.

1. Teil: Abgrenzung Schuldrecht AT zu kaufrechtlicher Gewährleistung

Fall 1: **Abgrenzung Unmöglichkeit zur Gewährleistung**

Der K, Inhaber eines kleinen Juweliergeschäfts, hatte bei V, der ein Pfandleihhaus in Bahnhofsnähe betreibt, diverse Ringe und Halsketten zum Gesamtpreis von 5.000 € gekauft. Nachfolgend bot K die Schmuckstücke im Internet zum Gesamtkaufpreis von 6.500 € an. Wenig später erschien die Polizei in seinem Juweliergeschäft und stellte die Schmuckstücke sicher. Die Polizei wies den K darauf hin, dass sie schon seit längerem nach den Schmuckstücken, die bei einem Einbruch aus dem Haus des E gestohlen worden waren, gefahndet habe. Später werden die Schmuckstücke von der Polizei an den Eigentümer E herausgegeben. K verlangt nunmehr 6.500 € Schadensersatz von V, da er bereits einen Interessenten gehabt habe, der ihm die Schmuckstücke für diesen Preis abgekauft hätte. V hingegen lehnt eine Schadensersatzzahlung ab mit dem Hinweis, er habe selbst nicht gewusst, dass es sich um Diebesbeute gehandelt habe. Hat K gegen V einen Anspruch auf Schadensersatz in Höhe von 6.500 €?

Klausurtipp:
Mit dem Zusatz „Ggf." kann bereits im Obersatz angedeutet werden, dass die Abgrenzung zum Gewährleistungsrecht problematisch ist. Zulässig ist es aber auch, im Obersatz lediglich mit § 311 a Abs. 2 zu beginnen und dann erst bei dem Prüfungspunkt „Unmöglichkeit" zur Gewährleistung abzugrenzen

Schadensersatzanspruch K gegen V von 6.500 € aus § 311 a Abs. 2 ggf. i.V.m. § 437 Nr. 3

I) Schuldverhältnis zwischen K und V

§ 311 a Abs. 2 gilt für alle Verträge, die eine Leistungspflicht begründen, also auch für Kaufverträge. Hier haben K und V einen Kaufvertrag i.S.v. § 433 über die Gesamtheit der Schmuckstücke geschlossen. Ein etwaiges anfängliches Unvermögen des V, dem K das Eigentum zu verschaffen, steht gemäß § 311 a Abs. 1 der Wirksamkeit des Vertrages nicht entgegen.

II) Anfängliche Unmöglichkeit

Da § 311 a Abs. 2 an den Wortlaut des § 311 a Abs. 1 anknüpft, setzt die Vorschrift voraus, dass der Schuldner nach § 275 BGB nicht zu leisten braucht und das Leistungshindernis schon bei Vertragsschluss vorlag. Mithin muss anfängliche Unmöglichkeit gegeben sein.

1) Abhandenkommen als Unmöglichkeit

Die von V an K veräußerten Schmuckstücke waren zuvor aus der Villa des E gestohlen worden. Damit lag Abhandenkommen vor. Da keiner der Ausnahmefälle i.S.v. § 935 Abs. 2 greift, konnte K gemäß § 935 Abs. 1 S. 1 nicht gutgläubig das Eigentum erwerben. Somit konnte V dem K von Anfang an kein Eigentum verschaffen, sodass anfängliche (subjektive) Unmöglichkeit vorliegen könnte und damit § 311 a Abs. 2 anwendbar wäre.

2) Abhandenkommen als Rechtsmangel

Andererseits könnte die Nichtverschaffung des Eigentums durch den Verkäufer als Rechtsmangel i.S.v. § 435 anzusehen sein, sodass sich dann die Gewährleistungsrechte des Käufers nach § 437 richten. Dafür könnte sprechen, dass der Dritte, hier der wahre Eigentümer E, einen Anspruch aus § 985 auf Herausgabe der Sache hat und damit Rechte an der Sache gegen den Käufer K i.S.v. § 435 geltend machen kann.

3) Abgrenzung Unmöglichkeit zur Gewährleistung

Fraglich ist, wie der vorliegende Fall zuzuordnen ist.

Für die Abgrenzung zwischen Schuldrecht AT und dem Gewährleistungsrecht gelten die allgemeinen Grundsätze: Hat der Schuldner, hier der Verkäufer, gar nicht geleistet und verlangt der Käufer wegen Nichtleistung Schadensersatz statt der Leistung, so richtet sich dieser Anspruch nach Schuldrecht AT, d.h. im Fall der anfänglichen Unmöglichkeit nach § 311 a Abs. 2. Hingegen gilt das kaufrechtliche Gewährleistungsrecht als lex specialis, falls der Schuldner, hier Verkäufer, schlecht leistet. D.h. der Verkäufer muss den Leistungsgegenstand erbracht haben, welcher entweder mit einem Sachmangel i.S.v. § 434 oder mit einem Rechtsmangel i.S.v. § 435 behaftet ist. ⇨ s. Vertiefungsschema 1

Kann der Verkäufer, wie hier, wegen Abhandenkommens kein Eigentum verschaffen, so ist die Zuordnung nach den vorgenannten Kriterien umstritten:

a) Unmöglichkeit

Die erste Meinung[1] stellt maßgeblich darauf ab, dass der Verkäufer seine Pflicht aus § 433 Abs. 1, das Eigentum zu verschaffen, nicht erfüllt hat, sodass eine Nichtleistung und damit Unmöglichkeit vorliege.

b) Rechtsmangel

Die Gegenansicht[2] betont demgegenüber, dass der Verkäufer immerhin die Kaufsache übergeben habe, sodass keine Nichterfüllung mehr vorliege. Hingegen seien die Rechte des wahren Eigentümers als Rechte Dritter i.S.v. § 435 und damit als Rechtsmangel anzusehen, sodass das Gewährleistungsrecht einschlägig sei. Folgt man dieser Auffassung, so gilt für Schadensersatzansprüche des Käufers § 437 Nr. 3. Dieser verweist jedoch wiederum auf §§ 280 ff. Dieser Verweis ist so zu verstehen, dass der Bezugspunkt nunmehr die Nacherfüllung i.S.v. § 437 Nr. 1 ist. Ist diese von vornherein unmöglich, so gilt wiederum für Schadensersatz § 311 a Abs. 2. Hier war es für V wegen § 935 Abs. 1 von Anfang an unmöglich, den Rechtsmangel zu beseitigen, sodass nach dieser Auffassung der Schadensersatzanspruch aus § 437 Nr. 3 i.V.m. § 311 a Abs. 2 anwendbar ist.

c) Streitentscheidung entbehrlich

Da somit letztlich beide Auffassungen zur Anwendung des § 311 a Abs. 2 gelangen, ist für den vorliegenden Fall eine Streitentscheidung entbehrlich.

III) Vertretenmüssen des V

1) Ein Vertretenmüssen des V wird vermutet bis zur Exkulpation gemäß § 311 a Abs. 2 S. 2 (s. hierzu AS-Skript Grundlagen Fälle Schuldrecht AT, 1. Aufl. 2007, Fall 16).

Klausurtipp:
Eine Streitentscheidung wird nur dann erforderlich, wenn Verjährung im Raum steht:
- Ansprüche aus Schuldrecht AT, z.B. aus § 311 a Abs. 2, verjähren gemäß §§ 195, 199 grds. in 3 Jahren
- Gewährleistungsrechte aus § 437 verjähren gemäß § 438 grds. in 2 Jahren (bewegliche Sachen)

---

1 Palandt/Putzo § 435 Rdnr. 8.
2 Canaris JZ 2003, 831, 832.

Fraglich ist, ob sich V hier exkulpiert hat. V hat lediglich geltend gemacht, er habe von dem vorangegangenen Diebstahl des Schmucks nichts gewusst. Dies schließt jedoch den Vorwurf der Fahrlässigkeit nicht aus.

Gemäß § 276 Abs. 1, Abs. 2 handelt fahrlässig, wer die im Verkehr erforderliche Sorgfalt außer Acht lässt. Hat ein Verkäufer Gebrauchtsachen seinerseits zuvor angekauft, in Zahlung genommen oder in sonstiger Art und Weise erworben, so muss er die ihm gebotenen und zumutbaren Nachforschungspflichten erfüllen. Der Umfang der Nachforschungspflicht und die daraus resultierenden Sorgfaltsanforderungen hängen von den Umständen des Einzelfalles ab. Gerade bei Sachen, die besonders dem Risiko des Diebstahls ausgesetzt sind, besteht die Pflicht, vor Vertragsschluss Erkundigungen über die Herkunft der Sache einzuziehen.[3]

Vorliegend ist zu berücksichtigen, dass V als Pfandleiher hier wertvollen Schmuck von einer ihm unbekannten Person, welche offenbar Liquiditätsprobleme hatte, entgegengenommen hat. Gerade in dieser Situation kann von einem Pfandleiher erwartet werden, dass er sorgfältig die Herkunft prüft. Hierzu hat der V nichts dargetan, sodass keine Exkulpation vorliegt.

Mangels Exkulpation bleibt daher der Fahrlässigkeitsvorwurf bestehen.

IV) Rechtsfolge

Gemäß § 311 a Abs. 2 S. 1 kann K Schadensersatz statt der Leistung verlangen.

1) Gezahlter Kaufpreis

Hat der Käufer bereits den Kaufpreis bezahlt, so kann er – unabhängig von einem kumulativ möglichen Rücktritt (vgl. § 325) – den gezahlten Kaufpreis als Mindestschaden zurückverlangen.

Somit stünde K ein Schadensersatzanspruch in Höhe von 5.000 € zu.

2) Entgangener Gewinn

Gemäß § 252 ist auch der entgangene Gewinn zu ersetzen. Da hier K bereits einen konkreten Kaufinteressenten hatte, der den Schmuck für 6.500 € gekauft hätte, beträgt der entgangene Gewinn 1.500 €.

Somit kann K von V insgesamt 6.500 € Schadensersatz verlangen.

---

[3] Palandt/Heinrichs § 311 a Rdnr. 9.

Fall 2: Abgrenzung Anfechtungsrecht zur Gewährleistung

K hat in der Gärtnerei des V eine große Palme zum Preis von 3.000 € gekauft. Da K die Palme das gesamte Jahr über draußen im Garten stehen lassen wollte, hatte er den V gefragt, ob die Palme auch winterhart sei. V, der Palmen erst jüngst in sein Sortiment aufgenommen hatte und sich mit Palmen gar nicht auskannte, hatte die Frage mit „Ja sicher" beantwortet. Im Winter stellt sich heraus, dass die Palme nicht frostsicher ist, und sie geht ein. K erklärt empört sofort die Anfechtung des Kaufvertrages gegenüber V und verlangt sein Geld zurück. Zu Recht?

Bearbeitervermerk: Auf die Saldotheorie ist nicht einzugehen!

A) Anspruch K gegen V auf Rückzahlung der 3.000 € aus § 812 Abs. 1 S. 1, 1. Alt. bzw. § 812 Abs. 1 S. 2, 1. Alt.

I) Etwas erlangt

V hat etwas, Eigentum und Besitz an den 3.000 €, erlangt.

II) Durch Leistung des K

K hat die Kaufpreiszahlung ziel- und zweckgerichtet an V erbracht, mithin geleistet.

III) Ohne Rechtsgrund

An sich bildet der zwischen K und V geschlossene Kaufvertrag den Rechtsgrund für den erlangten Kaufpreis. Jedoch könnte der Kaufvertrag aufgrund der von K erklärten Anfechtung rückwirkend gemäß § 142 weggefallen sein. Die umstrittene Frage, ob bei Anfechtung § 812 Abs. 1 S. 2, 1. Alt (späterer Wegfall des Rechtsgrundes) oder wegen der rückwirkenden Kraft der Anfechtung, § 812 Abs. 1 S. 1, 1. Alt. (Rechtsgrund fehlt von Anfang an) gilt, kann wegen der gleichen Rechtsfolge des § 812 Abs. 1 dahinstehen.

Fraglich ist, ob K wirksam angefochten hat.

1) Anfechtungsgrund

a) Anfechtungsgrund § 119 Abs. 1

Die Vorschrift des § 119 Abs. 1 müsste neben dem kaufrechtlichen Gewährleistungsrecht anwendbar sein.

Da das kaufrechtliche Gewährleistungsrecht in §§ 434 ff. nicht Inhalts- oder Erklärungsirrtümer erfasst, bestehen keine Konkurrenzprobleme zwischen § 119 Abs. 1 und dem Gewährleistungsrecht. Hier befand sich jedoch K bei Abschluss des Kaufvertrages nicht in einem Irrtum über den Bedeutungsgehalt seiner Willenserklärung, sodass kein Inhaltsirrtum i.S.v. § 119 Abs. 1 vorlag. Auch ein Erklärungsirrtum i.S.e. Versprechens oder Vergreifens des K scheidet aus.

b) Anfechtungsgrund § 119 Abs. 2

Die Frostsicherheit der Palme ist ein wertbildender Faktor und damit eine verkehrswesentliche Eigenschaft der Kaufsache. Jedoch stellt die mangelnde Frostfestigkeit der Palme gleichzeitig eine Abweichung von der

---

Klausurtipp:
Konkurrenz Anfechtungsrecht zu Gewährleistungsrecht
- § 119 Abs. 1
  Stets anwendbar, da in §§ 433 ff. Inhalts-, Erklärungsirrtümer nicht geregelt.
- § 119 Abs. 2
  Da sich verkehrswesentliche Eigenschaft mit vereinbarter Soll-Beschaffenheit i.S.v. § 434 überschneidet, sind jedenfalls ab Gefahrübergang (§§ 446, 447) die Gewährleistungsrechte aus §§ 434 ff. lex specialis
- § 123
  Da ein täuschender oder drohender Verkäufer nicht schutzwürdig ist, steht dem Käufer wahlweise die Gewährleistung oder die Anfechtung gemäß § 123 zu

vereinbarten Soll-Beschaffenheit dar, sodass die Palme mangelhaft i.S.v. § 434 Abs. 1 S. 1 ist. Das Mängelgewährleistungsrecht der §§ 434 ff. bildet daher eine abschließende Sonderregelung, jedenfalls ab Gefahrübergang (Übergabe). Damit das kaufrechtliche Gewährleistungsrecht nicht ausgehebelt wird, ist daher bei Sach- oder Rechtsmängeln eine Anwendung des § 119 Abs. 2 ausgeschlossen. Somit kann K sich nicht auf den Anfechtungsgrund des § 119 Abs. 2 stützen (s. auch AS-Skript Grundlagen Fälle BGB AT, 1. Aufl. 2007, Fall 38).

c) **Anfechtungsgrund § 123 Abs. 1**

aa) **Anwendbarkeit**

Fraglich ist, ob auch hier das Gewährleistungsrecht als spezieller anzusehen ist, zumal in §§ 442, 444, 445 die Arglist des Verkäufers gesondert geregelt ist. Andererseits ist ein Verkäufer, der arglistig Mängel vorgetäuscht oder verschwiegen hat, nicht schutzwürdig und soll die gesamte Härte des BGB i.S.v. § 437 zu spüren bekommen. Daher hat der Käufer ein Wahlrecht, ob er den Kaufvertrag bestehen lässt und Gewährleistungsansprüche geltend macht oder den Kaufvertrag durch Anfechtung nach § 123 beseitigt und Ansprüche aus § 812 geltend macht. Demnach wäre hier § 123 Abs. 1 anwendbar.

bb) **Voraussetzungen des § 123 Abs. 1**

Fraglich ist, ob V hier arglistig gehandelt hat. Arglist erfordert zumindest bedingten Vorsatz; Fahrlässigkeit genügt nicht. Hier hatte V keinerlei Kenntnisse über die Pflanzenart und hat damit ohne tatsächliche Grundlage Angaben „ins Blaue hinein" gemacht. Die Arglist liegt in solchen Fällen darin, dass dem Verkäufer jegliche zur sachgemäßen Auskunft erforderliche Kenntnis fehlt und er gleichwohl diesen Umstand dem Käufer verschweigt.

Somit besteht hier der Anfechtungsgrund des § 123 Abs. 1.

2) **Anfechtungserklärung**

K hat innerhalb der Jahresfrist des § 124 die Anfechtung gegenüber V erklärt.

3) **Rechtsfolge, § 142**

Gemäß § 142 ist die Willenserklärung des K und damit der Kaufvertrag rückwirkend weggefallen. Damit hat K den Kaufpreis ohne Rechtsgrund geleistet.

IV) **Rechtsfolge, §§ 812, 818 Abs. 2**

Somit hat K einen Anspruch aus § 812 auf Rückübertragung des Geldes. Da davon auszugehen ist, dass V die seinerzeit von K übertragenen Geldscheine nicht mehr hat, so ist gemäß § 812 Abs. 2 Wertersatz geschuldet, d.h. andere Geldscheine bzw. Überweisung der 3.000 €.

B) Schadensersatzanspruch K gegen V auf 3.000 € aus § 823 Abs. 2 BGB i.V.m. § 263 StGB

Da V den K vorsätzlich getäuscht und dadurch einen Irrtum über die Frostsicherheit bei K erzeugt hat, welcher zu der Kaufpreiszahlung als vermögensschädigende Verfügung geführt hat, und V auch die Absicht

Klausurtipp:
Grds. sind die umfassenden Schadensersatzansprüche aus §§ 823 ff. vor § 812 zu prüfen. Wegen der von K ausdrücklich erklärten Anfechtung ist es jedoch legitim, hier mit § 812 zu beginnen

rechtswidriger Bereicherung hatte, liegt ein Betrug als Schutzgesetz i.S.v. § 823 Abs. 2 vor. V schuldet daher Schadensersatz i.H.v. 3.000 €.

C) Schadensersatzanspruch K gegen V auf 3.000 € aus § 826

Da der Betrug des V gleichzeitig eine vorsätzliche sittenwidrige Schädigung gegenüber K darstellt, ergibt sich der gleiche Schadensersatzanspruch aus § 826.

Fall 3: Abgrenzung allgemeine Leistungsstörungen zum Gewährleistungsrecht

K hat von V durch notariellen Vertrag ein Hausgrundstück gekauft. Das Anwesen befindet sich in idyllischer Lage, direkt an einem Fluss. V hatte den K darauf hingewiesen, dass es sich um einen sog. Schwarzbau handelte, den die zuständige Behörde bislang geduldet hatte. In dem notariellen Kaufvertrag war dementsprechend vereinbart worden, dass dies beim Kaufpreis berücksichtigt worden ist. Ferner war in dem Vertrag vereinbart worden, dass K in die bisherigen Verhandlungen des V mit der Behörde um eine Genehmigung eintritt und dass V dem K hierzu den bisherigen Schriftwechsel überlässt. Weiterhin findet sich im notariellen Vertrag der Passus, dass der Käufer über die Sach- und Rechtslage aufgeklärt wurde und dass V keine weitergehende Haftung übernimmt. K überweist den Kaufpreis. Nach Einzug tritt K in die Verhandlungen mit der Behörde ein. Deren Sachbearbeiter zeigt sich jedoch stur und erlässt eine Abrissverfügung. Nunmehr begibt sich K zu seinem Rechtsanwalt R und bittet um Rat. Rechtsanwalt R kommt zu dem Ergebnis, dass Rechtsbehelfe gegen die Abrissverfügung aussichtslos sind. Kann K gegenüber V den Kaufvertrag rückgängig machen?

Klausurtipp:
Ansätze für das Rückgängigmachen eines Vertrages:
- ex tunc
  - Anfechtung, §§ 119 ff. i.V.m. § 142
  - führt zur Rückabwicklung gemäß §§ 812, 818
- ex nunc
  - Rücktritt
  - führt zur Rückabwicklung gemäß §§ 346 ff.

⇨ Wegen des spez. Gewährleistungsrechts und der Tatsache, dass § 346 die bessere Anspruchsgrundlage als § 812 (vgl. § 818 Abs. 3) ist, sollte bei offener Fragestellung mit Rücktritt begonnen werden

⇨ Anders, falls Käufer schon Anfechtung erklärt hat

A) Rücktrittsrecht des K aus § 437 Nr. 2, 1. Alt. i.V.m. §§ 323, 326 Abs. 5, 346 wegen Gewährleistung

I) **Kaufvertrag zwischen K und V, § 433**

K und V haben einen wirksamen, gemäß § 311 b Abs. 1 S. 1 beurkundeten Kaufvertrag über das Hausgrundstück abgeschlossen.

II) **Vorliegen eines Mangels zum Zeitpunkt des Gefahrübergangs, §§ 434, 435**

Ein Sach- oder Rechtsmangel i.S.v. §§ 434, 435 setzt die Abweichung der Ist- von der im notariellen Vertrag vereinbarten Soll-Beschaffenheit bei Gefahrübergang voraus. Aufgrund des ausdrücklichen Hinweises im notariellen Vertrag auf den Schwarzbau scheidet demnach ein Mangel aus. Somit hat K keine Gewährleistungsrechte, mithin auch kein Rücktrittsrecht aus § 437 Nr. 2.

B) K gegen V auf Vertragsaufhebung aus § 280 Abs. 1 i.V.m. Naturalrestitution, § 249 Abs. 1

I) **Schuldverhältnis zwischen K und V**

1) **Vertragliches Schuldverhältnis, § 311 Abs. 1**

a) **Kaufvertrag, § 433**

Zwar besteht zwischen K und V ein Kaufvertrag. Da die Kaufsache jedoch dem Soll-Zustand entspricht, liegt insofern keine Pflichtverletzung des V i.S.v. § 280 Abs. 1 vor. Im Übrigen wäre bei Vorliegen eines Mangels auch die kaufrechtliche Gewährleistung der §§ 434 ff., § 437 Nr. 3 lex specialis und würde § 280 Abs. 1 als allgemeinen Tatbestand verdrängen.

b) **Beratervertrag**

Bei Annahme eines selbstständigen Beraterverträges zwischen K und V, welcher neben dem Kaufvertrag geschlossen wurde, wäre insofern § 280

Abs. 1 anwendbar. Hier hat V jedoch lediglich seinen bisherigen Schriftwechsel mit der Behörde zur Verfügung gestellt, ohne konkrete Beratungspflichten versprochen zu haben. Somit lässt sich ein Beratervertrag mangels entsprechendem Rechtsbindungswillen des V nicht annehmen.

Somit scheidet ein vertragliches Schuldverhältnis i.S.v. § 311 Abs. 1 aus.

2) Vorvertragliches Schuldverhältnis i.S.v. § 311 Abs. 2

Abgestellt auf den Zeitpunkt vor Abschluss des Kaufvertrages lag ein vorvertragliches Schuldverhältnis zwischen K und V durch Aufnahme der Vertragsverhandlungen gemäß § 311 Abs. 2 Nr. 1 vor. Demnach kommt hier unter dem Gesichtspunkt culpa in contrahendo eine Haftung des V in Betracht. Der Umstand, dass der Kaufvertrag später (doch) zustande gekommen ist, steht dem vorvertraglichen Schuldverhältnis nicht entgegen. Entscheidend ist lediglich, dass die Pflichtverletzung vor Abschluss des Vertrages erfolgt ist.

- ex tunc: Schadensersatz unter dem Aspekt Naturalrestitution, § 249 Abs. 1

II) Vorvertragliche Pflichtverletzung des V

Bereits im vorvertraglichen Bereich gelten Rücksichtnahme- und Schutzpflichten i.S.v. §§ 241 Abs. 2, 242. Hierzu gehört insbesondere die Aufklärungspflicht. Bezieht sich diese jedoch lediglich auf Sach- oder Rechtsmängel, so wird das Gewährleistungsrecht der §§ 434 ff. als lex specialis angesehen. Auch wenn dieses erst nach Abschluss des Vertrages und Gefahrübergang einsetzt, kann nicht formal damit argumentiert werden, dass die c.i.c. vor Abschluss des Vertrages im vorvertraglichen Bereich begangen wird, weil andernfalls die spezielleren Gewährleistungsregeln ausgehebelt würden.

Vorliegend ist aber das Gewährleistungsrecht nicht einschlägig, sodass § 280 Abs. 1 wegen c.i.c. anwendbar ist.

Fraglich ist jedoch, ob V überhaupt Aufklärungspflichten verletzt hat, da er auf die Problematik des Schwarzbaus hingewiesen hat. Da er hier auch keine Umstände verschwiegen hat, die die Abrissverfügung als sicher erscheinen ließen, ist ein vorvertraglicher Pflichtverstoß nicht ersichtlich.

Somit scheidet auch unter dem Gesichtspunkt c.i.c. eine Anwendung des § 280 Abs. 1 aus.

C) K gegen V auf Rückabwicklung aus § 812 Abs. 1 S. 1, 1. Alt. bzw. aus § 812 Abs. 1 S. 2, 2. Alt.

I) Etwas erlangt

V hat aufgrund der Überweisung des Kaufpreises eine Kontogutschrift, mithin ein vermögenswertes Etwas erlangt.

II) Durch Leistung des K

K hat den Kaufpreis ziel- und zweckgerichtet überwiesen und damit geleistet.

III) Ohne Rechtsgrund

Der wirksame Kaufvertrag bildet den Rechtsgrund. Jedoch könnte evtl. der Kaufvertrag rückwirkend durch Anfechtung gemäß §§ 119 ff., 142 beseitigt werden, sodass dann § 812 Abs. 1 S. 1, 1. Alt. bzw. § 812 Abs. 1 S. 2, 1. Alt. gilt.

1) Anfechtungsgrund § 123

Da V auf den Schwarzbau hingewiesen hat und nicht ersichtlich ist, dass er Umstände verschwiegen hat, die eine Abrissverfügung als sicher erscheinen ließen, liegt keine arglistige Täuschung durch V vor.

2) Anfechtungsgrund § 119 Abs. 1

K hat sich nicht über den Bedeutungsgehalt seiner Willenserklärung im notariellen Kaufvertrag geirrt, sodass kein Inhaltsirrtum vorliegt. Auch ein Versprechen, Verlesen i.S.e. Erklärungsirrtums liegt nicht vor. Der Irrtum über die Erreichbarkeit der Genehmigung wäre ein Motivirrtum, der nicht von § 119 Abs. 1 erfasst ist.

3) Anfechtungsgrund § 119 Abs. 2

a) Anwendbarkeit

Das an sich speziellere Gewährleistungsrecht, §§ 434 ff., ist vorliegend nicht einschlägig, sodass § 119 Abs. 2 grds. anwendbar ist.

b) Voraussetzung

K müsste sich über eine verkehrswesentliche Eigenschaft der Kaufsache geirrt haben. Eigenschaften einer Sache sind neben den auf der natürlichen Beschaffenheit beruhenden Merkmale auch tatsächliche oder rechtliche Verhältnisse und Beziehungen zur Umwelt, soweit sie nach der Verkehrsanschauung für die Wertschätzung oder Verwendbarkeit von Bedeutung sind. Diese Beziehungen müssen aber in der Sache selbst ihren Grund haben, von ihr ausgehen oder sie unmittelbar kennzeichnen. Zukünftige Umstände fallen nicht unter § 119 Abs. 2.[4] Demnach erscheint hier problematisch, ob der Irrtum des K über die Erreichbarkeit einer Genehmigung als künftiges Ereignis überhaupt unter § 119 Abs. 2 fällt. Jedenfalls hätte sich dann der V, der ebenso von der Erreichbarkeit der Genehmigung ausging, in gleicher Weise geirrt. Bei gemeinschaftlichem Irrtum ist ohnehin nach h.M.[5] eine Anfechtung ausgeschlossen, weil andernfalls Zufallsergebnisse erreicht würden (der, der zuerst anficht, schuldet Schadensersatz gemäß § 122) und weil insofern die Regeln über die Störung der Geschäftsgrundlage die Situation des gemeinsamen Irrtums besser erfassen.

D) K gegen V aus § 812 Abs. 1 S. 2, 2. Alt.

Gedacht werden könnte noch an eine Rückforderung wegen Zweckverfehlung i.S.v. § 812 Abs. 1 S. 2, 2. Alt. Dieser Zweck darf einerseits nicht Gegenstand von Vertragspflichten sein, weil dann das Gewährleistungsrecht spezieller ist, andererseits darf er auch nicht bloßer einseitiger Beweggrund sein, wie sich aus dem Wortlaut „nach dem Inhalt des Rechtsgeschäfts bezweckter Erfolg" ergibt. Notwendig ist eine tatsächliche Einigung über den Zweck der Leistung zwischen den beteiligten Partnern i.S.e. Zweckbestimmung. Zwischen Leistung und erwartetem Erfolg muss eine Verknüpfung dergestalt bestehen, dass die Leistung nach dem Willen der Beteiligten von der Zweckerreichung abhängig ist.[6] Hier ergibt sich

---

4 Palandt/Heinrichs § 119 Rdnr. 24, h.M.
5 Palandt/Heinrichs § 119 Rdnr. 30.
6 Palandt/Sprau § 812 Rdnr. 86.

aus dem notariellen Vertrag, dass V hinsichtlich der Genehmigung bzw. Genehmigungsfähigkeit keinerlei Risiken übernehmen wollte. Daher fehlt eine entsprechende Zweckvereinbarung. Somit scheidet auch ein Anspruch aus § 812 Abs. 1 S. 2, 2. Alt. aus.

E) K gegen V auf Rückgewähr aufgrund Rücktritts wegen Störung der Geschäftsgrundlage, § 313 Abs. 3 S. 1 i.V.m. § 346.

I) **Anwendbarkeit**

Liegt ein Mangel i.S.d. Gewährleistungsregeln vor, so stellen die §§ 434 ff. Sonderregeln dar, welche die Anwendbarkeit der allgemeinen Vorschrift des § 313 ausschließen. Vorliegend ist jedoch weder ein Sach- noch ein Rechtsmangel i.S.d. §§ 434 ff. gegeben.

Somit ist das Institut der Störung der Geschäftsgrundlage, § 313, anwendbar.

II) **Voraussetzungen der Störung der Geschäftsgrundlage, § 313**

Voraussetzung für die Störung der Geschäftsgrundlage ist gemäß § 313 Abs. 1, dass ein Umstand betroffen ist, der für den Kaufvertrag so wesentlich ist, dass er beidseitig als Geschäftsgrundlage, quasi als Fundament des Vertrages anzusehen ist, und dieser Umstand nicht im Risikobereich einer Partei liegt.

Vorliegend ist zu berücksichtigen, dass nach dem notariellen Kaufvertrag K genau wusste, dass es sich um einen Schwarzbau handelte, und dass dies auch im Kaufpreis Niederschlag gefunden hat. Ferner sollte K in die laufenden Verhandlungen mit der Behörde einsteigen, während V ihm lediglich die Unterlagen hierzu überlassen hat. Aufgrund der Gesamtumstände war somit klar, dass das Risiko allein bei K liegen sollte. Daher scheidet auch das Institut der Störung der Geschäftsgrundlage aus. Es besteht damit kein Rücktrittsrecht des K gemäß § 313 Abs. 3.

Ergebnis: K hat keine Möglichkeit, den Kaufvertrag rückgängig zu machen.

Klausurtipp:
Eine Anwendung des § 313 wegen Störung der Geschäftsgrundlage kommt insbesondere bei künftigen Eigenschaften der Kaufsache in Betracht, weil das Gewährleistungsrecht umgekehrt voraussetzt, dass ein Mangel der Kaufsache bei Gefahrübergang vorliegt, § 434 Abs. 1 S. 1, und auch § 119 Abs. 2 nicht einschlägig ist

Vertiefungsschema 2: Mangelbegriff im Kaufrecht

I. **Relevanter Zeitpunkt**
   - ▶ **Gefahrübergang bei Sachmangel, § 434 Abs. 1**
     - § 446 Übergabe
     - § 447 Versendung (**aber § 474 Abs. 2 beim Verbrauchsgüterkauf**)
     - § 300 Abs. 2 Annahmeverzug bei Gattungskauf
   - ▶ **Erwerb der Sache bei Rechtsmangel, § 435**

II. **Vereinbarte Beschaffenheit, § 434 Abs. 1 S. 1**
   - ▶ **Vereinbarung einer Beschaffenheit**
     - **Ausdrücklich** durch übereinstimmende (und ggf. formbedürftige) Willenserklärungen
     - **Konkludent:** Nur bei konkreten Anhaltspunkten i.S. einer besonderen Beschaffenheit (würde man eine konkludente Vereinbarung der gewöhnlichen Beschaffenheit i.d.R. unterstellen, würde § 434 Abs. 1 S. 2 Nr. 2 bedeutungslos)
   - ▶ **Begriff der Beschaffenheit:**
     - physische Merkmale, die sich auf Wert und Tauglichkeit der Sache auswirken (nicht der Wert an sich)
     - andere Eigenschaften (gegenwärtige rechtliche, soziale, wirtschaftliche Beziehungen einer Sache zu ihrer Umwelt von gewisser Dauer)
     - nicht: künftige Eigenschaften
     - str. Ertragsangaben
     - Nach im Vordringen befindlicher Ansicht gehören zum Beschaffenheitsbegriff sämtliche auch außerhalb der Kaufsache liegende Vereinbarungen, wenn sie sich auf die Kaufsache beziehen.

III. **Verwendungstauglichkeit, § 434 Abs. 1 S. 2 Nr. 1**
   - ▶ **Im Vertrag vorausgesetzte Verwendung**
     - Käufer muss bestimmte Verwendungsart (stillschweigend oder ausdrücklich) zum Ausdruck bringen und der Verkäufer dem (stillschweigend oder ausdrücklich) zustimmen.
     - Es muss sich um eine besondere Verwendungsart handeln, da die gewöhnliche Verwendung bereits von § 434 Abs. 1 S. 2 Nr. 2 erfasst wird.
   - ▶ **Fehlende Eignung:** Wenn Sache infolge ihrer tatsächlichen Beschaffenheit (Begriff s.o.) bei bestimmungsgemäßer Verwendung nicht geeignet ist

IV. **Gewöhnliche Verwendung u. übliche Beschaffenheit, § 434 Abs. 1 S. 2 Nr. 2**
   Kumulative Voraussetzungen (ein Mangel liegt also schon vor, wenn nur eine der Voraussetzungen fehlt):
   - ▶ **Eignung zur gewöhnlichen Verwendung**
     - Alter der Sache
     - Allgemeinzustand
     - Bisheriger Gebrauch
   - ▶ **Beschaffenheit**, die bei Sachen der gleichen Art **üblich** und zu erwarten ist
     - Beschaffenheitsbegriff s.o.
     - Üblichkeit
       - Verkehrsanschauung
       - Gesetzliche Beschaffenheit
       - Öffentliche Äußerungen i.S.v. § 434 Abs. 1 S. 3

V. **Unsachgemäße Montage, § 434 Abs. 2 S. 1**
  - ▶ **Montage**
    - Zusammenbau der Kaufsache
    - Anbringen, Anschließen der Kaufsache an andere Gegenstände
  - ▶ **Unsachgemäß**; Maßstab:
    - Montagevereinbarung, § 434 Abs. 1 S. 1
    - Vereinbarte Verwendung, § 434 Abs. 1 S. 2 Nr.1
    - Gewöhnliche Verwendung und übliche Montage, § 434 Abs. 1 S. 2 Nr. 2

VI. **Mangelhafte Montageanleitung, § 434 Abs. 2 S. 2**
  - ▶ **Montageanleitung**
    - Jede erforderliche Anleitung für den Zusammenbau, Anschluss, das Aufstellen und den Einbau der Kaufsache
    - Nicht: Gebrauchsanweisung (str.)
  - ▶ **Mangelhaftigkeit der Montageanleitung:** Anhand § 434 zu ermitteln
  - ▶ **Auswirkung der Mangelhaftigkeit:** (–) bei fehlerfreier Montage

VII. **Aliudlieferung/-herstellung, § 434 Abs. 3, 1. Var.**
  - ▶ **Falschlieferung**, sog. **Aliud**
    - Gattungskauf: Andere Gattung als verkauft wurde geliefert
    - Spezieskauf: Andere Sache als verkauft wurde geliefert
  - ▶ **Nur bei Lieferung einer erfüllungstauglichen Sache** (sonst Nichtleistung, str.)
  - ▶ Str., ob auch bei extremer Abweichung (z.B. Gänse statt Karpfen) erfasst, sog. **Totalaliud**

VIII. **Minderlieferung/-herstellung, § 434 Abs. 3, 2. Var.**
  - ▶ **Mindermenge**
    Nach Zahl, Maß und Gewicht zu bestimmen
  - ▶ **Nur wenn aus Sicht des Käufers der Verkäufer mit Lieferung der Menge die gesamte Leistungsverpflichtung erfüllen wollte**; andernfalls teilweise Nichtleistung, str.

IX. **Rechtsmangel, § 435**
  - ▶ **Private Rechte Dritter**
    - Nicht Eigentum eines Dritten (str.), da Verletzung d. Eigentumsverschaffungspflicht aus § 433 Abs. 1 S. 1 und damit Nichtleistung (also Lösung dann über §§ 275 ff.).
    - Dingliche Belastungen
    - Obligatorische Rechte, soweit sie einem Dritten berechtigten Besitz verschaffen
    - Immaterialgüterrechte
  - ▶ **Öffentlich-rechtliche Beschränkungen**
    Rechtsbeziehungen, die auf der Beschaffenheit der Kaufsache beruhen und in dieser ihre Ursache haben
    - Nutzungsbeschränkungen
    - Beschränkungen durch bauordnungs- oder bauplanungsrechtliche Bestimmungen
    - Beschränkungen, die zum Entzug des Eigentums berechtigen
    - Öffentliche Lasten gem. § 436

2. Teil: Anwendungsbereich der Gewährleistung

Fall 4: Vereinbarte Beschaffenheit

Die K erwarb von V, der einen Handel mit Neu- und Gebrauchtwagen betreibt, am 17.06. einen Pkw. Das Fahrzeug war von V als „Neuwagen" verkauft worden. Am 22.06. wurde das Fahrzeug samt Papiere an K ausgehändigt. Kurz darauf stellt K Folgendes fest: Das Fahrzeug war am 01.02. hergestellt worden und stammte aus einer Modellreihe, die bis zum 10.02. produziert wurde. Danach hat der Hersteller eine sog. Modellpflege vorgenommen, die mit einigen Verbesserungen verbunden war. Die nachfolgende Modellreihe, die ab dem 11.02. produziert wurde, wies u.a. einen erheblich vergrößerten Tank auf, der die bislang bescheidene Reichweite des Fahrzeugs verbesserte. Ferner war die Bremsanlage verbessert worden. Des Weiteren war der als Neuwagen mit einem erheblichen Preisnachlass gegenüber dem Listenpreis angebotene Pkw als sog. Tageszulassung am 11.03. auf B zugelassen worden. Am 12.03. war das Fahrzeug, ohne dass B es im Straßenverkehr benutzt hatte, wieder stillgelegt worden. Das Fahrzeug stand dann im Autosalon des B, bis es am 21.06. auf die K zugelassen wurde. Die K möchte wissen, ob ein Gewährleistungsfall vorliegt.

Gewährleistungsrechte der K gegen V setzen voraus, dass das verkaufte Fahrzeug zur Zeit des Gefahrübergangs mit einem Mangel i.S.d. §§ 434 ff. behaftet war. Hier kommt ein Sachmangel i.S.v. § 434 Abs. 1 in Betracht.

⇨ s. Vertiefungsschema 2

I) Definition des Sachmangels

Gemäß § 434 Abs. 1 S. 1 ist die Kaufsache mangelhaft, wenn sie bei Gefahrübergang nicht die vereinbarte Beschaffenheit hat. Somit bedeutet ein Sachmangel eine negative Abweichung der Ist- von der Soll-Beschaffenheit. Für die Soll-Beschaffenheit ist in erster Linie auf die von den Vertragsparteien getroffene Beschaffenheitsvereinbarung abzustellen. Diese ist ggf. durch Auslegung zu ermitteln. Führt die Auslegung nicht weiter, so kann gemäß § 434 Abs. 1 S. 2 Nr. 2 hilfsweise auf die Eignung zur gewöhnlichen Verwendung abgestellt werden.

II) Soll-Beschaffenheit

Hier wurde als Soll-Beschaffenheit des Fahrzeugs die Eigenschaft als „Neuwagen" vereinbart. Hierin liegt die Vereinbarung, dass das Fahrzeug fabrikneu sein soll. Die höchstrichterliche Rspr.[7] legt diesen Begriff im Interesse einer einheitlichen Handhabung unter Berücksichtigung der Verkehrsanschauung für die Wertschätzung eines Kraftfahrzeugs dahingehend aus, dass ein fabrikneues Fahrzeug nur dann vorliegt, wenn es unbenutzt ist, keine durch längere Standzeit bedingten Mängel aufweist, wenn zwischen Herstellung des Fahrzeugs und Abschluss des Kaufvertra-

---

[7] BGH BB 2005, 798; NJW 2004, 160.

ges nicht mehr als 12 Monate liegen und das Modell dieses Fahrzeugs unverändert weitergebaut wird.

III) Abweichung der Ist- von der Soll-Beschaffenheit

Fraglich ist, ob der Ist-Zustand des hier gelieferten Fahrzeuges diesem Soll-Zustand entspricht.

1) Unbenutztes Fahrzeug

Der Pkw war von B während der Tageszulassung nicht benutzt worden, sodass insofern der Sollzustand „unbenutzt" vorliegt.

2) Standzeit des Fahrzeugs

Das Fahrzeug stand im Autosalon des V, sodass Mängel aufgrund von Witterungseinflüssen nicht ersichtlich sind. Zwar stand das Fahrzeug hier mehrere Monate, jedoch ist nicht ersichtlich, dass durch die Standzeit als solche Mängel, z.B. in Form von Reifenplatten, entstanden sind. Eine generelle Verschlechterung des Zustands durch Zeitablauf aufgrund von Materalermüdung, Oxidation und anderen physikalischen Veränderungen wird von der Rspr. erst ab einer Standzeit von mehr als 12 Monaten angenommen, was hier nicht der Fall war.

Ein „Neuwagen" setzt folgende Soll-Beschaffenheitsmerkmale voraus:
- Unbenutzt
- Keine standzeitbedingten Mängel (Reifenplatten)
- Zwischen Herstellung und Kaufvertrag liegen nicht mehr als 12 Monate
- Aktuelles Modell (d.h. keine wesentlichen Änderungen)
- Str., ob Tagszulassung mängelbegründend

3) Tageszulassung

Fraglich ist, ob das Fahrzeug aufgrund der Tageszulassung noch als fabrikneu bezeichnet werden kann. Hiergegen könnte sprechen, dass der Käufer im Fall einer Weiterveräußerung nunmehr ein Fahrzeug aus 2. Hand anbieten muss und hierdurch ggf. einen geringeren Verkaufserlös erzielen kann. Dem hält der BGH[8] entgegen, dass ein derartiges Risiko kaum bestehe, da ein durchschnittlich informierter Abkäufer erkenne, dass er ein unbenutztes Neufahrzeug erwerbe. So sei bekannt, dass Tageszulassungen lediglich rein formal erfolgen, um für den Händler die Abnahmemenge zu steigern, wodurch er in den Genuss höherer Prämien des Herstellers gelange, die er dann an den Endkunden weitergeben könne.

Allerdings könnte für einen Mangel sprechen, dass durch die Tageszulassung die Fristen für die TÜV-Hauptuntersuchung sowie die Herstellergarantie und die Frist der Neuwertentschädigung im Rahmen der Vollkaskoversicherung zu laufen beginnen. Hierdurch wird die Position des Käufers verschlechtert. Der BGH[9] präzisiert die Fristenproblematik dahingehend, dass die Tageszulassung jedenfalls dann keinen Sachmangel begründe, wenn der Verkauf lediglich wenige Tage nach der Erstzulassung erfolgt und die Herstellergarantie um nicht mehr als 2 Wochen verkürzt wird. Dies erscheint zweifelhaft, weil sich auch dann die Rechte des Käufers verschlechtern, und ist daher umstritten.[10]

Da hier zwischen der Erstzulassung am 11.03. und der Veräußerung an K im Juni mehrere Monate lagen, können die vorgenannten Fristennachteile nicht mehr als unwesentlich abgetan werden, sodass das Fahrzeug auch nach der Rspr. nicht mehr als fabrikneu anzusehen ist und damit einen Sachmangel hat.

---

8 BGH BB 2005, 798.
9 BGH BB 2005, 798.
10 Palandt/Putzo § 434 Rdnr. 70 ff.

4) **Modellpflege**

Ferner könnte das Fahrzeug auch deswegen einen Sachmangel haben, weil es nicht das aktuelle Modell darstellt. Nach der Rspr.[11] ist ein Fahrzeug nur dann fabrikneu, wenn und solange das Modell unverändert weitergebaut wird. Unverändert bedeutet, dass es keinerlei wesentliche Änderungen in der Technik und der Ausstattung aufweist. Entscheidender Zeitpunkt ist die Einstellung der Produktion des bisherigen Modells und nicht der Beginn der Auslieferung des neuen Modells an den Handel.[12] Hier war die Modelländerung am 11.02. eingetreten, sodass das Fahrzeug bei Abschluss des Kaufvertrages am 17.06. nicht das aktuelle Modell darstellte. Da das aktuelle Modell einen erheblich größeren Tank und damit auch eine deutlich größere Reichweite aufwies, handelt es sich um eine für den praktischen Gebrauch des Fahrzeugs wesentliche Veränderung. Gleiches gilt für die verbesserte Bremsanlage. Somit war das veräußerte Fahrzeug auch aus diesem Grund nicht mehr fabrikneu und daher mangelhaft i.S.v. § 434 Abs. 1 S. 1.

IV) **Sachmangel bei Gefahrübergang**

Der Sachmangel muss gemäß § 434 Abs. 1 S. 1 bereits bei Gefahrübergang vorliegen. Dies bedeutet gemäß § 446 zum Zeitpunkt der Übergabe, hier am 22.06.

Ergebnis: Da der Pkw z.Z. des Gefahrübergangs Sachmängel aufweist, somit § 434 Abs. 1 vorliegt, hat K Gewährleistungsrechte nach Maßgabe des § 437.

---

11 BGH BB 2005, 798.
12 BGH NJW 2003, 2824.

Fall 5: Gewöhnliche Beschaffenheit

K kauft am Kiosk des V am 14.01. eine Tüte Kartoffelchips. Zuhause stellt er fest, dass das Mindesthaltbarkeitsdatum bereits am 01.01. abgelaufen war. Der Aufdruck auf der Verpackung war kaum lesbar. K möchte wissen, ob ein Sachmangel vorliegt.

Fraglich ist, ob das abgelaufene Mindesthaltbarkeitsdatum einen Sachmangel i.S.v. § 434 Abs. 1 begründet.

⇨ s. Vertiefungsschema 2

I) Sachmangel i.S.v. § 434 Abs. 1 S. 1

Sachmangel bedeutet die negative Abweichung der Ist- von der Soll-Beschaffenheit.

Hiernach müssen die Parteien hinsichtlich der Beschaffenheit der Sache eine Vereinbarung getroffen haben.

Eine ausdrückliche Vereinbarung hinsichtlich einer Mindesthaltbarkeit ist vorliegend nicht ersichtlich. Grundsätzlich genügen für Beschaffenheitsvereinbarungen aber auch konkludente Erklärungen.

Zu beachten ist jedoch, dass hierfür konkrete Anhaltspunkte vorliegen müssen. Insbesondere kann nicht einfach die normale Beschaffenheit als konkludent vereinbart unterstellt werden, da andernfalls § 434 Abs. 1 S. 2 Nr. 2 jede Bedeutung verlieren würde und die dort niedergelegten Kriterien der üblichen Beschaffenheit und der Eignung zur gewöhnlichen Verwendung umgangen würden. Damit die Vorschrift ihren eigenen Anwendungsbereich behält, sollte man unter Beschaffenheitsvereinbarungen i.S.v. § 434 Abs. 1 S. 1 nur solche Vereinbarungen fallen lassen, die entweder ausdrücklich getroffen oder über die übliche Beschaffenheit hinausgehen. Es lässt sich hier keine konkludente Vereinbarung annehmen (str.).

II) Sachmangel i.S.v. § 434 Abs. 1 S. 2 Nr. 2

Soweit eine Beschaffenheit nicht vereinbart worden ist, ist die Sache gemäß § 434 Abs. 1 S. 2 Nr. 2 nur dann frei von Sachmängeln, wenn sie sich für die gewöhnliche Verwendung eignet und eine Beschaffenheit aufweist, die bei Sachen der gleichen Art üblich ist und die der Käufer nach der Art der Sache erwarten kann.

1) Eignung für die gewöhnliche Verwendung

Sofern die Chips noch tatsächlich genießbar sind, könnte die Eignung für die gewöhnliche Verwendung nur damit abgelehnt werden, dass bereits der Verdacht einer Beeinträchtigung einen Sachmangel begründet. Hierfür spricht, dass dem Käufer die Überprüfung von Lebensmitteln auf die noch vorhandene Eignung zum Verzehr nicht zugemutet werden kann, zumal ihm auch die technischen Voraussetzungen fehlen. Daher ist nach h.M. bereits der Verdacht eines Qualitätsmangels als Sachmangel anzusehen, wenn er durch konkrete Anhaltspunkte gestützt wird, nicht in zumutbarer Weise ausgeräumt werden kann und dadurch die Tauglichkeit der Kaufsache zum gewöhnlichen oder vertraglich vorausgesetzten Ge-

---

Sachmangel ist die Abweichung der Ist- von der Soll-Beschaffenheit. Soll-Beschaffenheit zu entnehmen aus:
- Vereinbarung, § 434 Abs. 1 S. 1
- Vertragliche Verwendungstauglichkeit, § 434 Abs. 1 S. 2 Nr. 1
- Gewöhnliche Verwendungstauglichkeit, § 434 Abs. 1 S. 2 Nr. 2

brauch gemindert ist. Nach diesen Kriterien ist ein Sachmangel gegeben, zumal gewöhnlicherweise Waren mit abgelaufenem Datum, die noch genießbar sind, nur noch zum reduzierten Preis angeboten werden.

2) Üblichkeit bei Sachen gleicher Art

Üblicherweise werden Lebensmittel nur mit noch nicht abgelaufenem Haltbarkeitsdatum veräußert.

3) Vom Käufer nach der Art der Sache zu erwarten

Der Käufer von Lebensmitteln erwartet auch üblicherweise, dass das Haltbarkeitsdatum nicht abgelaufen ist oder andernfalls einen deutlichen Hinweis verbunden mit einer Preisreduzierung.

Somit liegt ein Sachmangel vor.

III) Gesetzlicher Ausschluss der Gewährleistung gemäß § 442

Gemäß § 442 ist die Gewährleistung nur ausgeschlossen, wenn der Käufer den Mangel positiv kennt oder grob fahrlässig verkennt. Da hier das Haltbarkeitsdatum auf der Verpackung kaum erkennbar war, greifen die Ausschlussgründe nicht.

Fall 6: Werbeaussagen

Der K ist tief beeindruckt von den Werbespots eines Shampooherstellers, der im Fernsehen damit wirbt, dass bei regelmäßiger Anwendung aufgrund des einzigartigen Wirkstoffes das Haar innerhalb von 2 Wochen schuppenfrei ist. K kauft daraufhin im Friseursalon des V eine Flasche des Shampoos. K wendet das Shampoo vorschriftsmäßig an. Als sich nach 2 Wochen keine Besserung zeigt und er dies bei V reklamiert, äußert dieser, er könne nichts dafür, schließlich habe er selbst beim Verkauf des Shampoos keinerlei Zusagen erteilt. K habe auch nicht danach gefragt. Im Übrigen kenne er die Werbespots des Herstellers nicht. Liegt ein Sachmangel vor?

Fraglich ist, ob das Shampoo mangelhaft i.S.v. § 434 Abs. 1 ist.

⇨ s. Vertiefungsschema 2

I) Sachmangel i.S.v. § 434 Abs. 1 S. 1

V und K haben hinsichtlich der Beschaffenheit des Shampoos keine konkrete Vereinbarung getroffen. Zwar könnte an eine konkludente Vereinbarung des auf der Flasche oder der Verpackung stehenden Textes gedacht werden. Jedoch ist hier zum einen der Text nicht bekannt. Zum anderen sollte eine konkludente Vereinbarung zurückhaltend angenommen werden, um eine Abgrenzung zu § 434 Abs. 1 S. 2 Nr. 2, S. 3 zu ermöglichen. Somit liegt kein Mangel i.S.v. § 434 Abs. 1 S. 1 vor.

II) Mangel i.S.v. § 434 Abs. 1 S. 2 Nr. 1

Auch eine besondere Vereinbarung über die Verwendung des Shampoos wurde zwischen V und K nicht konkret getroffen. Für eine konkludente Vereinbarung sind keine Anhaltspunkte gegeben (vgl. Vorstehendes), sodass auch ein Mangel i.S.v. § 434 Abs. 1 S. 2 Nr. 1 ausscheidet.

III) Mangel i.S.v. § 434 Abs. 1 S. 3 i.V.m. § 434 Abs. 1 S. 2 Nr. 2

1) Gewöhnliche Verwendungstauglichkeit

Gemäß § 434 Abs. 1 S. 2 Nr. 2 liegt ein Mangel vor, wenn die Kaufsache nicht die gewöhnliche Verwendungstauglichkeit aufweist, die bei Sachen gleicher Art üblich ist und die der Käufer erwarten kann. Hiernach wäre auf vergleichbare Shampoos abzustellen und zu prüfen, ob diese gewöhnlicherweise die von K erwartete Tauglichkeit aufweisen.

2) Öffentliche Äußerungen

a) Werbeaussagen des Herstellers

Gemäß § 434 Abs. 1 S. 3 gehören zur gewöhnlichen Verwendungstauglichkeit i.S.v. § 434 Abs. 1 S. 2 Nr. 2 auch Eigenschaften, die der Käufer nach den öffentlichen Äußerungen des Herstellers, insbesondere in der Werbung, erwarten kann. Zu beachten ist, dass hierunter nur Werbeaussagen über konkrete Eigenschaften der Kaufsache fallen; also nicht reine reißerische Anpreisungen allgemeiner Art. Letzteres war jedoch nicht der Fall. Da hier in der Werbung des Herstellers vorbehaltlos ein Erfolg nach zweiwöchiger Anwendung des Shampoos zugesagt wurde, lag eine Werbeaussage über eine konkrete Eigenschaft vor.

Weil die versprochene Verwendungstauglichkeit zur Schuppenfreiheit nicht erreicht wird, ist somit an sich ein Sachmangel gegeben.

b) Ausnahmen, § 434 Abs. 1 S. 3, 2. Halbs.

aa) Unverschuldete Unkenntnis des Verkäufers

Klausurtipp:
Die Sachmangelansätze i.S.v. § 434 Abs. 1 können sich überschneiden. Um dennoch eine eindeutige Zuordnung vornehmen zu können, sollte § 434 Abs. 1 S. 1 eng ausgelegt werden, weil sonst für § 434 Abs. 1 S. 2 Nr. 1 und Nr. 2 kein Raum bleibt

Eine Ausnahme gilt dann, wenn der Verkäufer die Werbeaussage weder kannte noch kennen musste, § 434 Abs. 1 S. 3, 2. Halbs., 1. Alt. Die Vorschrift kehrt die Beweislast um, sodass der Verkäufer sich exkulpieren muss. Hier trägt V zwar vor, dass er selbst keine positive Kenntnis von den Werbespots gehabt habe. Jedoch erfolgt keine Exkulpation hinsichtlich einer fahrlässigen Unkenntnis. Gerade bei gewerblicher Veräußerung ist es erforderlich, sich Kenntnis von den Werbeaussagen des Herstellers zu verschaffen, die sich auf die Kaufentscheidung des Käufers auswirken. Dies gilt umso mehr, wenn der Verkäufer selbst von den Vorteilen der Werbung profitiert. Gerade für V als Betreiber eines Friseursalons und damit eines fachmännischen Betriebes ist zu erwarten, dass dieser die entsprechend angebotenen Haarpflegemittel und die dazugehörenden Werbeaussagen kennt. Somit ist von fahrlässiger Unkenntnis des V auszugehen.

bb) Berichtigung des Verkäufers

Sofern der Verkäufer vor Abschluss des Kaufvertrages in gleichwertiger Weise die Werbeaussage berichtigt, liegt gemäß § 434 Abs. 1 S. 3, 2. Halbs., 2. Alt. kein Mangel vor. Hier ist jedoch eine Berichtigung durch V nicht erfolgt.

cc) Kaufentscheidung nicht durch Werbung beeinflusst

Da V auch nicht nachgewiesen hat, dass die falsche Werbeaussage auf die Kaufentscheidung des K keinen Einfluss hatte, greift auch nicht die weitere Ausnahme des § 434 Abs. 1 S. 3, 2. Halbs., 3. Alt.

Ergebnis: Es liegt ein Mangel gemäß § 434 Abs. 1 S. 2 Nr. 2 i.V.m. S. 3 vor.

Fall 7: Lieferung anderer Sachen, Minderleistung

K betreibt einen Handel für Bilder und sonstige Kunstgegenstände. Er gibt per E-Mail bei seinem ständigen Zulieferer V folgende Bestellung auf: 100 Bilderrahmen aus Holz, 15 cm breit und hochglanzlackiert in schwarz sowie 100 dazu passende Passepartouts in weiß. Als K anschließend die eingetroffene Lieferung kontrolliert, stellt er fest, dass zum einen die Bilderrahmen aus Kunststoff sind und zum anderen lediglich 95 Passepartouts geliefert wurden. Hat K Gewährleistungsrechte? Was muss K unbedingt beachten?

Abwandlung:

K hatte in dem Geschäft des V eine Skulptur von Dalí gesehen, die als Original aus der späten Schaffensphase des Künstlers zu einem Preis von 115.000 € angeboten worden war. Nachdem K den V auf 100.000 € herunterhandeln konnte, nahm er die Statue gleich mit. Wenig später stellt ein befreundeter Sachverständiger fest, dass es sich bei der Skulptur lediglich um eine gut gemachte Fälschung handelt. Hat K Gewährleistungsrechte?

Fraglich ist, ob K Gewährleistungsrechte gemäß §§ 434 ff. hat.

⇨ s. Vertiefungsschema 2

A) Hinsichtlich der Kunststoffrahmen

I) Sachmangel gemäß § 434 Abs. 1 S. 1

Gemäß § 434 Abs. 1 S. 1 liegt ein Sachmangel vor, wenn den gelieferten Sachen die vereinbarte Beschaffenheit fehlt.

Zwar liegt bei dem Kunststoffrahmen eine Abweichung von der vereinbarten Soll-Beschaffenheit „Holz" vor. Jedoch stellen Kunststoffrahmen keine schlechten Holzrahmen dar. Vielmehr handelt es sich um eine andere Gattung von Bilderrahmen, sodass eine Falschlieferung, sog. Aliud, vorliegt.

II) Falschlieferung i.S.v. § 434 Abs. 3, 1. Alt.

In § 434 Abs. 3, 1. Alt. wird die Falschlieferung der Schlechtlieferung i.S.v. § 434 Abs. 1 gleichgestellt. Folglich liegt bezüglich der Bilderrahmen ein Sachmangel vor, der die Gewährleistungsrechte aus § 437 auslöst.

III) Kein gesetzlicher Gewährleistungsausschluss gemäß § 377 Abs. 2 HGB

Da hier ein Handelskauf zwischen zwei Kaufleuten i.S.v. §§ 343, 344 HGB vorliegt, muss K darauf achten, den Mangel unverzüglich gemäß § 377 Abs. 1 HGB zu rügen, da andernfalls die gelieferten Rahmen als genehmigt gelten, § 377 Abs. 2 HGB, was zum Verlust der Gewährleistung führen würde. Wichtig ist hierbei, dass K den Mangel präzise bezeichnet.

B) Gewährleistungsrechte hinsichtlich der Passepartouts

I) Minderlieferung i.S.v. § 434 Abs. 3, 2. Alt.

Die negative Qualitätsabweichung, sog. Zuwenig- oder Minderlieferung, wird gemäß § 434 Abs. 3, 2. Alt. einer Schlechtleistung gleichgestellt, so-

---

Erweiterung des Mangelbegriffs in § 434 Abs. 3:
- Falschlieferung („aliud"); Klassiker: Walfisch bestellt – Haifisch geliefert
- Zuweniglieferung („Manko-, Minderlieferung")
- Str. ist, ob § 434 Abs. 3 auch bei extremen Abweichungen gilt (sog. Totalaliud, Totalmanko)

dass insofern ebenfalls ein Sachmangel vorliegt. Somit bestehen hier die Gewährleistungsrechte aus § 437, insbesondere der Nachlieferungsanspruch aus § 437 Nr. 1.

II) Kein gesetzlicher Ausschluss gemäß § 377 Abs. 2 HGB

Hinsichtlich der kaufmännischen Rügeobliegenheit gilt das oben Gesagte entsprechend, sodass K unbedingt gemäß § 377 Abs. 1 HGB die Minderlieferung unverzüglich rügen muss.

Abwandlung:

Fraglich ist, ob K Gewährleistungsrechte hinsichtlich der Skulptur hat.

I) Sachmangel i.S.v. § 434 Abs. 1 S. 1

V und K haben im Kaufvertrag vereinbart, dass die Skulptur ein Original von Dalí sein soll. Der Ist-Zustand weicht hiervon negativ ab, weil die Skulptur nicht die vereinbarte Soll-Beschaffenheit „Original" aufweist, sondern eine Fälschung darstellt.

Unterscheide:
- § 434 Abs. 3, 1. Alt. Falschlieferung = Verwechselung bei (Aus-)Lieferung
- § 434 Abs. 1 S. 1 Identitätsmangel. Vereinbarte Identität dieser verkauften Sache fehlt

II) Abgrenzung zum aliud, § 434 Abs. 3, 1. Alt.

Damit könnte aber eine Falschlieferung i.S.v. § 434 Abs. 3, 1. Alt. vorliegen. Fraglich ist daher die Abgrenzung zum aliud. Eine Falschlieferung erfordert eine Verwechselung bei der (Aus-)Lieferung.

Anders als bei der Verwechselung beim Gattungskauf (s. Ausgangsfall) lag hier ein Stückkauf vor. K stand genau vor dieser Skulptur, hat diese gekauft und auch geliefert bekommen. Eine Falschlieferung i.S.e. Verwechselung des Kaufgegenstandes gemäß § 434 Abs. 3, 1. Alt. scheidet daher aus.

Vielmehr liegt ein sog. Identitätsmangel vor, weil die Skulptur nicht, wie ausdrücklich vereinbart, aus der Hand des Künstlers Dalí stammte. Derartige Identitätsmängel fallen unter § 434 Abs. 1 S. 1.

Fall 8: Fehlerhafte Montageanleitung, Montage

K ist mit seiner Familie gerade in sein neues Einfamlienhaus eingezogen. Um dieses zu komplettieren, begibt er sich zu V, der ein großes Holzhandelsgeschäft betreibt. Hier kauft er einen Selbstbausatz für ein Carport aus Holz. In dem eigens geliehenen Anhänger transportiert er diesen nach Hause. Obwohl er Schritt für Schritt nach der Montageanleitung vorgeht, gelingt der Aufbau des Carports nicht, da die Montageanleitung an einigen Stellen unlogisch, widersprüchlich und falsch ist. Verärgert wirft er die Montageanleitung weg. Als Hobbyheimwerker packt ihn nun der Ehrgeiz, es „freihändig" zu versuchen. Nach 9 Stunden gelingt ihm doch noch der komplette Aufbau des Carports. K ist verärgert und fragt, ob er Gewährleistungsrechte hat.

Abwandlung:

K hat trotz seiner Verärgerung noch bei V eine Blockhaussauna gekauft. Als kleine Entschädigung für das Carport hat er mit V vereinbart, dass nunmehr V das Saunablockhaus im Garten des K aufstellt. Die von V geschickten Auszubildenden haben jedoch keine Erfahrung, sodass das Blockhaus schief steht und auch nicht die erforderliche Wärmeisolierung aufweist. Hat K Gewährleistungsrechte?

Fraglich ist, ob K hinsichtlich des Carports Gewährleistungsrechte geltend machen kann.

⇨ s. Vertiefungsschema 2

I) Sachmangel, § 434 Abs. 1

Das Material des Bausatzes war hier qualitativ einwandfrei, sodass die vereinbarte Soll-Beschaffenheit bzw. die Verwendungstauglichkeit gegeben ist. Damit liegt kein Sachmangel i.S.v. § 434 Abs. 1 vor.

II) Sachmangel gemäß § 434 Abs. 2 S. 2

1) Fehlerhafte Montageanleitung

Ein Sachmangel liegt bei einer zur Montage bestimmten Sache gemäß § 434 Abs. 2 S. 2 auch dann vor, wenn die Montageanleitung mangelhaft ist. Maßstab hierfür ist der durchschnittlich begabte Hobbyheimwerker. Vorliegend war die Montageanleitung unlogisch, widersprüchlich und falsch und damit mangelhaft.

2) Ausnahme gemäß § 434 Abs. 2 S. 2, 2. Halbs.

Hier ist es K aber doch noch geglückt, das Carport fehlerfrei zu montieren. Da somit die mangelhafte Montageanleitung sich letztlich nicht in einem Mangel der Kaufsache realisiert hat, entfällt gemäß § 434 Abs. 2 S. 2, 2. Halbs. ein Sachmangel.

Dem K stehen daher hinsichtlich des Carports keine Gewährleistungsrechte zu.

Abwandlung:

Fraglich ist, ob K hinsichtlich der unsachgemäß montierten Sauna kaufrechtliche Gewährleistung beanspruchen kann.

Zur Abgrenzung:
- Kaufvertrag, § 433 Verkäufer hat lediglich Lieferungspflicht i.S.v. § 433 Abs. 1
- Werkvertrag, § 631 Unternehmer hat Pflicht, das Werk aus dem vom Besteller gestellten Stoff zu erstellen
- Werklieferungsvertrag, § 651 Unternehmer besorgt den Stoff selbst und stellt daraus das Werk her

I) Wirksamer Kaufvertrag, § 433

Da V hier nicht nur den Saunabausatz verkauft, sondern zusätzlich den Aufbau versprochen hat, könnte auch ein Werkvertrag vorliegen.

Die Vorschrift des § 434 Abs. 2 S. 1 stellt aber klar, dass der Kaufvertrag mit Montageverpflichtung des Verkäufers ein einheitlicher Vertrag ist, sodass keine Aufspaltung in einen Kaufvertrag über die Kaufsache und einen Werkvertrag über die Montage erfolgen kann und die Gewährleistung einheitlich über das Kaufrecht erfolgt. Ein Werk- oder Werklieferungsvertrag (§ 651) kommt nur in Betracht, wenn der Aufbau keine bloße Serviceleistung, sondern eine langwierige, komplizierte Angelegenheit darstellt. Dafür bestehen hier keine Anhaltspunkte, sodass ein einheitlicher Kaufvertrag vorliegt.

II) Sachmangel gemäß § 434 Abs. 2 S. 1

Vorliegend ist die Montage seitens der Mitarbeiter des Verkäufers unsachgemäß erfolgt. Die fehlerhafte Montage stellt somit einen kaufrechtlichen Sachmangel i.S.v. § 434 Abs. 2 S. 1 dar.

III) Rechtsfolge: Gewährleistungsrechte aus § 437

Somit kann K bezüglich der Sauna die Gewährleistungsrechte aus § 437, insbesondere Nacherfüllung i.S.v. § 437 Nr. 1 geltend machen.

Fall 9: Rechtsmangel

V hat an K mit notariellem Kaufvertrag ein Grundstück verkauft und übergeben. Kurz bevor K im Grundbuch als Eigentümer eingetragen wird, erreicht D per einstweiliger Verfügung, dass zu seinen Gunsten eine Auflassungsvormerkung eingetragen wird. Als K dies dem V vorhält, entgegnet dieser, die Eintragung der Auflassungsvormerkung für D sei zu Unrecht erfolgt. K verlangt von V, sich darum zu kümmern, dass die für D eingetragene Vormerkung im Grundbuch gelöscht wird. Zu Recht?

Abwandlung:

K wusste bei Abschluss seines Kaufvertrages mit V, dass das Hausgrundstück noch von dem Mieter M bewohnt war. Jedoch hatte V im notariellen Kaufvertrag angegeben, dass der befristete Mietvertrag in einem Monat endet. Leider hatte V übersehen, dass in dem Mietvertrag eine Verlängerungsoption für ein Jahr vorhanden war, die der Mieter auch ausgeübt hatte. Liegt ein Mangel vor?

K gegen V auf Nacherfüllung aus § 437 Nr. 1 i.V.m. § 439

⇨ s. Vertiefungsschema 2

I) Wirksamer Kaufvertrag, § 433

K und V haben einen wirksamen, gemäß § 311 b Abs. 1 S. 1 beurkundeten Kaufvertrag über das Grundstück geschlossen.

II) Sachmangel, § 434

Das Grundstück weist keinen Sachmangel i.S.v. § 434 auf.

III) Rechtsmangel, § 435

1) Rechte Dritter

Ein Rechtsmangel liegt vor, wenn von Dritten aufgrund eines privatrechtlichen oder öffentlichen Rechts das Eigentum, der Besitz oder der unbeschränkte Gebrauch des Kaufgegenstandes beeinträchtigt werden kann. Hierunter fallen insbesondere dingliche Rechte wie (Grund-)Pfandrechte, Vorkaufsrechte, Grunddienstbarkeiten etc. Zwar ist umstritten, ob die Vormerkung i.S.v. § 883 ein dingliches Recht darstellt, weil sie gemäß § 883 Abs. 2 nur zur relativen Unwirksamkeit von Zwischenverfügungen führt, also keinen absoluten Charakter wie ein echtes dingliches Recht hat. Andererseits wird die Vormerkung gemäß § 885 im Grundbuch eingetragen und fällt daher ebenfalls unter den Begriff des Rechtsmangels i.S.v. § 435.[13]

2) Nicht bestehendes Recht eingetragen

Zwar hat V geäußert, die Vormerkung sei für D zu Unrecht eingetragen worden. Zu berücksichtigen ist aber, dass allein aufgrund der Eintragung der Vormerkung der Rechtsschein der Richtigkeit gemäß § 891 und auch für K die Gefahr eines Rechtsstreits mit D entsteht. Deswegen bestimmt

---

13 Palandt/Putzo § 435 Rdnr. 8.

§ 435 S. 2, dass es einem Rechtsmangel gleichsteht, wenn im Grundbuch ein Recht eingetragen ist, das nicht besteht.

IV) Zeitpunkt des Rechtsmangels

Da hier die Auflassungsvormerkung für D erst nach Abschluss des Kaufvertrages und nach Übergabe des Grundstücks an K eingetragen worden ist, erscheint fraglich, welche Rechtsmängel von § 435 zeitlich erfasst sind. Maßgeblicher Zeitpunkt dafür, dass der Kaufgegenstand frei von Rechtsmängeln i.S.v. § 435 ist, ist nicht der Abschluss des Kaufvertrages und – anders als bei Sachmängeln i.S.v. § 434 – auch nicht der Gefahrübergang (Übergabe). Entscheidend ist allein das Bestehen des Rechts bei Vollendung des Eigentumserwerbs, also bei Grundstücken in Form der Auflassung (dingliche Einigung i.S.v. § 925) und Eintragung des Käufers als neuer Eigentümer gemäß § 873 Abs. 1.[14] Da hier die Vormerkung zugunsten des D noch vor der Eigentumsumschreibung auf K im Grundbuch eingetragen wurde, stellt sie einen Rechtsmangel i.S.v. § 435 dar.

V) Rechtsfolge: Nacherfüllung, § 437 Nr. 1

K hat somit gegen V die Gewährleistungsrechte aus § 437, insbesondere den Anspruch auf Nacherfüllung gemäß § 437 Nr. 1, den V dadurch erfüllen muss, dass er den D dazu bringt, die für D zu Unrecht eingetragene Vormerkung im Grundbuch löschen zu lassen. Ggf. muss V die Kosten der Löschung übernehmen, § 439 Abs. 2.

Abwandlung:

Fraglich ist das Vorliegen eines **Rechtsmangels i.S.v. § 435**

I) Dingliche Rechte Dritter

Ein dingliches Recht Dritter wie z.B. ein Pfandrecht oder eine Vormerkung (s. Ausgangsfall) ist hier nicht ersichtlich.

II) Schuldrechtliche Position eines Dritten

Auch schuldrechtliche Positionen Dritter, sog. obligatorische Rechte, fallen als Rechtsmangel unter § 435, sofern sie den Dritten zum Besitz der Sache berechtigen, gegenüber dem Käufer als Einwendung wirken und ihn in seiner Verfügungsbefugnis über die Sache oder zumindest in ihrer Nutzung beeinträchtigen.

Hier wurde der Mietvertrag zwar ursprünglich zwischen V und M geschlossen. Gemäß § 566 geht jedoch das Mietverhältnis auf den neuen Eigentümer, also auf K, über („Kauf bricht nicht Miete"). Somit ist K an die Stelle des Vermieters in die sich aus dem Mietverhältnis ergebenden Rechte und Pflichten per Gesetz eingetreten. Hierzu gehören sämtliche Bestandteile des bisherigen Mietvertrages, somit auch die Verlängerungsoption. Folglich kann der Mieter sein Besitzrecht gegen K geltend machen, sodass ein Recht eines Dritten gegeben ist.

Damit besteht ein Rechtsmangel i.S.v. § 435.[15]

Zeitpunkt des Mangels:
- Sachmangel muss gemäß § 434 Abs. 1 S. 1 z.Z. des Gefahrübergangs vorliegen, d.h. gemäß § 446 z.Z. der Übergabe bzw. gemäß § 447 z.Z. der Aushändigung an die Transportperson
- Rechtsmangel i.S.v. § 435 muss z.Z. des Eigentumserwerbs vorliegen

---

14 Palandt/Putzo § 435 Rdnr. 7.
15 Palandt/Putzo § 435 Rdnr. 10.

Aufbauschema 1: Generalaufbau Gewährleistungsrechte

Beachte: Im Gewährleistungsrecht gilt grds. immer der folgende Aufbau:

I. **Gewährleistungsrecht entstanden, §§ 434 ff.**
   1. **Wirksamer Kaufvertrag, § 433 (auch Rechts- und Unternehmenskauf, § 453) und Werklieferungsvertrag über bewegliche Sachen, § 651, oder Tauschvertrag, § 480**
   2. **Mangel der Kaufsache**
      a) **Sachmangel, § 434**
         - Abs. 1 S. 1: vereinbarte Beschaffenheit fehlt
         - Abs. 1 S. 2 Nr. 1: vertraglich vorausgesetzte Verwendung fehlt
         - Abs. 1 S. 2 Nr. 2: gewöhnliche Verwendung fehlt
         - Abs. 1 S. 3: Werbeaussagen nicht eingehalten
         - Abs. 2: Fehler bei Montage, Montageanleitung

         z.Z. des Gefahrübergangs, § 434 Abs. 1 i.V.m. § 446/§ 447 ⇒ ggf. Beweislastumkehr, § 476 i.V.m. § 474

      b) **Falschlieferung, Zuweniglieferung, § 434 Abs. 3**
      c) **Rechtsmangel, § 435:** dingliche Belastungen, schuldrechtliche Rechte Dritter auf Besitz; öffentliche Beschränkungen s. § 436
   3. **Weitere Voraussetzungen je nach geltend gemachtem Recht**

a) Nacherfüllung, § 437 Nr. 1	b) Rücktritt, § 437 Nr. 2, 1. Alt.	c) Minderung, § 437 Nr. 2, 2. Alt.	d) Schadensersatz, § 437 Nr. 3
• § 439: K kann wahlweise Nachbesserung oder neue Sache verlangen • Ausnahmen: – § 275: unmöglich – § 439 Abs. 3: unverhältnismäßig	• i.V.m. § 326 Abs. 5, falls Nacherfüllung unmöglich • i.V.m. §§ 323, 440, falls Nacherfüllung ausgeblieben • Gem. § 325 kumulativ zu Schadensersatz statt der Leistung möglich!	• i.V.m. § 441 Abs. 1 „statt Rücktritt", also dto.	▶ **Schadensersatz statt der Leistung** (Mangelschaden) • **falls Nacherfüllung unmöglich:** – anfängliche Unmöglichkeit, § 311 a Abs. 2 – nachträgliche Unmöglichkeit, § 280 Abs. 1, Abs. 3 i.V.m. § 283 • **falls Nacherfüllung ausgeblieben:** § 280 Abs. 1, Abs. 3 i.V.m. § 281 • jeweils alternativ Aufwendungsersatz, § 284 ▶ **Schadensersatz neben der Leistung** • **Verzögerungsschaden**, § 280 Abs. 1, Abs. 2 i.V.m. § 286 • **Mangelfolgeschaden, sonstige Verzögerungsschäden**, § 280 Abs. 1 • **Schmerzensgeld**, § 253 Abs. 2

   4. **Kein Haftungsausschluss**
      a) **aus Gesetz**
         - § 442 (Kenntnis des Käufers/grobe Fahrlässigkeit)
         - § 445 (öffentliche Versteigerung; Ausn.: § 474 Abs. 2)
         - § 377 HGB (kaufmännische Rüge)
      b) **aus Vertrag**
         aa) Individualvertrag; Ausn.: • § 444 (Arglist oder Beschaffenheitsgarantie des Verkäufers)
         • § 475 Abs. 1, 2 (Verbrauchsgüterkauf)
         bb) AGB; Ausn.: • §§ 444, 475
         • §§ 305 ff. (AGB-Kontrolle)

II. **Kein Untergang des Gewährleistungsanspruchs**

III. **Verjährung/Verfristung, § 438**
   1. **Durchsetzbarkeit der Ansprüche** gehemmt, falls Verjährung und Einrede des Verkäufers, § 214 Abs. 1
      - § 438 Abs. 1 Nr. 1: 30 Jahre bei dinglichen Mängeln
      - § 438 Abs. 1 Nr. 2: 5 Jahre bei Bauwerken
      - § 438 Abs. 1 Nr. 3: sonst 2 Jahre

      ab Übergabe, § 438 Abs. 2
   2. **Beachte: Bei den Gestaltungsrechten Rücktritt/Minderung Unwirksamkeit gem. § 438 Abs. 4, 5!**

Aufbauschema 2: Der Nacherfüllungsanspruch

I. Nacherfüllungsanspruch entstanden, § 437 Nr. 1 i.V.m. § 439
1. **Wirksamer Kaufvertrag,** § 433 (§ 453 bzw. § 480 oder § 651)
2. **Sachmangel z.Z. des Gefahrübergangs,** § 434 i.V.m. §§ 446, 447 (§ 476) bzw. **Rechtsmangel bei Erwerb,** § 435
3. **Weitere Voraussetzungen für Nacherfüllung,** § 437 Nr. 1 i.V.m. § 439
   Ausübung des **Wahlrechts** des Käufers gemäß § 439 Abs. 1
   ▸ Nach h.M. trotz Ausübung noch Wechsel möglich
   ▸ Bei fehlender Ausübung Wahlrecht des Verkäufers
4. **Kein wirksamer Gewährleistungsausschluss**
   a) **aus Gesetz**
      ▸ § 442 (Kenntnis des Käufers/grob fahrlässige Unkenntnis)
      ▸ § 445 (öffentliche Versteigerung; Ausn.: § 474 Abs. 2)
      ▸ § 377 HGB (kaufmännische Rüge)
   b) **aus Vertrag**
      aa) Individualvertrag (Ausn.: §§ 444, 475)
      bb) AGB (Ausn.: §§ 444, 475, 305 ff.)

II. Kein Untergang

Mangelbeseitigung, § 439 Abs. 1, 1. Var.	Nachlieferung, § 439 Abs. 1, 2. Var.
1. Keine **Unmöglichkeit**, § 275 Abs. 1 ▸ bei unbehebbaren Mängeln	1. Keine **Unmöglichkeit**, § 275 Abs. 1 ▸ beim Stückkauf neuer Sachen, es sei denn, es handelt sich um Massenware (str.) ▸ beim Stückkauf gebrauchter Sachen im Einzelfall zu bestimmen ▸ beim Gattungskauf nur, wenn Lieferung aus Gattung nicht mehr möglich
2. Kein **Leistungsverweigerungsrecht** a) Gem. § 275 Abs. 2: Grobes Missverhältnis zwischen Nacherfüllungsaufwand des Verkäufers und Leistungsinterese des Käufers unter Berücksichtigung des Verschuldens b) Gem. § 439 Abs. 3: **Unverhältnismäßigkeit** der Kosten; Kriterien: – Wert der mangelfreien Sache (nicht: Kaufpreis) – Bedeutung des Mangels – Kostenvergleich mit Nachlieferung	2. Kein **Leistungsverweigerungsrecht** a) Gem. § 275 Abs. 2: Grobes Missverhältnis zwischen Nacherfüllungsaufwand des Verkäufers und Leistungsinteresse des Käufers unter Berücksichtigung des Verschuldens b) Gem. § 439 Abs. 3: **Unverhältnismäßigkeit** der Kosten; Kriterien: – Wert der mangelfreien Sache (nicht: Kaufpreis) – Bedeutung des Mangels – Kostenvergleich mit Mangelbeseitigung

III. Durchsetzbarkeit: Keine Verjährung gem. § 438 Abs. 1 i.V.m. Abs. 2
IV. Rechtsfolgen der Nacherfüllung
1. **Erfüllungsort:** Nicht der ursprüngliche Erfüllungsort, sondern der Ort, an dem sich die Kaufsache vertragsgemäß befindet
2. Ein **Wechsel des Nacherfüllungsbegehrens** ist nach h.M. auch nach Ausübung des Wahlrechts noch möglich **(elektive Konkurrenz der Nacherfüllungsvarianten)**

Mangelbeseitigung	Nachlieferung
1. Mangelbeseitigung 2. Verschuldensunabhängige Tragung der zur Nacherfüllung erforderlichen Aufwendungen, § 439 Abs. 2	1. Lieferung einer mangelfreien Sache 2. Verschuldensunabhängige Tragung der Nacherfüllungsaufwendungen, § 439 Abs. 2 3. **Rückgewähr der mangelhaften Sache** gem. §§ 439 Abs. 4, 346 ff. 4. Herausgabe gezogener **Nutzungen** gem. §§ 439 Abs. 4, 346 Abs. 1, 2 (problematisch, ob europarechtswidrig)

3. Teil: Anspruch auf Nacherfüllung

Fall 10: Nacherfüllung beim Stückkauf

K kaufte bei V, einem Mercedeshändler, einen gebrauchten Lieferwagen als Jahreswagen zum Preis von 39.000 €. V versicherte hierbei, dass das Fahrzeug unfallfrei sei. Später stellt sich heraus, dass das Fahrzeug einen erheblichen, nicht fachmännisch reparierten Unfallschaden hatte, was dazu führte, dass der Pkw objektiv lediglich einen Wert von 13.600 € aufwies. K verlangt von V Nacherfüllung. V verweigert diese mit dem Hinweis, dass eine Reparatur aufwendig und im Übrigen auch sinnlos sei. Auch eine Ersatzlieferung scheide von vornherein aus, da es sich um einen Stückkauf handele. Im Übrigen sei eine Ersatzlieferung zu teuer.

Kann K Nacherfüllung verlangen?

Abwandlung:

Was gilt, wenn A von V einen Oldtimer, Mercedes SL, Baujahr 1979, Kilometerstand 112.000 als angeblich unfallfrei gekauft hat?

Anspruch K gegen V auf Nacherfüllung aus § 437 Nr. 1 i.V.m. § 439?

⇨ s. Aufbauschema 2

I) Wirksamer Kaufvertrag, § 433

K und V haben einen wirksamen Kaufvertrag über den Mercedes geschlossen.

II) Sachmangel bei Gefahrübergang, § 434 Abs. 1

Da der Mercedes von der ausdrücklich vereinbarten Soll-Beschaffenheit der Unfallfreiheit abwich, lag bereits im Zeitpunkt des Gefahrübergangs ein Sachmangel i.S.v. § 434 Abs. 1 S. 1 vor.

III) Wahlrecht des Käufers aus § 437 Nr. 1 i.V.m. § 439 Abs. 1

Gemäß § 439 Abs. 1 hat der Käufer im Rahmen der Nacherfüllung die Wahl zwischen Nachbesserung und Neulieferung.

1) Nachbesserung

Der Anspruch auf Nachbesserung könnte wegen Unmöglichkeit gemäß § 275 Abs. 1 ausgeschlossen sein. Zwar war der Pkw ursprünglich nicht fachmännisch repariert worden, was durch eine neue Reparatur nachgeholt werden könnte. Jedoch behält der Pkw hierdurch den Makel eines Unfallwagens. Somit kann auch durch die beste Nachbesserung kein unfallfreies Fahrzeug erzeugt werden, sodass eine Nachbesserung von Anfang an unmöglich ist. Der Nachbesserungsanspruch ist daher gemäß § 275 Abs. 1 ausgeschlossen.

2) Nachlieferungsanspruch

Der Nachlieferungsanspruch könnte hier nur dergestalt realisiert werden, dass V ein vergleichbares Gebrauchtwagenmodell mit ähnlicher Laufleistung und Ausstattung besorgt. Fraglich ist aber, ob dieser Anspruch ausgeschlossen ist.

a) **Ausschluss wegen Unmöglichkeit, § 275 Abs. 1**

Da es sich um einen Stückkauf handelt, könnte eine Ersatzlieferung technisch unmöglich sein. Die Frage ist umstritten.

aa) **Mindermeinung**

Teilweise[16] wird eine Ersatzlieferung beim Stückkauf als von Anfang an unmöglich angesehen. Denn die Leistungspflicht des Verkäufers beziehe sich nur auf die konkret verkaufte Sache, sodass jede andere Sache von vornherein untauglich sei, den vertraglich geschuldeten Zustand herbeizuführen.

Hiernach wäre der Anspruch auf Nachlieferung gemäß § 275 Abs. 1 ausgeschlossen.

bb) **H.M.**

Nach h.M. ist der Anspruch auf Ersatzlieferung nicht von vornherein deswegen ausgeschlossen, weil es sich um einen Stückkauf handelt, da § 439 Abs. 1 nicht zwischen Stück- und Gattungskauf unterscheide. Vielmehr sei aus den Umständen zu entnehmen, ob die mangelhafte Kaufsache durch eine gleichartige und gleichwertige ersetzt werden kann. Dies sei insbesondere bei Standardsachen zu bejahen. Angesichts des naturgemäß unterschiedlichen Erhaltungszustandes gebrauchter Sachen und der damit verbundenen Schwierigkeit, eine in jeder Hinsicht gleichwertige Ersatzsache zu beschaffen, sei jedoch bei gebrauchten Sachen der Anspruch auf eine Ersatzlieferung nicht ohne weiteres anzunehmen. Je älter die gebrauchte Sache ist, desto mehr würde es auf den individuellen Zustand ankommen, sodass dann eher eine Ersatzlieferung ausscheidet.[17]

Legt man diese Kriterien zugrunde, so ist hier zu berücksichtigen, dass es sich um einen Lieferwagen mit Standardausrüstung handelt. Dieser ist als Jahreswagen mit gleicher Ausstattung und Kilometerleistung sicherlich ohne weiteres erhältlich. Individuelle Ausstattungsmerkmale werden bei derartigen Lieferwagen nicht ins Gewicht fallen. Danach wäre eine Ersatzlieferung durchaus möglich.

cc) **Stellungnahme**

Für die h.M. spricht, dass der Gesetzgeber aufgrund der Schuldrechtsreform die ursprüngliche Unterscheidung zwischen Stückkauf und Gattungskauf abgeschafft hat. Des Weiteren tritt bei Standardsachen als vertretbare Sachen i.S.v. § 91 BGB die Individualität der einzelnen Sache völlig in den Hintergrund. Hinzu kommt, dass jedenfalls bei den jüngeren Fahrzeugen der individuelle Abnutzungszustand – anders als bei älteren Fahrzeugen – nicht so ins Gewicht fällt. Demnach gibt es am Markt gerade Jahreswagen in gleicher Ausstattung mit gleicher Kilometerleistung und gleichem Abnutzungszustand, sodass eine Austauschbarkeit ohne weiteres besteht. Somit ist der Nachlieferungsanspruch nicht gemäß § 275 Abs. 1 ausgeschlossen.

Klausurtipp:
Der Nacherfüllungsanspruch aus § 437 Nr. 1 i.V.m. § 439 Abs. 1 ist nach allg. Grundsätzen ausgeschlossen, wenn:
- (technische) Unmöglichkeit, § 275 Abs. 1
- wirtschaftliches Missverhältnis
- § 275 Abs. 2 stellt auf den Aufwand im Verhältnis zum Leistungsinteresse unter Berücksichtigung des Verschuldens des Verkäufers ab
- § 439 Abs. 3 stellt hingegen auf den Wert der mangelfreien Sachen im Verhältnis zur Bedeutung des Mangels und der anderen Art der Nacherfüllung ab

---

[16] Ackermann JZ 2002, 378; Huber NJW 2002, 1004, 1006.
[17] Palandt/Putzo § 439 Rdnr. 15; BGH NJW 2006, 2839; Roth NJW 2006, 2953.

b) Ausschluss der Nachlieferung gemäß § 275 Abs. 2

Hilfsweise beruft sich V hier darauf, dass eine Ersatzlieferung unverhältnismäßig teuer sei. Gemäß § 275 Abs. 2 wäre der Anspruch auf Ersatzlieferung ausgeschlossen, wenn ein grobes Missverhältnis zwischen dem Aufwand und dem Leistungsinteresse des Käufers vorliegt, bei dem auch ein Verschulden des Verkäufers an dem Leistungshindernis zu berücksichtigen wäre. Jedoch hat V keine konkreten Angaben gemacht, sodass nicht beurteilt werden kann, ob die Voraussetzungen des § 275 Abs. 2 vorliegen.

c) Ausschluss der Nachlieferung gemäß § 439 Abs. 3

Hingegen stellt § 439 Abs. 3 lediglich auf den Wert der Sache im mangelfreien Zustand und die Bedeutung des Mangels sowie die andere Art der Nacherfüllung (Reparatur) ab. Bei welchem Kostenaufwand die Unverhältnismäßigkeitsgrenze erreicht ist, ist im Einzelnen umstritten. Hier ist jedoch zu berücksichtigen, dass V keinen konkreten Vortrag zur Unverhältnismäßigkeit geliefert hat. Da V aber die Beweislast für den für ihn günstigen Ausschlussgrund trägt, ist somit der Anspruch auf Nachlieferung nicht gemäß § 439 Abs. 3 ausgeschlossen.

K hat damit aus § 437 Nr. 1 i.V.m. § 439 Abs. 1 einen Anspruch gegen V auf Ersatzlieferung in Form eines vergleichbaren Fahrzeugs.

Abwandlung:

A) Anspruch K gegen V auf Ersatzlieferung aus § 437 Nr. 1 i.V.m. § 439 Abs. 1

I) Wirksamer Kaufvertrag (+)

II) Sachmangel, § 434 Abs. 1 (+)

III) Ausschluss der Ersatzlieferung gemäß § 275 Abs. 1

Der Anspruch könnte wegen Unmöglichkeit gemäß § 275 Abs. 1 ausgeschlossen sein. Gerade bei dem Kauf älterer Gebrauchtwagen, insbesondere Oldtimer kommt es auf einen bestimmten Typ und eine bestimmte Ausstattung des Fahrzeugs an. Ferner ist in der Regel erst bei einer persönlichen Besichtigung der gewonnene Gesamteindruck von den technischen Eigenschaften, der Funktionsfähigkeit und dem äußeren Zustand des individuell ausgewählten Fahrzeugs ausschlaggebend für den Entschluss des Käufers, das konkrete Fahrzeug zu kaufen. Mit zunehmendem Alter des Fahrzeugs wird es auch immer schwieriger, überhaupt Ersatzfahrzeuge am Markt zu beschaffen. Andererseits wird vielfach der individuelle Abnutzungszustand und Kilometerstand sehr unterschiedlich ausfallen. Angesichts des naturgemäß unterschiedlichen Erhaltungszustands gebrauchter Fahrzeuge und der damit verbundenen Schwierigkeit, in jeder Hinsicht gleichwertige Ersatzteile zu beschaffen, wäre häufiger Streit über die Gleichwertigkeit des angebotenen oder zu beschaffenden Ersatzfahrzeugs absehbar. Deswegen ist bei Ankauf eines Oldtimers eine Ersatzlieferung von vornherein ausgeschlossen.[18]

Klausurtipp:
Das Leistungsverweigerungsrecht nach § 275 Abs. 2 ist für den Verkäufer praktisch irrelevant, weil § 439 Abs. 3 mit dem Hinweis auf unverhältnismäßige Kosten ohne Bezugnahme auf ein etwaiges Verschulden geringere Anforderungen für die Einrede des Verkäufers aufstellt. Hingegen geht § 275 Abs. 2 davon aus, dass der Zumutbarkeitsgrad mit der Größe des Verschuldens des Verkäufers bezüglich der Leistungsstörung steigt

---

18 BGH NJW 2006, 2839.

Somit besteht kein Anspruch auf Nacherfüllung gemäß § 275 Abs. 1.

B) K hat daher gegen V nur die übrigen Gewährleistungsrechte aus § 437 Nr. 2, also Rücktritt, oder, wenn er das Fahrzeug behalten will, Minderung. Sofern sich der Verkäufer nicht exkulpieren kann, hat K auch einen Schadensersatzanspruch aus § 437 Nr. 3 (zu den Voraussetzungen noch später genauer).

> **Fall 11: Umfang der Nacherfüllung**
>
> K möchte seinen Garten neu anlegen. Er bestellt bei V 500 qm Rollrasen. Nach Anlieferung verlegt K diesen in seinem Garten. Trotz sachgemäßer Verlegung zeigt der Rasen wenig später Verfärbungen und geht aufgrund von Wurzelfäulnis ein. Es stellt sich heraus, dass der Rasen von Anfang mit einem Wurzelpilz behaftet war. K verlangt nunmehr von V, dass dieser den mittlerweile übel riechenden Rollrasen entfernt und entsorgt sowie einen neuen, einwandfreien Rasen liefert und verlegt. V entgegnet, dass K ihm gefälligst den alten Rasen bringen müsse. Des Weiteren schulde er nur die Anlieferung eines neuen Rasens, da mehr nicht Vertragsgegenstand sei. Auch habe er – was zutrifft – den Pilzbefall am Rasen nicht erkennen können.
>
> Bestehen die von K geltend gemachten Ansprüche?

A) Anspruch K gegen V auf Neulieferung sowie Entfernung und Entsorgung des gelieferten Rasens aus § 437 Nr. 1 i.V.m. § 439 Abs. 1

⇨ s. Aufbauschema 2

I) Wirksamer Kaufvertrag zwischen K und V, § 433

Zwischen K und V wurde ein wirksamer Kaufvertrag über den Rollrasen geschlossen.

II) Sachmangel, § 434 Abs. 1

Zwar ist zwischen K und V nicht ausdrücklich als Soll-Beschaffenheit i.S.v. § 434 Abs. 1 S. 1 vereinbart worden, dass der Rollrasen nicht pilzbefallen sein soll. Jedoch entspricht dies der gewöhnlichen Verwendungstauglichkeit, sodass ein Sachmangel i.S.v. § 434 Abs. 1 S. 2 Nr. 2 vorliegt. Dieser bestand auch bereits bei Gefahrübergang, d.h. zum Zeitpunkt der Übergabe, § 446.

III) Kein Ausschluss des Nacherfüllungsanspruchs

Da es sich hier um einen Gattungskauf handelt, ist unstreitig eine Ersatzlieferung des Rollrasens möglich, sodass ein Ausschluss gemäß § 275 Abs. 1 ausscheidet. Auch macht V keinen unverhältnismäßigen Kostenaufwand i.S.v. § 275 Abs. 2 bzw. § 439 Abs. 3 geltend, zumal die andere Art der Nacherfüllung, d.h. eine Nachbesserung des gelieferten Rasens hier nicht möglich ist.

Somit ist der Anspruch auf Ersatzlieferung nicht ausgeschlossen.

IV) Rechtsfolgen des Nacherfüllungsanspruchs

1) Neulieferung, § 439 Abs. 1

K hat gemäß § 439 Abs. 1 einen Anspruch auf Neulieferung von 500 qm einwandfreiem Rasen in der bestellten Qualität.

2) Ort der Nacherfüllung

Fraglich ist, ob V den Ersatzrasen zu K verbringen oder ob K diesen bei V abholen muss.

Schuldarten, § 269
- Holschuld: Gemäß § 269 Abs. 1 im Zweifel anzunehmen
- Bringschuld
- Schickschuld: Gemäß § 269 Abs. 3 im Zweifel anzunehmen, selbst wenn die andere Seite die Transportkosten übernimmt

Zwar regelt § 439 nicht ausdrücklich den Ort der Nacherfüllung. Dieser ist jedoch aus Sinn und Zweck der Vorschrift sowie nach § 269 zu bestimmen. Hiernach war für die Durchführung der Nacherfüllung zwar kein Ort im Kaufvertrag bestimmt. Jedoch ist dieser aus den Umständen und aus der Natur des Schuldverhältnisses zu entnehmen. Hier war beiden Vertragsparteien klar, dass der Rollrasen im Garten des Käufers von diesem verlegt werden sollte. Unabhängig von der Frage, ob für die Anlieferung eine Bring- oder Schickschuld vereinbart war, war für beide Vertragsparteien klar, dass der Rasen sich beim Wohnsitz des Käufers befinden werde. Somit schuldet der Verkäufer dort die noch nicht vollständig erbrachte Erfüllung. Dies ergibt sich aus § 439 Abs. 2, der klarstellt, dass dem Käufer keine weiteren Aufwendungen entstehen sollen, vielmehr der Verkäufer alle Transport-, Wege-, Arbeits- und Materialkosten tragen soll. Erfüllungsort für die Nacherfüllung ist daher der Ort, an dem sich die Sache nunmehr befindet, hier also der Wohnsitz des Käufers.[19] Somit muss V den neuen Rasen kostenfrei zu K liefern.

3) Pflicht des V zur Entfernung und Entsorgung des mangelhaften Rasens

Fraglich ist, ob V auch den mangelhaften Rasen entfernen und entsorgen muss.

Nach dem Wortlaut des § 439 Abs. 4 kann der „Verkäufer" bei Lieferung der mangelfreien Sache die „Rückgewähr" der mangelhaften Sache nach Maßgabe des Rücktrittsrechts (§§ 346 ff.) „verlangen". Fraglich ist, ob hieraus auch eine Pflicht des Verkäufers zur Rücknahme und vorhergehenden Demontage der mangelhaften Sache abzuleiten ist. Da dem Käufer nach den Vorgaben der Verbrauchsgüterkauf-Richtlinie gemäß § 439 Abs. 2 durch die Nacherfüllung überhaupt keine Kosten entstehen dürfen, handelt es sich bei diesem Rückgewähranspruch nicht bloß um eine Berechtigung des Verkäufers, sondern gleichermaßen um eine Rücknahme- und Ausbaupflicht. Diese dient der Ermöglichung der Nacherfüllung, weil nur dann anschließend der neu angelieferte Rasen verlegt werden kann. Somit hat der Verkäufer eine Rücknahmeverpflichtung, die er am Ort der eingebauten Sache durch vorhergehende Demontage zu erfüllen hat.[20] V schuldet demnach die Entfernung und Entsorgung des mangelhaften Rasens.

4) Neuverlegung des Rollrasens

Fraglich ist, ob V anschließend den neu angelieferten Rasen auch im Garten des K verlegen muss, da die Verlegung ursprünglich nicht Gegenstand des Vertrages war. Schließlich haben K und V keinen Werkvertrag (§ 631), sondern einen Kaufvertrag geschlossen.

Da gemäß § 439 Abs. 2 der Verkäufer sämtliche zum Zweck der Nacherfüllung erforderlichen Aufwendungen zu tragen hat und nach dem Wortlaut der Vorschrift hierunter auch Arbeits- und Materialkosten fallen, ist fraglich, ob hierzu auch eine Neuverlegung oder zumindest ein Kostenersatz für eine Neuverlegung gehört. Die Frage ist umstritten.

---

19 Vgl. OLG München NJW 2006, 449.
20 OLG Köln ZGS 2006, 77 (str.).

a) Meinung 1

Teilweise[21] wird eine weite Auslegung des § 439 Abs. 2 befürwortet, da der Verkäufer den Zustand schulde, in dem sich die Sache befände, wenn sie mangelfrei gewesen wäre. Zu den Aufwendungen i.S.v. § 439 Abs. 2 gehörten daher nicht nur der Aus-, sondern auch der erneute Einbau.[22] Demnach wäre hier auch eine Neuverlegung des Rollrasens von V geschuldet.

b) Meinung 2

Die Gegenauffassung[23] lehnt eine derart weite Auslegung des § 439 Abs. 2 ab, weil der Einbau ursprünglich vom Verkäufer nicht geschuldet war, sodass auch die Nacherfüllung nicht weiter gehen könne. Vielmehr seien die Einbaukosten nur unter dem Gesichtspunkt schadensersatz- bzw. aufwendungsersatzfähig, was aber ein Verschulden des Verkäufers voraussetze, wie § 437 Nr. 3 durch den Verweis auf § 280 Abs. 1 klarstelle. Da die Nacherfüllung i.S.v. § 439 Abs. 1, 2 hingegen kein Verschulden des Verkäufers voraussetze, dürfe diese Voraussetzung nicht umgangen werden.

Demnach wäre hier V unter dem Aspekt Nacherfüllung, § 439, nicht zum Einbau des neuen Rasens verpflichtet. Mangels Verschuldens würde V auch keinen Ersatz der Verlegekosten als Schadensersatz, § 437 Nr. 3, schulden.

c) **Stellungnahme**

Für die zweite Meinung spricht, dass die Verlegung des Rollrasens von Anfang nicht Bestandteil des Kaufvertrages und damit auch nicht Bestandteil der Verkäuferpflichten war. Andernfalls würden die Grenzen zwischen Kauf- und Werkvertrag vermengt. Außerdem würden auch die Grenzen zwischen der reinen Nacherfüllung und dem Schadensersatz bzw. Aufwendungsersatz vermengt. Letztere sind, wie die Systematik in § 437 Nr. 3 mit Verweis auf § 280 Abs. 1 zeigt, verschuldensabhängig. Dieses Erfordernis darf nicht dadurch umgangen werden, dass auf den verschuldensunabhängigen Nacherfüllungsanspruch ausgewichen wird, der dann die Naturalrestitution i.S.d. Schadensersatzes ersetzen würde.

Somit umfasst die Nacherfüllung i.S.v. § 439 nicht die Neuverlegung des Rasens.

Da V sich exkulptiert hat, entfällt mangels Verschuldens auch ein Schadensersatzanspruch aus § 437 Nr. 3.

Klausurtipp:
In diesem Zusammenhang ist str., worauf sich das Verschulden des Verkäufers beziehen muss: Auf die ursprünglich mangelhafte Lieferung oder auf die Nacherfüllung. Im Einzelnen dazu noch später

---

21 OLG Karlsruhe ZGS 2004, 432; Terrahe VersR 2004, 680.
22 So bereits BGHZ 87, 104 im sog. Dachziegel-Fall zum alten Kaufrecht.
23 OLG Köln ZGS 2006, 77; BGH NJW 2005, 2848, 2850.

> **Fall 12: Nutzungsvergütung im Rahmen der Nacherfüllung**
>
> K hatte bei dem Fachhändler V eine Stereoanlage mit besonderem Raumklangeffekt für 5.000 € inkl. Aufbauservice gekauft. Die Anlage wurde Anfang Januar von V im Wohnzimmer des K installiert. K, der von Anfang an mit der Qualität der Anlage nicht zufrieden war, reklamierte dies mehrfach bei V. Als V Anfang März die Anlage nochmals durchgemessen hatte, stellte er fest, dass produktionsbedingt ein echter Raumklang nicht zu erreichen war und auch die Boxen nicht die versprochene Qualität besaßen. Da dies herstellungsbedingt war, schied eine Reparatur aus. Da der Hersteller zwischenzeitlich seine Konstruktion verbessert hatte, tauschte V am 15.03. die Anlage komplett aus. Jedoch verlangt V von K 200 € Nutzungsentschädigung, da K trotz der Mängel die Anlage benutzt habe. K lässt sich von Rechtsanwalt R beraten. Dieser ist der Ansicht, dass Nutzungsersatz nicht geschuldet sei, weil sich aus der Verbrauchsgüterkauf-Richtlinie 1999/44/EG gemäß Art. 3 ergebe, dass der Verbraucher Anspruch auf die unentgeltliche Herstellung des vertragsgemäßen Zustands des Verbrauchsguts durch Nachbesserung oder Ersatzlieferung habe.
>
> Kann V von K Nutzungsersatz verlangen?

Anspruch V gegen K auf Nutzungsersatz aus § 439 Abs. 4 i.V.m. § 346 Abs. 1, Abs. 2 S. 1 Nr. 1?

⇨ s. Aufbauschema 2

I) Wirksamer Kaufvertrag, § 433

V und K haben einen wirksamen Kaufvertrag über die Anlage geschlossen. Der Aufbauservice begründet keinen Werkvertrag, Argument aus § 434 Abs. 2 S. 1 (s. bereits Fall 8)

II) Sachmangel, § 434 Abs. 1

Die Anlage war mangelhaft i.S.v. § 434 Abs. 1, da sie die vorausgesetzte Qualität des Raumklangs nicht aufwies.

III) Nacherfüllung des V, § 439

V hat dem K zum Zweck der Nacherfüllung eine mangelfreie Anlage geliefert und damit i.S.v. § 439 Abs. 4 nacherfüllt.

IV) Rechtsfolge gemäß § 439 Abs. 4, 2. Halbs.

Gemäß § 439 Abs. 4, 2. Halbs. kann der Verkäufer vom Käufer „Rückgewähr der mangelhaften Sache nach Maßgabe der §§ 346–348 verlangen".

1) Nutzungsersatz § 346 Abs. 1 i.V.m. Abs. 2 Nr. 1

Fraglich ist, ob neben der reinen Rückgewähr der ursprünglich gelieferten mangelhaften Sache hierfür auch Nutzungsersatz geschuldet ist. Da § 439 Abs. 4 auf § 346 bis § 348 verweist, schließt dies vom Wortlaut auch den in § 346 Abs. 1 geregelten Anspruch auf Herausgabe der gezogenen Nutzungen und gemäß § 346 Abs. 2 S. 1 Nr. 1 auch Nutzungsersatz ein, sofern – wie hier – die Herausgabe aufgrund der Natur des Erlangten ausgeschlossen ist. Dies folgt auch aus der amtlichen Begründung des Gesetzgebers zu § 439 Abs. 4 (BT-Drucks. 14/6040,) bei der darauf hingewiesen wird, dass der Käufer bei der Nachlieferung eine neue Sache erhält und nicht einzusehen ist, dass er die zurückzugebende Sache in dem Zeitraum davor unentgeltlich nutzen und so noch Vorteile aus der Mangelhaftigkeit ziehen können soll, falls die Sache trotz ihres Mangels noch benutzbar sei.

Demnach wäre hier der Anspruch auf Nutzungsersatz für die 2 Monate prinzipiell gerechtfertigt, da K die Stereoanlage ohne weiteres benutzen konnte.

2) EU-Konformität

Fraglich ist, ob dies gegen Art. 3 Abs. 2–4 der Verbrgüterkauf-RiLi verstößt, da diese einen Anspruch auf unentgeltliche Nacherfüllung für den Verbraucher vorsieht. Die Frage wird streitig beurteilt.

a) Verstoß gegen Art. 3 Verbrgüterkauf-RiLi

Nach einer Meinung liegt kein Verstoß gegen die Richtlinie vor,[24] denn die Richtlinie regele nur die Herstellung des vertragsgemäßen Zustands. Die Zahlung einer Nutzungsvergütung sei aber nicht als Gegenleistung für die Ersatzlieferung anzusehen, sondern betreffe nur die Modalitäten der Herausgabe der mangelhaften Sache im Einzelnen. Die Richtlinie verlange nur, den Verbraucher von den Kosten, nicht aber von sämtlichen Nachteilen und Unannehmlichkeiten der Nacherfüllung freizustellen.

Demnach wäre nach wie vor Nutzungsersatz geschuldet.

b) Kein Verstoß

Nach der Gegenauffassung[25] verstößt der Nutzungsersatz gegen die Verbrauchsgüterkauf-Richtlinie. Denn die Nutzungsvergütung sei ein Entgelt für die Wertsteigerung und die Verlängerung der Verbrauchsdauer, in deren Genuss der Käufer durch die Ersatzlieferung einer neuen Sache komme. Zudem würde unnütz der Nacherfüllungsanspruch erschwert, da ein Käufer vielfach nicht einschätzen könne, wie hoch die Nutzungsvergütung ausfalle, was ihn u.U. davon abhalten könne, überhaupt Nacherfüllung zu verlangen. Hierdurch liefe das Nacherfüllungsrecht vielfach leer.

Nach dieser Auffassung besteht somit kein Anspruch auf Nutzungsersatz.

c) Vorlage an EuGH

Der BGH[26] hat dementsprechend die Frage per Vorlagebeschluss gemäß Art. 234 EG dem EuGH vorgelegt, da er sich außerstande sah, die Vorschrift des § 439 Abs. 4 selbst richtlinienkonform auszulegen, weil sie gegen den eindeutig geäußerten Willen des nationalen Gesetzgebers verstoße. Mutmaßlich wird der EuGH die vom BGH vorgelegte Frage, ob ein Verstoß gegen die EU-Richtlinie vorliegt, mit Blick auf Art. 3 Abs. 3 S. 3 Verbrauchsgüterkauf-Richtlinie bejahen.[27]

---

24 Palandt/Putzo § 439 Rdnr. 25 m.w.N.
25 MünchKomm/Lorenz vor § 474 Rdnr. 19; Gsell NJW 2003, 1969, 1973; BGH RÜ 2006, 578.
26 BGH RÜ 2006, 578.
27 Witt NJW 2006, 3322.

Aufbauschema 3: Rücktritt
Rückgewähranspruch aus § 437 Nr. 2, 1. Alt. i.V.m. § 323/ § 326 Abs. 5 i.V.m. § 346

I. **Rücktrittserklärung des K, § 349**

II. **Rücktrittsgrund, § 437 Nr. 2, 1. Alt.**

1. **Wirksamer Kaufvertrag, § 433** (§ 453 bzw. § 480 oder § 651)
2. **Sachmangel z.Z. des Gefahrübergangs, §§ 434, 446, 447** (§ 476) bzw. Rechtsmangel z.Z. des Erwerbs, § 435
3. **Weitere Voraussetzungen für Rücktritt, § 437 Nr. 2, 1. Alt.**

i.V.m. § 326 Abs. 5 i.V.m. § 323 bei Unmöglichkeit der Nacherfüllung	i.V.m. § 323, § 440 bei ausgebliebener Nacherfüllung
▸ beide Varianten der Nacherfüllung i.S.v. § 439 Abs. 1 müssen möglich sein	▸ § 323 Abs. 1, 2. Alt.: • vorherige Setzung einer angemessenen Frist zur Nacherfüllung (falls zu kurz gesetzt: automatische Verlängerung) • § 323 Abs. 2, § 440 regeln Fälle, bei denen Fristsetzung entbehrlich ist

4. **Kein Gewährleistungsausschluss**
   a) **aus Gesetz**
      ▸ § 323 Abs. 5 (unerheblicher Mangel)
      ▸ § 323 Abs. 6 (überwiegende Verantwortlichkeit des K)
      ▸ § 442 (Vorsatz/grobe Fahrlässigkeit des K)
      ▸ § 445 (öffentliche Versteigerung; Ausn.: § 474 Abs. 2)
      ▸ § 377 Abs. 2 HGB (kaufmännische Rüge)
   b) **aus Vertrag**
      aa) Individualvertrag; Ausn.: §§ 444, 475
      bb) AGB; Ausn.: §§ 444, 475, 305 ff.
5. **Keine Unwirksamkeit des Rücktritts wegen Verfristung**
   Beachte: Gem. § 438 Abs. 4 i.V.m. § 218 ist erklärter Rücktritt unwirksam, falls Nacherfüllungsanspruch aus § 437 Nr. 1 gem. § 438 Abs. 1, 2 verjährt ist und V sich hierauf beruft.

III. **Rechtsfolgen:**
Rückabwicklungsschuldverhältnis gem. § 346 ff. = „Zug-um-Zug", §§ 348, 320, 322

4. Teil: Rücktritt

Fall 13: Rücktritt

Die K hat bei dem Händler V eine neue, hochwertige Waschmaschine gekauft, weil sie auf die angegebenen Spezialprogramme Wert legt. Diese Spezialprogramme funktionieren infolge fehlerhafter Elektronik jedoch nicht. Die K bemerkt dies zunächst nicht, weil sie zuerst Standardprogramme für die Wäsche benutzt. Als sie die Sportsachen ihres Sohnes wäscht, verlässt sie sich wie immer darauf, dass dieser seine Taschen geleert hat. Tatsächlich befand sich jedoch in einer Tasche ein Schraubenzieher, den ihr Sohn zuvor benutzt hatte, weil er an seinem Mofa herumgeschraubt hatte. Den Schraubenzieher hatte die K aus leichter Unachtsamkeit übersehen. Später beschädigt der Schraubenzieher im Schleudergang die Waschtrommel der Waschmaschine. Auch dies bemerkt zunächst K nicht. Als K einige Tage später eines der Spezialprogramme benutzen will, bemerkt sie, dass diese nicht funktionieren. V versucht mehrfach, den Defekt zu beseitigen, was ihm jedoch auch nach Rücksprache mit dem Hersteller nicht gelingt. Nunmehr erklärt K den Rücktritt und verlangt den gezahlten Kaufpreis zurück. V hält den Rücktritt für unberechtigt, da er durchaus noch einmal versuchen wollte, den Fehler zu beseitigen. Im Übrigen könne er Nutzungsersatz verlangen, da K die Waschmaschine wochenlang benutzt habe. Im Übrigen verlange er auch Wertersatz dafür, dass die Maschine nicht mehr neuwertig sei, sowie Ersatz für die Beschädigung der Waschtrommel. Rechtslage?

Abwandlung:

Die K hatte sofort bemerkt, dass die Spezialprogramme der Waschmaschine nicht funktionieren und dem V umgehend eine Frist zur Nachbesserung gesetzt. Dennoch hatte sie die Waschmaschine im Normalprogramm für die Sachen ihres Sohnes benutzt. Kann V von K nunmehr Ersatz für die beschädigte Waschtrommel verlangen?

Anspruch K gegen V auf Rückzahlung des Kaufpreises aus §§ 437 Nr. 2, 1. Alt., 323 Abs. 1, 2. Alt. i.V.m. § 346 Abs. 1

⇨ s. Aufbauschema 3

A) **Anspruch entstanden**

I) **Rücktrittserklärung, § 349**

Die Rücktrittserklärung der K ist als empfangsbedürftige Willenserklärung dem V zugegangen.

II) **Rücktrittsgrund, § 437 Nr. 2, 1. Alt. i.V.m. § 323 Abs. 1, 2. Alt.**

1) **Wirksamer Kaufvertrag, § 433**

K und V haben einen wirksamen Kaufvertrag über die Waschmaschine geschlossen.

Klausurtipp:
§ 346 kann auch als eigentliche Anspruchsgrundlage auf Rückabwicklung an den Anfang der §§-Kette gesetzt werden

2) Sachmangel, § 434 Abs. 1

Die ausdrücklich vereinbarten Spezialprogramme konnte die Waschmaschine aufgrund der fehlerhaften Elektronik nicht leisten, sodass bereits im Zeitpunkt des Gefahrübergangs ein Sachmangel i.S.v. § 434 Abs. 1 S. 1 vorlag.

3) Weitere Voraussetzungen des § 323 Abs. 1

> Rücktrittsgründe:
> § 437 Nr. 2, 1. Alt. verweist auf die allgemeinen Rücktrittsgründe:
> - § 326 Abs. 5 i.V.m. § 323 bei Unmöglichkeit der Nacherfüllung
> - § 323 bei möglicher, aber ausgebliebener Nacherfüllung

a) Wegen des Vorrangs der Nacherfüllung kann der Käufer nicht sofort aufgrund des Mangels zurücktreten, sondern muss gemäß § 323 Abs. 1, 2. Alt. grds. dem Verkäufer erst eine Frist nach Nacherfüllung setzen.

b) **Entbehrlichkeit der Fristsetzung**

aa) **Entbehrlichkeit gemäß § 326 Abs. 5**

Sofern die Nacherfüllung unmöglich ist, entfällt gemäß § 326 Abs. 5 eine Fristsetzung. Vorliegend war aber die Nacherfüllung zumindest durch Ersatzlieferung möglich, sodass § 326 Abs. 5 nicht anwendbar ist.

bb) **Entbehrlichkeit gemäß § 323 Abs. 2**

(1) **§ 323 Abs. 2 Nr. 1**

Verweigert der Verkäufer endgültig und bestimmt die Nacherfüllung, so ist gemäß § 323 Abs. 2 Nr. 1 die Fristsetzung entbehrlich. Dies kommt hier nicht in Betracht, da V nach wie vor zur Nacherfüllung bereit war.

(2) **§ 323 Abs. 2 Nr. 3**

Gemäß § 323 Abs. 2 Nr. 3 ist ferner eine Nacherfüllung entbehrlich, wenn unter Abwägung der beiderseitigen Interessen der sofortige Rücktritt gerechtfertigt ist. Hier könnte man annehmen, dass aufgrund der mehrfachen erfolglosen Nachbesserungsversuche des V die Abwägung ergibt, dass eine weitere Fristsetzung für K nicht zumutbar war.

(3) **§ 440 S. 2**

> Klausurtipp:
> § 440 ergänzt somit die Anwendungsfälle des § 323 Abs. 2 Nr. 1–3 für den Rücktritt sowie parallel für Schadensersatz statt der Leistung i.S.v. § 281 Abs. 2

Letztlich kann dies jedoch offen bleiben, da § 440 bestimmt, dass eine Fristsetzung i.S.v. § 323 auf jeden Fall entbehrlich ist, wenn die Nacherfüllung fehlgeschlagen ist. Gemäß § 440 S. 2 ist eine Nachbesserung nach dem erfolglosen zweiten Versuch fehlgeschlagen, wenn sich nicht insbesondere aus der Art der Sache oder des Mangels oder der sonstigen Umstände etwas anderes ergibt. Für die letztgenannten besonderen Umstände hat der Verkäufer, der hierfür die Beweislast trägt, nichts dargetan.

Somit konnte hier K ohne Fristsetzung zurücktreten.

4) Kein Ausschluss des Rücktrittsrechts nach § 323 Abs. 5 S. 2

Gemäß § 323 Abs. 5 S. 2 ist ein Rücktritt ausgeschlossen, wenn lediglich ein unerheblicher Mangel vorliegt.

Da K aber eine hochwertige Waschmaschine gekauft hat, bei der gerade die Spezialprogramme die besondere Qualität ausmachen, handelt es sich nicht um einen bloß unerheblichen Mangel, sodass § 323 Abs. 5 S. 2 nicht gegeben ist.

III) Rechtsfolge des Rücktritts, § 346

Somit kann K von V gemäß § 346 Abs. 1 den gezahlten Kaufpreis zurückverlangen.

B) Kein Anspruchsuntergang

Untergangsgründe sind vorliegend nicht ersichtlich.

C) Durchsetzbarkeit des Anspruchs

Die Durchsetzbarkeit des Rückzahlungsanspruchs könnte dadurch gehemmt sein, dass V einredehalber gemäß § 348 i.V.m. § 320 seine Gegenrechte geltend gemacht hat.

Fraglich ist daher, ob V gegen K aus dem Rückgewährschuldverhältnis Gegenansprüche zustehen.

I) Rückgewähr der Kaufsache, § 346 Abs. 1

Gemäß § 346 Abs. 1 kann auch V das von ihm Gewährte, also die Waschmaschine, von K zurückverlangen.

II) Wertersatzansprüche, § 346 Abs. 1 i.V.m. Abs. 2

1) Nutzungsersatz, § 346 Abs. 1, 2. Halbs. i.V.m. Abs. 2 Nr. 1

Die K schuldet dem V gemäß § 346 Abs. 1, 2. Halbs. Herausgabe der von ihr durch die Benutzung der Waschmaschine gezogenen Nutzungen (§ 100). Da eine Herausgabe der Nutzungen in Natur nicht möglich ist, schuldet sie nach dem Wortlaut des § 346 Abs. 2 Nr. 1 Wertersatz. Fraglich ist, ob die allgemeine Vorschrift des § 346 Abs. 2 Nr. 1 auch für die Benutzung einer mangelhaften Kaufsache gilt.

Während bei der Nachlieferung i.S.v. § 437 Nr. 1 umstritten ist, ob der Käufer Nutzungsersatz zu leisten hat (s.o. Fall 12) geht die überwiegende Meinung davon aus, dass der Käufer im Fall des Rücktritts Ersatz für die Benutzung der mangelhaften Sache leisten muss. Die Nachlieferung unterscheidet sich vom Rücktritt nämlich dadurch, dass der Gewinn beim Verkäufer verbleibt, während der Verkäufer beim Rücktritt den Kaufpreis, also auch den Gewinn, zurückgewähren muss. Im Übrigen kann der Mangel ja bei der Höhe des zu leistenden Nutzungsersatzes berücksichtigt werden. Andererseits wäre es ungerechtfertigt, wenn ein Käufer u.U. fast 2 Jahre lang (§ 438!) die mangelhafte Sache benutzen könnte, ohne hierfür Nutzungsersatz zahlen zu müssen.

2) Wertersatz für fehlende Neuwertigkeit, § 346 Abs. 2 Nr. 3, 1. Alt.

Zwar kann K dem V keine neuwertige Waschmaschine mehr zurückgewähren. Jedoch bleibt gemäß § 346 Abs. 2 Nr. 3, 2. Halbs. die durch die bestimmungsgemäße Ingebrauchnahme entstandene Verschlechterung außer Betracht, d.h. den Neuwertverlust trägt der Verkäufer selbst.

3) Wertersatz für die beschädigte Trommel

a) § 346 Abs. 2 Nr. 3, 1. Alt.

Da der K nur die Rückgewähr einer beschädigten Waschmaschine möglich ist, ist hierfür grds. Wertersatz gemäß § 346 Abs. 2 Nr. 3, 1. Alt. geschuldet.

b) Ausschluss des Wertersatzes gemäß § 346 Abs. 3

aa) § 346 Abs. 3 Nr. 2

Da die Beschädigung der Waschtrommel nicht auf den Sachmangel zurückzuführen ist, liegt der Ausschlussgrund des § 346 Abs. 3 Nr. 2, 1. Alt. nicht vor.

bb) § 346 Abs. 3 Nr. 3

Sofern K die Beschädigung der Waschtrommel herbeigeführt hat, obwohl sie hierbei die eigenübliche Sorgfalt beachtet hat, haftet sie nicht auf Wertersatz. Hier hat K wie immer die Sachen ihres Sohnes nicht kontrolliert und infolge leichter Unachtsamkeit den Schraubenzieher übersehen. Gemäß § 277 haftet sie daher nicht, weil andererseits keine grobe Fahrlässigkeit vorliegt.

Somit schuldet K keinen Wertersatz für die Beschädigung der Waschmaschine.

K kann daher von V Rückzahlung des Kaufpreises nur Zug um Zug (§§ 348, 320) gegen Rückgewähr der beschädigten Waschmaschine und Nutzungsersatz verlangen, wobei Letzterer mit dem Kaufpreis aufgrund einer Aufrechnung verrechnet werden kann.

Abwandlung:

Wertersatzansprüche V gegen K für die beschädigte Waschtrommel?

I) V gegen K auf Wertersatz aus § 346 Abs. 2 Nr. 3, 1. Alt.

1) Verschlechterung

Da die Waschtrommel durch die Beschädigung verschlechtert wurde, liegen die Voraussetzungen des § 346 Abs. 2 Nr. 3, 1. Alt. vor.

2) Ausschluss gemäß § 346 Abs. 3 Nr. 3

Fraglich ist, ob das Haftungsprivileg „eigenübliche Sorgfalt" auch dann anwendbar ist, wenn K bereits wusste, dass die Sache mangelhaft ist, und bereits eine Frist zur Nacherfüllung gesetzt hatte. Die Frage ist umstritten.

a) Teleologische Reduktion des § 346 Abs. 3 Nr. 3

Teilweise[28] wird vertreten, dass das Haftungsprivileg aus § 346 Abs. 3 Nr. 3 teleologisch zur reduzieren sei, wenn der Rücktrittsberechtigte von seinem Rücktrittsrecht bereits Kenntnis erlangt hatte bzw. es infolge grober Fahrlässigkeit nicht kannte. Ab diesem Zeitpunkt hafte er wieder für den normalen Haftungsmaßstab, d.h. gemäß § 276 ab leichter Fahrlässigkeit. Demnach würde hier K Wertersatz für die Beschädigung schulden.

b) Fortbestand des Haftungsprivilegs

Nach der Gegenansicht[29] ist die Kenntnis vom Rücktrittsrecht für die Anwendung des § 346 Abs. 3 Nr. 3 unerheblich. Denn trotz Kenntnis vom Rücktrittsrecht müsse der Berechtigte noch abwägen, ob er wirklich den Rücktritt als Gewährleistungsrecht wähle oder andere Rechte wie z.B. nach wie vor Nachbesserung, Minderung oder Schadensersatz. Damit könne er nicht ohne weiteres auf den Gebrauch der Sache verzichten und sei folglich noch schutzwürdig.

Klausurtipp:
Haftungsprivileg „eigenübliche Sorgfalt" i.S.v. § 277 ist auch vorgesehen in:
- § 690 Unentgeltliche Verwahrung
- § 708 Gesellschafter
- § 1359 Ehegatten
- § 1664 Eltern-Kind
- § 2131 Vorerbe

---

28 MünchKomm/Gaier § 346 Rdnr. 59; Kaiser JZ 2001, 1057.
29 Palandt/Heinrichs § 346 Rdnr. 13 a.

Demnach schuldet K keinen Wertersatz für die Beschädigung.

c) **Stellungnahme**

Für den Fortbestand des Haftungsprivilegs des Käufers und damit für die zweite Meinung spricht, dass der Verkäufer durch seine bisherige mangelhafte Erfüllung trotz des formalen Gefahrübergangs auf den Käufer nicht schutzwürdig ist. Im Übrigen kommt eine teleologische Reduktion des § 346 Abs. 3 Nr. 3 auch deswegen nicht in Betracht, weil der Gesetzgeber die Problematik bereits nach altem Recht kannte und im Übrigen aus § 346 Abs. 3 Nr. 1 zu folgern ist, dass der Gesetzgeber das subjektive Element der Kenntnis des Käufers vom Mangel lediglich bei der Verarbeitung oder Umgestaltung des Kaufgegenstandes berücksichtigt. Hingegen nimmt § 346 Abs. 3 Nr. 3 für die Verschlechterungs- oder Untergangsfälle keinen Bezug auf § 346 Abs. 3 Nr. 1.

Somit schuldet K keinen Wertersatz für die beschädigte Waschtrommel.

II) **V gegen K auf Schadensersatz aus § 346 Abs. 4 i.V.m. § 280 Abs. 1**

Gemäß § 346 Abs. 4 kann wegen Verletzung einer Pflicht aus § 346 Abs. 1 Schadensersatz nach Maßgabe der §§ 280 ff. verlangt werden.

1) **Schuldverhältnis i.S.v. § 280 Abs. 1**

Als Schuldverhältnis i.S.v. § 280 Abs. 1 ist hier das gesetzliche Schuldverhältnis aus § 346 anzusehen, wie § 346 Abs. 4 durch Verweis auf § 280 klarstellt.

2) **Verletzung der Rückgewährpflicht gemäß § 346 Abs. 1**

Zweifelhaft ist, ob K vorgeworfen werden kann, sie habe die Rückgewährpflicht i.S.v. § 346 Abs. 1, auf die § 346 Abs. 4 abstellt, verletzt.

a) **Pflichtverletzung nur nach Rücktrittserklärung möglich**

Teilweise wird angenommen, dass die Vorschrift des § 346 Abs. 4 nur für solche Pflichtverletzungen gelte, die erst nach der Rücktrittserklärung[30] erfolgen. Denn § 346 Abs. 4 setze ein Rückgewährschuldverhältnis voraus, das erst mit der Rücktrittserklärung entstehe.

Da hier die Beschädigung vor Zugang der Rücktrittserklärung erfolgte, wäre somit § 346 Abs. 4 nicht anwendbar.

b) **Pflichtverletzung auch vor Rücktrittserklärung möglich**

Nach der Gegenansicht[31] ist § 346 Abs. 4 auch für Beschädigungen vor der Rücktrittserklärung anwendbar. Denn entscheidend sei nicht die Beschädigungshandlung, sondern das Ergebnis: Die Pflichtverletzung des Rückgewährschuldners sei darin zu sehen, dass er die empfangene Leistung nach der Rücktrittserklärung letztlich nicht im ursprünglichen Zustand zurückgewähren könne.

Demnach wäre § 346 Abs. 4 i.V.m. § 280 Abs. 1 anwendbar.

c) **Stellungnahme**

Für die erste Meinung spricht der Wortlaut des § 346 Abs. 4, der eindeutig auf die Verletzung der Rückgewährpflicht aus § 346 Abs. 1 abstellt. Die

Prüfung des § 280 Abs. 1:
1. Anwendbarkeit
- Da § 280 Abs. 1 Generalnorm ⇨ grds. Schadensersatzanspruch im Schuldrecht spezieller (z.B. § 536 a)
- Aber u.U. Verweisung auf § 280, z.B. in § 437 Nr. 3 oder § 634 Nr. 4
2. Voraussetzungen:
a) Schuldverhältnis (§ 311)
b) Pflichtverletzung
c) Verschulden vermutet bis zur Exkulpation, § 280 Abs. 1 S. 2

---

30 Perkamps Jura 2003, 150, 152; Lorenz/Riehm Rdnr. 434.
31 Palandt/Heinrichs § 346 Rdnr. 15; MünchKomm/Gaier § 346 Rdnr. 61.

Pflicht, die Sache zurückzugewähren, entsteht aber erst mit dem Zugang der Rücktrittserklärung als rechtsgestaltende Willenserklärung, § 349. Vor diesem Zeitpunkt ist aber keine Rückgewähr geschuldet, sodass auch die Rückgewährpflicht gar nicht verletzt werden kann. Somit ist vorliegend § 346 Abs. 4 i.V.m. § 280 Abs. 1 unanwendbar.

III) Eventuell ist K vorzuwerfen, dass sie eine Nebenpflicht verletzt hat, sodass **ggf. § 280 Abs. 1 direkt** anzuwenden ist.

1) **Wirksames Schuldverhältnis**

Vor Zugang der Rücktrittserklärung lag als Schuldverhältnis (noch) der Kaufvertrag vor, sodass auf diesen als Schuldverhältnis i.S.v. § 311 Abs. 1 abgestellt werden kann.

2) **Verletzung einer Nebenpflicht, § 241 Abs. 2, § 242**

Fraglich ist, ob vor Zugang der Rücktrittserklärung den Rücktrittsberechtigten aufgrund einer potenziellen, demnächstigen Rückgewährpflicht bereits gewisse Sorgfaltspflichten treffen. Die Frage ist umstritten.

a) **Vorgreifliche Sorgfaltspflichten**

Nach einer Meinung[32] sind jedenfalls ab Kenntnis vom Rücktrittsrecht gewisse Sorgfaltspflichten i.S.v. § 241 Abs. 2 zu beachten, da der Käufer mit dem potenziellen Rücktritt rechne und daher vorsorglich sorgfältig mit der Sache umgehen müsse. Hiernach ist § 280 Abs. 1 wegen „vorgreiflicher Sorgfaltspflichten" anwendbar.

b) **Keinerlei Sorgfaltspflichten**

Nach der Gegenansicht[33] bestehen im Vorfeld des Rücktritts und damit des Rückgewährschuldverhältnisses keine Pflichten zur sorgsamen Behandlung der Kaufsache. Demnach sei § 280 Abs. 1 nicht anzuwenden.

c) **Stellungnahme:**

Unterscheide:
- Wertersatz = objektiver Verkehrswert
- Schadensersatz = objektiver Verkehrswert als Mindestschaden, zzgl. aller sonstigen Schäden bis zu entgangenem Gewinn (§ 252)

Gegen die 1. Auffassung spricht die Systematik in § 346 Abs. 4 einerseits, der erst ab Entstehen des Rückgewährschuldverhältnisses, also ab Zugang der Rücktrittserklärung gilt (s.o.), und § 346 Abs. 2 und 3 andererseits, welche ersichtlich für den Zeitraum vor dem Rücktritt gelten und für Verschlechterungen auch nur Wertersatz vorsehen. Dies ergibt im Umkehrschluss, dass ein Schadensersatz (gemäß § 280 Abs. 1) vor Rücktritt nicht geschuldet sein soll.

IV) **V gegen K aus § 823 Abs. 1 auf Schadensersatz**

Da hier davon auszugehen ist, dass die Waschmaschine nicht nur an K schuldrechtlich verkauft, sondern parallel hierzu auch gemäß § 929 an K übereignet wurde, kann V nicht geltend machen, sein Eigentum sei verletzt worden.

Somit scheidet auch ein Anspruch aus § 823 Abs. 1 aus.

---

32 Palandt/Heinrichs § 346 Rdnr. 18.
33 Lorenz/Riehm Rdnr. 434; Perkamps Jura 2003, 150, 153.

> **Fall 14: Rücktritt und Wertersatz**
>
> Die K möchte ihre Einbauküche durch eine neue Küchenplatte verschönern. Sie kauft daher im Küchenstudio des V eine Platte, die laut Angaben des Verkäufers aus einer besonderen Mischung aus gemahlenem Granit mit Kunststoffanteilen hergestellt wird und deswegen kratzfest und absolut flecken- und säureresistent sei. Nach Anlieferung der Küchenplatte lässt die K von einem Schreinermeister die Küchenplatte einbauen und die entsprechenden Aussparungen für Ceranfeld, Waschbecken etc. aussägen. Anschließend stellt K fest, dass die Küchenplatte weder kratz- noch flecken- oder säurefest ist. V bemüht sich zwar um eine Nachbesserung, muss aber eingestehen, dass er die Flecken nicht herausbekommt. Später muss V auch kleinlaut eingestehen, dass der Hersteller die Produktion der Platte eingestellt habe, weil es zu viele Kundenreklamationen gegeben habe. Er könne daher K auch keinen Ersatz beschaffen. Daraufhin erklärt K den Rücktritt und verlangt den Kaufpreis zurück. V hingegen verlangt Ersatz für die ausgesägten Lochausschnitte in der Platte. Zu Recht?

Anspruch K gegen V auf Rückzahlung des Kaufpreises aus § 437 Nr. 2, 1. Alt. i.V.m. § 326 Abs. 5 i.V.m. § 346 Abs. 1

⇨ s. Aufbauschema 3

A) Anspruch entstanden

I) Wirksamer Kaufvertrag, § 433

K und V haben einen wirksamen Kaufvertrag über die Küchenplatte geschlossen.

II) Sachmangel, § 434 Abs. 1 S. 1

Da die Platte nicht die vereinbarte Soll-Beschaffenheit aufwies, liegt im Zeitpunkt des Gefahrübergangs ein Sachmangel gemäß § 434 Abs. 1 S. 1 vor.

III) Weitere Voraussetzungen des § 437 Nr. 2, 1. Alt. i.V.m. § 326 Abs. 5

Eine Ersatzlieferung ist nicht möglich. Auch eine Nachbesserung ist unmöglich, weil die Flecken nicht beseitigt werden können. Somit sind beide Arten der Nacherfüllung i.S.v. § 439 Abs. 1 unmöglich, sodass der Rücktrittsgrund des § 326 Abs. 5 gegeben ist, ohne dass es einer Fristsetzung zur Nacherfüllung i.S.v. § 323 Abs. 1 bedarf.

IV) Rücktrittserklärung der K, § 349

K hat den Rücktritt ausdrücklich erklärt.

Somit ist der Rückzahlungsanspruch der K gemäß § 346 Abs. 1 entstanden.

B) Keine Untergangsgründe

C) Durchsetzbarkeit

Die Durchsetzbarkeit könnte gehemmt sein, falls der Anspruch gemäß §§ 348, 320, 322 aufgrund von Gegenansprüchen des V einredebehaftet ist.

Klausurtipp:
Da Gegenansprüche gemäß § 348 i.V.m. §§ 320, 322 Zug um Zug abzuwickeln sind, sollten diese unter „Durchsetzbarkeit" geprüft werden

Fraglich ist daher, ob Gegenansprüche des V gegen K aus §§ 346 ff. bestehen.

I) **V gegen K aus § 346 Abs. 1**

V hat aus § 346 Abs. 1 einen Anspruch auf Rückgewähr der Küchenplatte.

II) **Nutzungsersatz, § 346 Abs. 2 Nr. 1 i.V.m. § 346 Abs. 1, 2. Halbs.**

Für die gezogenen Nutzungen, d.h. für die Benutzung der Küchenplatte in der Küche schuldet K Wertersatz. Hierbei ist allerdings der Mangel zu berücksichtigen, sodass fraglich ist, ob aufgrund des fleckenbedingten hässlichen Aussehens eine maßgebliche Nutzung verbleibt.

III) **Wertersatz für die Umgestaltung, § 346 Abs. 2 Nr. 2, 5. Mod.**

1) **Umgestaltung**

Zwar hat K durch das Einpassen und Aussägen der Aussparungen die Küchenplatte umgestalten lassen, sodass an sich Wertersatz gemäß § 346 Abs. 2 Nr. 2 geschuldet ist.

2) **Ausschluss, § 346 Abs. 3 Nr. 1**

Jedoch entfällt der Ersatz gemäß § 346 Abs. 3 Nr. 1, wenn sich der Mangel erst „bei" der Verarbeitung oder Umgestaltung des Gegenstandes gezeigt hat. Vorliegend hat sich der Mangel erst nach der Umgestaltung und Einarbeitung der Küchenplatte gezeigt. In diesem Fall ist ein Erst-Recht-Schluss zu § 346 Abs. 3 Nr. 1 anzunehmen, sodass eine Wertersatzpflicht der K entfällt.

IV) **V gegen K auf Schadensersatz gemäß § 346 Abs. 4 i.V.m. § 280 Abs. 1**

Unabhängig von der streitigen Frage, ob diese Vorschriften überhaupt für Pflichtverletzungen vor Ausübung des Rücktritts anwendbar sind (s. Abwandlung zu Fall 13), kann vorliegend keine Pflichtverletzung der K angenommen werden. Bei einer Küchenplatte muss der Käufer naturgemäß Aussparungen für Ceranfeld und Waschbecken vornehmen lassen, sodass dies dem bestimmungsgemäßen Gebrauch entspricht.

Ergebnis: Somit schuldet K keinen Ersatz für die umgestaltete Küchenplatte.

Aufbauschema 4: Minderung
Rückgewähranspruch aus § 437 Nr. 2, 2. Alt. i.V.m.
§ 441 Abs. 4 i.V.m. § 346 entspr.

Beachte: Hat K noch nicht bezahlt, so kann Minderung als Untergangsgrund zum Kaufpreisanspruch V ⇨ K geprüft werden.

I. **Minderungserklärung, § 441 Abs. 1 S. 1 i.V.m. § 349 entspr.**
II. **Minderungsgrund, § 437 Nr. 2, 2. Alt. i.V.m. § 441 Abs. 1**
   1. **Wirksamer Kaufvertrag, § 433** (§ 453 bzw. § 480 oder § 651)
   2. **Sachmangel z.Z. des Gefahrübergangs, §§ 434, 446, 447 (§ 476) bzw. Rechtsmangel z.Z. des Erwerbs, § 435**
   3. **Weitere Voraussetzungen für Minderung, § 437 Nr. 2, 2. Alt. i.V.m. § 441**
      ▶ Gem. § 441 Abs. 1 Minderungsrecht „statt Rücktritt"
         ⇨ also müssen Rücktrittsvoraussetzungen vorliegen
         ⇨ Aufbauschema 3

§ 326 Abs. 5 i.V.m. § 323 bei Unmöglichkeit der Nacherfüllung	§§ 323, 440 bei ausgebliebener Nacherfüllung
	• § 323 Abs. 1: Fristsetzung zur Nacherfüllung erforderlich
	• Ausn.: §§ 323 Abs. 2, 440

   4. **Kein Gewährleistungsausschluss**
      a) **aus Gesetz**
         ▶ § 323 Abs. 5: Unerheblicher Mangel gilt für Minderung nicht! (s. § 441 Abs. 1)
         ▶ § 323 Abs. 6: Überwiegende Verantwortlichkeit des K
         ▶ § 442: Vorsatz/grobe Fahrlässigkeit des K
         ▶ § 445: Öffentliche Versteigerung; Ausn.: § 474 Abs. 2
         ▶ § 377 HGB: Kaufmännische Rüge
      b) **aus Vertrag**
         aa) Individualvertrag; Ausn.: §§ 444, 475
         bb) AGB; Ausn.: §§ 444, 475, 305 ff.
   5. **Keine Unwirksamkeit der Minderung wegen Verfristung, § 438 Abs. 5**
      Beachte: Gem. § 438 Abs. 5 i.V.m. § 218 ist erklärte Minderung unwirksam, falls Nacherfüllungsanspruch aus § 437 Nr. 1 gem. § 438 Abs. 1, 2 verjährt ist und V sich hierauf beruft.
III. **Rechtsfolgen:**
   1. **Rückgewähranspruch aus § 441 Abs. 4 i.V.m. § 346 Abs. 1 entspr. bzw. Zuvielzahlung**
   2. Bezahlung des Minderbetrags, § 441 Abs. 3
   3. Mehrere Beteiligte, § 441 Abs. 2

5. Teil: Minderung

Fall 15: Minderung

K hat bei V einen Schrank für sein Wohnzimmer gekauft. Bereits beim Einräumen bemerkt K, dass der Schrank an der Seite eine Kratzer hat. K reklamiert dies bei V, der mehrfach versucht, den Kratzer mit Autopolitur zu beseitigen. Dies gelingt jedoch wegen der Hochglanzlackierung des Schrankes nicht. K will den Schrank dennoch unbedingt behalten, da dieser ihm ansonsten gut gefällt. Andererseits sieht er nicht ein, hierfür den vollen Kaufpreis zahlen zu müssen, und erklärt daher gegenüber V, er werde 100 € einbehalten. V hingegen meint, er könne nichts für den Kratzer, da dieser wohl bereits im Herstellerwerk entstanden sei, und verlangt den vollen Kaufpreis von 5.000 €. Zu Recht?

Bearbeitervermerk:

Es ist davon auszugehen, dass der Minderungsbetrag von 100 € zutreffend errechnet ist. Ferner ist davon auszugehen, dass ein Ersatzschrank infolge Produktionseinstellung nicht mehr lieferbar ist.

Anspruch V gegen K auf den Kaufpreis in Höhe von 5.000 € aus § 433 Abs. 2

⇨ s. Aufbauschema 4

I) Anspruch entstanden

V und K haben einen wirksamen Kaufvertrag über den Schrank zu einem Kaufpreis von 5.000 € geschlossen. Damit ist der Anspruch entstanden.

II) Untergang

Der Kaufpreisanspruch könnte teilweise in Höhe von 100 € aufgrund Minderung des K untergegangen sein, § 437 Nr. 2, 2. Alt. i.V.m. § 441 Abs. 3.

Aufbauhinweis: Wie sich aus § 441 Abs. 3 „herabzusetzen" ergibt, ist Minderung als Untergangsgrund einzuordnen

1) Minderungsgrund, § 437 Nr. 2, 2. Alt. i.V.m. § 441 Abs. 1 i.V.m. § 326 Abs. 5

Die Minderung wird gemäß § 441 Abs. 1 S. 1 „statt" Rücktritt gewährt. Somit müssen die Rücktrittsvoraussetzungen, hier gemäß § 437 Nr. 2, 1. Alt. i.V.m. § 326 Abs. 5 vorliegen.

a) Wirksamer Kaufvertrag, § 433

Es besteht ein wirksamer Kaufvertrag, s.o. I)

b) Sachmangel, § 434 Abs. 1

Auch wenn keine ausdrückliche Soll-Beschaffenheitsvereinbarung i.S.v. § 434 Abs. 1 S. 1 vorlag, so gehört bei einem hochglanzlackierten Schrank das Nichtvorliegen von Kratzern zur gewöhnlichen Verwendungstauglichkeit, sodass ein Mangel gemäß § 434 Abs. 1 S. 2 Nr. 2 vorlag.

c) Weitere Voraussetzungen des Rücktritts, § 437 Nr. 2, 1. Alt. i.V.m. § 326 Abs. 5

aa) Unmöglichkeit der Nacherfüllung

Da weder eine Beseitigung des Kratzers noch eine Ersatzlieferung möglich ist, besteht an sich ein Rücktrittsrecht wegen Unmöglichkeit der Nacherfüllung gemäß § 326 Abs. 5 i.V.m. § 323 Abs. 1.

bb) Ausschluss wegen geringfügiger Mängel, § 326 Abs. 5 i.V.m. § 323 Abs. 5 S. 2

Da § 326 Abs. 5 grds. auf § 323 verweist (mit Ausnahme des Erfordernisses einer Fristsetzung) ist ein Rücktritt gemäß § 323 Abs. 5 S. 2 bei geringfügigen Mängeln ausgeschlossen. Demnach wäre hier der Kratzer kein Rücktrittsgrund.

cc) Ausnahme § 440 Abs. 1 S. 2

Für die Minderung findet jedoch nach der gesetzlichen Anordnung in § 441 Abs. 1 S. 2 dieser Ausschlussgrund des § 323 Abs. 5 S. 2 keine Anwendung. Demnach besteht ein Minderungsrecht des K nach Maßgabe des § 441 Abs. 2. Der Minderungsbetrag ist hier 100 €.

2) Minderungserklärung, § 441 Abs. 1 i.V.m. § 349 entsprechend

Die Minderung erfordert im Kaufrecht eine rechtsgestaltende, empfangsbedürftige Willenserklärung, die als Sonderregelung entsprechend § 349 zu behandeln ist. K hat hier ausdrücklich die Minderung erklärt.

3) Rechtsfolge: § 441 Abs. 3

Aufgrund der wirksamen Minderung des K ist gemäß § 441 Abs. 3 der Kaufpreisanspruch des V in Höhe von 100 € untergegangen.

Ergebnis: Somit kann V von K lediglich einen Kaufpreis in Höhe von 4.900 € aus § 433 Abs. 2 verlangen.

Klausurtipp:
Hingegen ist im Mietrecht eine Minderungserklärung nicht erforderlich, da gemäß § 536 Abs. 1 S. 1 die Minderung automatisch, per Gesetz eintritt

> **Fall 16: Minderung als Anspruchsgrundlage**
>
> K hat in dem Schmuckgeschäft des V eine Armbanduhr im Sonderangebot gekauft. Als er die Uhr zu Hause anlegen will merkt er, dass das Metallarmband nicht richtig schließt. Sofort reklamiert er dies bei V. Dieser meint, bei dem von K bezahlten Sonderpreis, der 60% unter dem üblichen Preis liege, könne K nicht mehr verlangen und verweigert jegliche Fehlerbeseitigung. Kann K von V Minderung in Höhe von 40 € verlangen?
>
> **Bearbeitervermerk:**
>
> Hierbei ist davon auszugehen, dass der Minderungsbetrag zutreffend errechnet ist.

K gegen V auf Rückzahlung des Minderungsbetrags in Höhe von 40 € aus § 441 Abs. 4 i.V.m. § 346 Abs. 1 entsprechend?

⇨ s. Aufbauschema 4

Aufbauhinweis:
Hat der Käufer den vollen Kaufpreis bezahlt und verlangt Rückerstattung des Minderungsbetrages, so ist Minderung als Anspruchsgrundlage zu prüfen. Hierzu verweist § 441 Abs. 4 auf § 346 Abs. 1 entsprechend

I) **Minderungsgrund, § 437 Nr. 2, 2. Alt. i.V.m. § 441**

1) **Wirksamer Kaufvertrag, § 433**

Hier liegt ein wirksamer Kaufvertrag zwischen V und K vor.

2) **Sachmangel, § 434 Abs. 1**

Auch wenn keine ausdrückliche Vereinbarung über das Armbandschloss getroffen worden ist, so gehört die Schließfunktion jedoch zu der gewöhnlichen Verwendungstauglichkeit und die Fehlerhaftigkeit stellt damit einen Sachmangel i.S.v. § 434 Abs. 1 S. 2 Nr. 2 dar. Da nicht ersichtlich ist, dass der Sonderpreis wegen vorhandener Mängel vereinbart wurde, ändert die Preisreduzierung hieran nichts.

3) **Weitere Voraussetzungen, § 437 Nr. 2 i.V.m. § 441 Abs. 1 S. 1 i.V.m. § 323**

a) **§ 441 i.V.m. § 323 Abs. 1, 2**

Da gemäß § 441 Abs. 1 S. 1 Minderung nur statt Rücktritt gewährt wird, müssen die Rücktrittsvoraussetzungen des § 437 Nr. 2, 1. Alt. i.V.m. § 323 Abs. 1 vorliegen. Zwar verlangt § 323 Abs. 1 grds. eine Fristsetzung zur Nacherfüllung. Diese war hier jedoch gemäß § 323 Abs. 2 Nr. 1 aufgrund der endgültigen und ernsthaften Verweigerung des V entbehrlich.

b) **Kein Ausschluss gemäß § 323 Abs. 5 S. 2**

Der Rücktrittsausschluss des § 323 Abs. 5 S. 2 wegen unerheblicher Mängel kommt hier gemäß § 441 Abs. 1 S. 2 für die Minderung von vornherein nicht zur Anwendung. Somit besteht für K ein Minderungsrecht i.H.v. 40 €.

II) **Minderungserklärung, § 441 Abs. 1 i.V.m. § 349 entsprechend**

K hat bereits Minderung in Höhe von 40 € gegenüber V verlangt, sodass die Minderungserklärung zugegangen ist.

III) **Rechtsfolge, § 441 Abs. 4**

Da hier K mehr als den geminderten Kaufpreis bezahlt hat, muss V ihm den Mehrbetrag in Höhe von 40 € gemäß § 441 Abs. 4 S. 1 erstatten. Die Rückerstattung richtet sich gemäß § 441 Abs. 4 S. 2 entsprechend dem Rücktritt, sodass ein Rückzahlungsanspruch entspr. § 346 Abs. 1 besteht.

Aufbauschema 5: Schadensersatz/Aufwendungsersatz statt der Leistung

Schadensersatzanspruch statt der Leistung aus § 437 Nr. 3 i.V.m. § 311 a/§§ 280 ff.
Beachte: Was genau aus §§ 280 ff. zu zitieren ist, ergibt sich aus konkretem Fall, s. I. 3.

I. Schadensersatzanspruch entstanden
1. **Wirksamer Kaufvertrag, § 433** (§ 453 bzw. § 480 oder § 651)
2. **Sachmangel z.Z. des Gefahrübergangs, § 434 i.V.m. §§ 446, 447** (§ 476)
3. **Weitere Voraussetzungen für Schadensersatz statt der Leistung, § 437 Nr. 3**

   a) bei Unmöglichkeit der Nacherfüllung
   - beide Arten der Nacherfüllung i.S.v. § 439 Abs. 1 sind
     - **von Anfang an unmöglich** → § 311 a Abs. 2
     - **später unmöglich geworden** → § 280 Abs. 1, Abs. 3, § 283

   a) bei ausgebliebener Nacherfüllung
   - ▸ trotz **Fristsetzung zur Nacherfüllung** durch K, § 281 Abs. 1 S. 1, 2. Alt.
   - ▸ oder **Entbehrlichkeit** der Fristsetzung, §§ 281 Abs. 2, 440
   - → § 280 Abs. 1, Abs. 3, § 281

   b) Vertretenmüssen des V
   - **vermutet** bis zur Exkulpation des V, § 311 a Abs. 2 S. 2
     - Bezugspunkt: anfänglicher, nicht zu beseitigender Mangel
   - **vermutet** bis zur Exkulpation des V, § 280 Abs. 1 S. 2
     - Bezugspunkt streitig:
       - ▸ Exkulpation bzgl. mangelhafter Lieferung
       - ▸ oder Exkulpation bzgl. nicht erfolgter Nacherfüllung
   - **vermutet** bis zur Exkulpation des V, § 280 Abs. 1 S. 2

4. **Kein Gewährleistungsausschluss**
   a) aus Gesetz
      - ▸ § 442 (Kenntnis des Käufers/grobe Fahrlässigkeit)
      - ▸ § 445 (öffentliche Versteigerung; Ausn.: § 474 Abs. 2)
      - ▸ § 377 HGB (kaufmännische Rüge)
   b) aus Vertrag
      - aa) Individualvertrag; Ausn.: • § 444 (Arglist oder Beschaffenheitsgarantie des Verkäufers)
                                     • § 475 Abs. 1, 2 (Verbrauchsgüterkauf)
      - bb) AGB;   Ausn.: • §§ 444, 475
                                 • §§ 305 ff. (AGB-Kontrolle)

II. Kein Untergang des Schadensersatzanspruchs
   ▸ z.B. durch Erfüllung, § 362, oder Erfüllungssurrogate, z.B. §§ 387 ff.

III. Durchsetzbarkeit
   Durchsetzbarkeit gehemmt, wenn Verjährung, § 438 Abs. 1, Abs. 2, und V sich hierauf beruft, § 214 Abs. 1

IV. Rechtsfolge
1. Schadensersatzanspruch statt der Leistung (Nacherfüllung)
   - ▸ **Großer Schadensersatzanspruch:**
     - ⇨ Kaufsache zurückgeben und Ersatz des gesamten Schadens
     - ⇨ ausgeschlossen bei unerheblichem Mangel, § 281 Abs. 1 S. 3 (i.V.m. § 283 S. 2 bzw. § 311 a Abs. 2 S. 3)
   - ▸ **Kleiner Schadensersatzanspruch:**
     - Kaufsache behalten und Ausgleich der Wertdifferenz zwischen mangelhafter und mangelfreier Sache
2. **Verhältnis zu Nacherfüllungsanspruch, § 437 Nr. 1**
   - ▸ bei Unmöglichkeit der Nacherfüllung: Nacherfüllung ohnehin ausgeschlossen, § 275
   - ▸ bei Ausbleiben der möglichen Nacherfüllung: Gem. § 281 Abs. 4 geht Nacherfüllungsanspruch erst unter, wenn K Schadensersatz statt der Leistung <u>verlangt</u> (also nicht schon mit Fristablauf!)
3. **Verhältnis zu anderen Gewährleistungsrechten**
   - ▸ zu Aufwendungsersatz, § 437 Nr. 3, 2. Alt. i.V.m. § 284
     - ⇨ alternativ, vgl. Wortlaut des § 284 „statt" (aber nur bzgl. konkreter Position)
   - ▸ zu Rücktritt, § 437 Nr. 2
     - ⇨ kumulativ, § 325

6. Teil: Schadensersatz

Fall 17: Schadensersatz wegen anfänglicher Unmöglichkeit

Der vermögende K kauft zur Einrichtung seines Chalets bei V einen historischen Bauernschrank, angeblich aus dem 18. Jahrhundert, für 30.000 €. Als K sein Chalet einweiht, findet sich unter den Gästen auch der Sachverständige S. Dieser findet sofort heraus, dass der Schrank lediglich auf alt getrimmt worden. Dies könne man ohne weiteres erkennen, insbesondere daran, dass die Holzwurmlöcher nicht echt, sondern gefaked seien. K verlangt nunmehr empört Schadensersatz von V. V lehnt jegliche Ersatzpflicht ab, da er selbst von einem historischen Schrank ausgegangen sei. Schließlich sei er nur Zwischenhändler.

Hat K gegen V einen Anspruch auf Schadensersatz statt der Leistung? Erörtern Sie in diesem Zusammenhang den Unterschied zwischen dem kleinen und dem großen Schadensersatz!

Klausurtipp:
Schadensersatz wegen Unmöglichkeit der Nacherfüllung:
- § 437 Nr. 3 i.V.m. § 311 a Abs. 2 bei anfänglicher Unmöglichkeit
- § 437 Nr. 3 i.V.m. § 280 Abs. 1, Abs. 3 i.V.m. § 283 bei nachträglicher Unmöglichkeit

K gegen V auf Schadensersatz statt der Leistung aus § 437 Nr. 3 i.V.m. § 311 a Abs. 2

⇨ s. Aufbauschema 5

I) Wirksamer Kaufvertrag, § 433

V und K haben einen wirksamen Kaufvertrag über den angeblich historischen Schrank geschlossen.

II) Sachmangel, § 434 Abs. 1

Da der Schrank kein historisches Original ist, weicht er von der ausdrücklich vertraglich vereinbarten Soll-Beschaffenheit ab, sodass ein Mangel gemäß § 434 Abs. 1 S. 1 vorliegt.

III) Weitere Voraussetzungen für Schadensersatz aus § 437 Nr. 3 i.V.m. § 311 a Abs. 2

1) Anfängliche Unmöglichkeit der Nacherfüllung

a) **Nachbesserung**

Eine Nachbesserung war hier von Anfang an unmöglich, da aus dem Schrank kein historisches Original gemacht werden kann.

Klausurtipp:
Schadensersatz ist das einzige Gewährleistungsrecht, das Verschulden des Verkäufers voraussetzt. Dies ergibt sich aus dem Verweis in § 437 Nr. 3 auf § 311 a Abs. 2 (S. 2) bzw. § 280 Abs. 1 (S. 2)

b) **Ersatzlieferung**

Da es sich bei dem verkauften historischen Schrank um ein Unikat handelt, scheidet von vornherein eine Ersatzlieferung aus.

Somit waren von Anfang an beide Arten der Nacherfüllung i.S.v. § 439 Abs. 1 unmöglich, sodass § 311 a Abs. 2 anzuwenden ist.

2) Von V zu vertreten

Der Schadensersatzanspruch erfordert, dass V den von Anfang an nicht zu beseitigenden Mangel zu vertreten hat. Jedoch wird nach der Systematik des § 311 a Abs. 2 das Vertretenmüssen vermutet, bis V sich gemäß § 311 a Abs. 2 S. 2 exkulpiert. Zwar hat hier V geltend gemacht, er sei nur

Zwischenhändler. Jedoch hat der Sachverständige ausgeführt, dass hier ohne weiteres erkennbar war, dass der Schrank gefaked war, insbesondere was die Holzwurmlöcher anbelangte. Zwar können einem reinen Händler keine großen Untersuchungspflichten abverlangt werden. Andererseits muss beim Verkauf hochwertiger Güter und gerade wegen der Gefahr, dass viele Fälschungen existieren, zumindest eine gewisse Untersuchung verlangt werden. Somit hat V evidente Anhaltspunkte übersehen, sodass ihm die Exkulpation nicht gelingt.

IV) Rechtsfolge: Schadensersatz

Folglich hat K gegen V einen Anspruch auf Schadensersatz statt der Leistung aus § 437 Nr. 3 i.V.m. § 311 a Abs. 2.

1) Großer Schadensersatz

Großer Schadensersatz bedeutet, dass K den Schrank an V zurückgibt und Ersatz seines gesamten Schadens verlangen kann, wobei der aufgewendete Kaufpreis den Mindestschaden begründet. Der große Schadensersatz ist allerdings ausgeschlossen, wenn der Mangel unerheblich ist, § 311 a Abs. 2 S. 3 i.V.m. § 281 Abs. 1 S. 3, was vorliegend nicht der Fall ist.

2) Kleiner Schadensersatz

Hiernach kann K den Schrank behalten und Ausgleich der Wertdifferenz zwischen der mangelhaften und der mangelfreien Sache als Mindestschaden verlangen. Der Unterschied zur (verschuldensunabhängigen) Minderung besteht darin, dass der Minderwert lediglich den Mindestschaden bildet und sämtliche sonstigen Schadenspositionen hinzukommen.

> **Fall 18: Schadensersatz wegen nachträglicher Unmöglichkeit**
>
> K ist alleinstehender Rentner. Um seine Einsamkeit zu überwinden, kauft er im Zoofachgeschäft des V einen Papagei. In den nächsten Monaten gewöhnen sich die beiden sehr aneinander, und K bringt dem Papagei das Sprechen bei. Kurz darauf verstirbt der Papagei. K lässt das wertvolle Tier bei einem Tierarzt obduzieren. Der Tierarzt findet heraus, dass der Papagei von Anfang an an einem seltenen Virus litt, der bei schneller Behandlung heilbar gewesen wäre. K verlangt daraufhin von V Schadensersatz statt der Leistung. V weist dies zurück, weil er den seltenen Virus nicht habe erkennen können. Der Vogel sei kein Wildfang, sondern in Deutschland gezüchtet worden, und er selbst habe beim Ankauf vom Züchter ein aufgrund einer tierärztlichen Untersuchung ausgestelltes Gesundheitszeugnis bekommen, welches dem Tier eine tadellose Gesundheit ausgewiesen habe.
>
> Kann K von V Schadensersatz statt der Leistung verlangen?

K gegen V auf Schadensersatz statt der Leistung aus § 437 Nr. 3 i.V.m. § 280 Abs. 1, Abs. 3 i.V.m. § 283

⇨ s. Aufbauschema 5

I) Wirksamer Kaufvertrag, § 433

Zwischen K und V wurde ein wirksamer Kaufvertrag über den Papagei geschlossen.

II) Sachmangel, § 434 Abs. 1

Auch wenn K und V nicht ausdrücklich vereinbart haben, dass der Papagei nicht an einem Virus leidet, so gehört dies zumindest zur gewöhnlichen Verwendungstauglichkeit, sodass ein Sachmangel gemäß § 434 Abs. 1 S. 2 Nr. 2 gegeben ist. Dieser bestand ausweislich der tierärztlichen Untersuchung auch bereits bei Übergabe an K und damit bei Gefahrübergang i.S.v. § 434 Abs. 1, § 446, sodass es auf die Vermutung des § 476 nicht ankommt.

III) Weitere Voraussetzungen für Schadensersatz aus § 437 Nr. 3 i.V.m. § 280 Abs. 1, Abs. 3 i.V.m. § 283

1) Nachträgliche Unmöglichkeit der Nacherfüllung i.S.v. § 439 Abs. 1

Beide Arten der Nacherfüllung i.S.v. § 439 Abs. 1 müssten nachträglich unmöglich geworden sein.

a) Nachbesserung unmöglich geworden

Dadurch, dass der Vogel verstorben ist, ist die ursprünglich mögliche Heilung und damit die „Nachbesserung" nachträglich nicht mehr möglich.

b) Unmöglichkeit der Ersatzlieferung

aa) Anfängliche Unmöglichkeit

Fraglich ist, ob hier nicht von vornherein eine Nachlieferung unmöglich war, sodass dann der Schadensersatzanspruch wegen anfänglicher Unmöglichkeit nach § 311 a Abs. 2 zu prüfen ist.

Zwar schließt ein Stückkauf jedenfalls bei vertretbaren Sachen i.S.v. § 91 eine Ersatzlieferung nicht von vornherein aus (s.o. Fall 10). Hier besteht jedoch das Problem, dass zwar Tiere gemäß § 90 a wie Sachen zu behandeln sind und ein Papagei einer bestimmten Rasse jeweils vergleichbar aussieht, sodass er einer vertretbaren Sache nahe kommt. Hiergegen könnte man jedoch einwenden, dass ein Käufer gerade ein Tier von vornherein nach subjektiven Kriterien wie spontane Zuneigung etc. auswählt, sodass aufgrund der Individualität keine vertretbare Sache vorläge. Dann wäre eine Ersatzlieferung von vornherein unmöglich mit der Folge, dass § 311 a Abs. 2 gilt.

bb) Nachträgliche Unmöglichkeit

Andererseits ließe sich eine nachträgliche Unmöglichkeit der Ersatzlieferung damit begründen, dass vorliegend K eine innige Beziehung zu dem Vogel aufgebaut hat, sodass aufgrund der erst nach Vertragsschluss entstandenen emotionalen Bindung eine Ersatzlieferung ausscheidet.

Letztlich kann die Abgrenzung zwischen anfänglicher und nachträglicher Unmöglichkeit der Ersatzlieferung offenbleiben, wenn V kein Verschulden trifft.

Klausurtipp: Bei Überschneidung zwischen anfänglicher und nachträglicher Unmöglichkeit kann die Frage offenbleiben, falls der Verkäufer sich sowieso exkulpiert

2) Verschulden des V

Zwar wird zunächst ein Verschulden des V vermutet, wie sich aus § 311 a Abs. 2 für die anfängliche Unmöglichkeit und aus § 283 S. 1, 2. Halbs. i.V.m. § 280 Abs. 1 für die nachträgliche Unmöglichkeit ergibt. Jedoch ist sowohl in § 311 a Abs. 2 S. 2 als auch in § 280 Abs. 1 S. 2 eine Exkulpation vorgesehen. Zu beachten ist allerdings der unterschiedliche Bezugspunkt:

a) Exkulpation bei anfänglicher Unmöglichkeit der Nacherfüllung

Bei anfänglicher Unmöglichkeit der Nacherfüllung muss der Verkäufer gemäß § 311 a Abs. 2 S. 2 sich für das anfängliche Leistungshindernis, also den nicht zu beseitigenden Mangel, exkulpieren. Hierzu hat V ausführlich dargelegt, dass er den ursprünglichen Mangel nicht erkennen konnte, da er auf das tierärztliche Zeugnis vertrauen durfte.

b) Exkulpation bei nachträglicher Unmöglichkeit der Nacherfüllung

Umstritten ist,[34] ob sich bei nachträglicher Unmöglichkeit das Verschulden des Verkäufers darauf bezieht, dass er ursprünglich eine mangelhafte Sache geliefert hat oder ob hinsichtlich des Verschuldens darauf abzustellen ist, dass er den Mangel später nicht i.S.v. § 439 Abs. 1 beseitigen konnte; dann wäre Bezugspunkt für das Verschulden allein die Unmöglichkeit der Nacherfüllung. Hier kann der Meinungsstreit offenbleiben, falls V sich bezüglich beider Gesichtspunkte exkulpieren kann.

aa) Exkulpation bezüglich ursprünglichem Mangel

Abgestellt auf den ursprünglichen Mangel hat V sich exkulpiert, da er auf das tierärztliche Zeugnis vertrauen durfte, s.o.

---

34 Lorenz NJW 2002, 2497.

bb) Exkulpation bezüglich nachträglich unmöglicher Nacherfüllung

Abgestellt auf die nachträglich nicht mögliche Nacherfüllung i.S.v. § 439 Abs. 1 müsste V sich bezüglich beider Nacherfüllungsvarianten exkulpieren.

(1) Bezüglich Ersatzlieferung

V kann nichts dafür, dass das nachträglich entstandene Leistungshindernis, die emotionale Bindung des K an den gekauften Vogel, eingetreten ist, sodass V diesen Umstand nicht zu vertreten hat.

(2) Bezüglich Nachbesserung

Andererseits trifft V auch kein Verschulden hinsichtlich der nachträglich durch den Tod des Vogels unmöglich gewordenen Nachbesserung, da der Vogel plötzlich verstorben ist, ohne dass V die Möglichkeit hatte, durch Behandlung den Mangel zu beseitigen.

Somit hat sich V auf jeden Fall exkulpiert.

Ergebnis: V schuldet daher keinen Schadensersatz.

Fall 19: Folgeschäden bei Unmöglichkeit der Nacherfüllung

Die K möchte ihr Bad zu einer Wellness-Oase umgestalten. Sie erwirbt bei V ein Gerät zur Verbesserung der Raumluft, dem auch ätherische Öle zugefügt werden können, welche dann über einen Verdampfer in die Luft geraten. Nach mehrmaliger Nutzung stellt die K fest, dass der Badezimmerschrank, auf dem das Gerät steht, überall kleine Bläschen aufweist. Des Weiteren bekommt K Atembeschwerden und muss ärztlich behandelt werden. Der behandelnde Arzt vermutet einen Zusammenhang mit dem Raumluftgerät. Der nunmehr von K eingeschaltete Gutachter untersucht das Gerät und stellt fest, dass der Verdampfer in dem Gerät von Anfang an defekt war, was dazu führte, dass das von K zugefügte ätherische Öl nicht ordnungsgemäß mit Wasser verdampft wurde. Dadurch wurde das Öl zu heiß und ist auf den Schrank gespritzt, wodurch die Bläschen entstanden sind. Ferner wurde die Konzentration des Öls hierdurch verdichtet, sodass die Atembeschwerden entstanden sind. Eine Anfrage beim Hersteller ergibt, dass dieser vor dem Kaufvertrag der K mit V bei allen Händlern eine Rückrufaktion gestartet hatte. Die anschließend verbesserten Geräte fanden jedoch zu wenig Absatz, sodass der Hersteller mittlerweile die Produktion eingestellt hat. K verlangt nunmehr von V Schadensersatz für das Gerät, Ersatz für den Schrank sowie Ersatz der Gutachterkosten und der Arztkosten. V entgegnet, er könne sich an eine Rückrufaktion des Herstellers nicht erinnern und lehnt daher jegliche Schadensersatzpflicht ab. Zu Recht?

A) K gegen V auf Schadensersatz statt der Leistung für das Gerät aus § 437 Nr. 3 i.V.m. § 280 Abs. 1, Abs. 3 i.V.m. § 283

⇨ s. Aufbauschema 5

I) Voraussetzungen

1) Wirksamer Kaufvertrag, § 433

V und K haben einen wirksamen Kaufvertrag über das Verdampfergerät geschlossen.

2) Sachmangel, § 434 Abs. 1

Das Verdampfergerät weicht trotz fehlender ausdrücklicher Vereinbarung zumindest von der üblichen Beschaffenheit ab, sodass ein Sachmangel i.S.v. § 434 Abs. 1 S. 2 Nr. 2 vorliegt. Dieser Mangel bestand von Anfang an, also auch zum Zeitpunkt des Gefahrübergangs.

3) Weitere Voraussetzungen für Schadensersatz gemäß § 437 Nr. 3 i.V.m. § 280 Abs. 1, Abs. 3 i.V.m. § 283

a) Nachträgliche Unmöglichkeit der Nacherfüllung i.S.v. § 439 Abs. 1

Da das Gerät einen Konstruktionsfehler hat, ist eine Nachbesserung nicht möglich. Da die Produktion etwaiger Ersatzgeräte mittlerweile eingestellt worden ist, ist eine Ersatzlieferung nachträglich unmöglich.

b) Verschulden des Verkäufers

Das Verschulden des V wird gemäß § 280 Abs. 1 S. 2 bis zu seiner Exkulpation vermutet. Da hierdurch eine Beweislastumkehr stattfindet, trägt V

Schadensersatz bei mangelhafter Kaufsache
- **Schadensersatz statt der Leistung wegen Unmöglichkeit der Nacherfüllung**
  – § 437 Nr. 3 i.V.m. § 311 a Abs. 2 bei anfänglicher Unmöglichkeit
  – § 437 Nr. 3 i.V.m. § 280 Abs. 1, Abs. 3, § 283 bei nachträglicher Unmöglichkeit
- **Schadensersatz neben der Leistung** § 437 Nr. 3 i.V.m. § 280 Abs. 1

die volle Beweislast. Sein bloßer pauschaler Hinweis, ihm sei eine Rückrufaktion nicht erinnerlich, genügt hierfür nicht. Somit hat V sich nicht exkulpiert.

II) Rechtsfolge: Schadensersatz statt der Leistung

1) Kleiner Schadensersatz

Der sog. kleine Schadensersatz, wonach K das Gerät behalten würde und lediglich den Minderwert als Mindestschaden verlangt, wird vorliegend nicht in Betracht kommen, da das Gerät faktisch unbrauchbar ist.

2) Großer Schadensersatz

Somit kann K den sog. großen Schadensersatz wählen, d.h. den gesamten gezahlten Kaufpreis als Schadensersatz verlangen gegen Rückgewähr der Kaufsache. Da das Gerät einen erheblichen Mangel hat, ist der Anspruch auch nicht gemäß § 283 S. 2 i.V.m. § 281 Abs. 1 S. 3 ausgeschlossen.

B) K gegen V auf Schadensersatz für den beschädigten Schrank aus § 437 Nr. 3 i.V.m. § 280 Abs. 1

I) Voraussetzungen

1) **Wirksamer Kaufvertrag, § 433**

2) **Sachmangel zum Zeitpunkt des Gefahrübergangs, § 434 Abs. 1 Nr. 2**

3) **Verschulden des Verkäufers wird mangels Exkulpation vermutet, § 280 Abs. 1 S. 2**

II) Rechtsfolge: Schadensersatz neben der Leistung, § 280 Abs. 1

Da der Schrank eine andere Sache als die Kaufsache darstellt, dieser Schaden also auch nicht von der Nacherfüllung umfasst wäre, handelt es sich nicht um einen Schadensersatz statt der Leistung (i.S.v. § 280 Abs. 3 i.V.m. § 283). Solche Schäden an anderen Rechtsgütern als der Kaufsache werden z.T. auch Mangelfolgeschäden genannt und sind als Schadensersatz neben der Leistung allein nach § 280 Abs. 1 zu beurteilen.

Klausurtipp:
Da die Begrifflichkeit nicht einheitlich verwendet wird, empfiehlt es sich, in einer Klausur beide Begriffe zu verwenden: „Schadensersatz neben der Leistung bzw. Mangelfolgeschaden"

C) K gegen V auf Schadensersatz bezüglich der Arztkosten aus § 437 Nr. 3 i.V.m. § 280 Abs. 1

I) Voraussetzungen

Die Voraussetzungen liegen vor, s.o. B) I)

II) Rechtsfolge: Schadensersatz neben der Leistung, § 280 Abs. 1

Hier sind die Arztkosten dadurch entstanden, dass K bedingt durch die mangelhafte Kaufsache in ihrer Gesundheit beeinträchtigt war. Mithin handelt es sich wiederum um ein anderes Rechtsgut als die Kaufsache, sodass sich die Ersatzpflicht als Schadensersatz neben der Leistung bzw. Mangelfolgeschaden allein nach § 280 Abs. 1 richtet.

D) K gegen V auf Schadensersatz neben der Leistung hinsichtlich der Gutachterkosten aus § 437 Nr. 3 i.V.m. § 280 Abs. 1

I) Voraussetzungen

Die Voraussetzungen liegen vor, s.o. B) I)

II) Rechtsfolge: Schadensersatz neben der Leistung, § 280 Abs. 1

Zwar ist nunmehr kein anderes Rechtsgut der K betroffen. Vielmehr stellen die gezahlten Gutachterkosten lediglich einen allgemeinen Vermögensschaden dar. Auch diese sind jedoch von § 280 Abs. 1 als sonstige Schäden neben der Leistung erfasst, solange sie kausale Folge des Sachmangels sind.

E) K gegen V auf Schadensersatz hinsichtlich sämtlicher Schäden aus § 823 Abs. 1

I) Anwendbarkeit

Die Gewährleistungsrechte aus § 437 sind lediglich lex specialis zu allgemeinen schuldrechtlichen Instituten. Hingegen stehen Ansprüche aus § 437 und aus § 823 nebeneinander, zumal ein Deliktstäter nicht besser stehen kann, nur weil er einen Kaufvertrag mit dem Opfer geschlossen hat.

II) Voraussetzungen

1) Rechtsgutverletzung

a) Eigentum am Verdampfergerät

Hier besteht das Problem, dass K niemals mangelfreies Eigentum an dem Gerät besessen hat, da dieses bereits zum Zeitpunkt der Übereignung (§ 929) an K konstruktionsbedingt mit dem Mangel behaftet war. Nach h.M. ist daher zu differenzieren (s. AS-Skript Grundlagen Fälle Schuldrecht BT, Unerlaubte Handlung/Schadensrecht, 1. Aufl. 2007, Fall 5):

Ist der der Kaufsache von Anfang an anhaftende Mangelunwert stoffgleich mit dem jetzigen Schaden, so ist ausschließlich das Äquivalenzinteresse verletzt, sodass eine Eigentumsverletzung i.S.v. § 823 Abs. 1 abzulehnen ist. Sind hingegen ursprünglicher Mangel und jetziger Schaden nicht stoffgleich, weil sich der ursprüngliche Mangel in der Kaufsache „weitergefressen" und damit die Sache weiterbeschädigt oder zerstört hat, so ist das Integritätsinteresse verletzt, sodass insofern eine Eigentumsverletzung i.S.v. § 823 Abs. 1 zu bejahen ist.

- **Integritätsinteresse** = Interesse an der Unversehrtheit der (Rest-)Sache ⇨ Eigentumsverletzung
- **Äquivalenzinteresse** = Käufer hat kein ausreichendes Äquivalent für den gezahlten Kaufpreis erhalten ⇨ bloßer Vermögensschaden, der von § 823 Abs. 1 nicht erfasst ist

Vorliegend ist ein weiterfressender Mangel nicht ersichtlich. Vielmehr ist der ursprüngliche (Konstruktions-)Mangel stoffgleich mit dem jetzigen Schaden. Mithin scheidet eine Eigentumsverletzung hinsichtlich des Geräts aus.

b) Eigentumsverletzung am Schrank

Hingegen war der Schrank ursprünglich intakt, sodass eine Eigentumsverletzung am Schrank zu bejahen ist.

c) Gesundheitsverletzung

Aufgrund der Atembeschwerden der K war diese in ihrem Rechtsgut Gesundheit verletzt.

2) Durch ein Verhalten des V

Durch die Auslieferung der mangelhaften Sache hat V adäquat kausal die Eigentumsverletzung am Schrank und die Gesundheitsverletzung bei K verursacht.

3) **Rechtswidrigkeit**

Die Rechtswidrigkeit ist indiziert.

4) **Verschulden des V**

Klausurtipp:
Wäre V gleichzeitig Hersteller, käme eine Beweislastumkehr nach den Grundsätzen der Produzentenhaftung in Betracht

Anders als bei § 437 Nr. 3 i.V.m. § 280 Abs. 1 wird das Verschulden im Rahmen des § 823 nicht vermutet und ist daher vom Käufer nachzuweisen. Vorliegend hat V jedoch die Rückrufaktion und sonstigen Warnhinweise des Herstellers nicht beachtet, mithin zumindest leicht fahrlässig i.S.v. § 276 gehandelt.

III) **Rechtsfolge: Schadensersatz gemäß § 823 i.V.m. §§ 249 ff.**

1) **Schadensersatz für den Schrank**

V schuldet Ersatz der Reparaturkosten gemäß § 249 Abs. 2.

2) **Arztkosten**

Auch Arztkosten muss V als Kosten der Naturalrestitution gemäß § 249 Abs. 2 ersetzen.

3) **Gutachterkosten**

Klausurtipp:
Relevanz der Anspruchskonkurrenz zwischen § 437 und § 823:
- Unterschiedliche Verschuldenszurechnung: § 278 im Kaufrecht ohne Exkulpationsmöglichkeit; hingegen § 831 mit Exkulpationsmöglichkeit
- Unterschiedliche Verjährung: § 438 im Kaufrecht; hingegen §§ 195, 199 für Deliktsrecht

Da eine Eigentumsverletzung hinsichtlich des Verdampfergeräts nicht vorliegt, wären die Gutachterkosten nicht zu ersetzen, falls sie alleinige kausale Folge des von Anfang an mangelhaften Verdampfers waren. Hier ist jedoch zu berücksichtigen, dass K den Gutachter auch deswegen eingeschaltet hatte, um zu klären, worauf ihre Gesundheitsschäden sowie die Schäden am Schrank beruhen. Somit war die von K verursachte Eigentumsverletzung am Schrank sowie die Gesundheitsverletzung zumindest mitursächlich für die Einschaltung des Gutachters. Da nach der Äquivalenztheorie alle Mitursachen gleichwertig sind, muss V auch die Gutachterkosten ersetzen.

Fall 20: Schadensersatz statt der Leistung bei Ausbleiben der Nacherfüllung

K hat bei V eine Kaffeemaschine gekauft. Zu Hause stellt K fest, dass der An- und Ausschalter nicht funktioniert, und reklamiert dies im Geschäft des V. Anwesend ist nur der Auszubildende des V, welcher recht unmotiviert wirkt. Der verärgerte K drückt ihm die Kaffeemaschine in die Hand und setzt daraufhin eine Frist von drei Tagen. Nach vier Tagen ruft K im Geschäft des V an, um sich nach der Kaffeemaschine zu erkundigen. Am Telefon meldet sich wiederum der Auszubildende, welcher erklärt, K solle abwarten und Tee trinken. Erbost schreibt daraufhin K einen Brief an V und verlangt, dass V seinen Verkäuferpflichten nachkomme. Nachdem nunmehr zwei Monate verstrichen sind, verlangt K von V Schadensersatz statt der Leistung. Zu Recht?

K gegen V auf Schadensersatz statt der Leistung aus § 437 Nr. 3 i.V.m. § 280 Abs. 1, Abs. 3 i.V.m. § 281 Abs. 1

⇨ s. Aufbauschema 5

I) Voraussetzungen

1) Wirksamer Kaufvertrag, § 433

Zwischen K und V wurde ein wirksamer Kaufvertrag über die Kaffeemaschine geschlossen.

2) Sachmangel, § 434 Abs. 1

Da die Kaffeemaschine überhaupt nicht funktioniert, fehlt ihr die konkludent vereinbarte Soll-Beschaffenheit i.S.v. § 434 Abs. 1 S. 1, zumindest aber die gewöhnliche Verwendungstauglichkeit i.S.v. § 434 Abs. 1 S. 2 Nr. 2. Der Mangel lag auch bereits im Zeitpunkt des Gefahrübergangs, d.h. bei der Übergabe (§ 446) vor.

3) Weitere Voraussetzungen für Schadensersatz aus § 437 Nr. 3 i.V.m. § 280 Abs. 1, Abs. 3 i.V.m. § 281

a) Ausbleiben der Nacherfüllung

Das bisherige Ausbleiben der Nacherfüllung i.S.v. § 439 Abs. 1 beruht nicht auf Unmöglichkeit. Demnach richtet sich der Schadensersatz statt der Leistung nicht nach §§ 280, 283, sondern nach §§ 280, 281 Abs. 1.

b) Fristsetzung zur Nacherfüllung

Daher kann K erst Schadensersatz statt der Leistung verlangen, wenn er dem V eine angemessene Frist zur Nacherfüllung gemäß § 281 Abs. 1, 2. Alt. gesetzt hat.

aa) Fristsetzung an V

Zwar erfolgte die Fristsetzung des K im Geschäft gegenüber dem Auszubildenden des V. Jedoch ist dieser Empfangsvertreter oder Empfangsbote, sodass hierüber ein Zugang der Fristsetzung bei V erfolgt ist. Fraglich ist, ob die Fristsetzungserklärung des K nicht zu unbestimmt war, da er nicht vorgegeben hat, welche Variante der Nacherfüllung, also Reparatur oder Ersatzlieferung, er begehrt. Zwar hat der Käufer gemäß § 437 Nr. 1 i.V.m.

Schadensersatz statt der Leistung bei mangelhafter Kaufsache:
- **wegen Unmöglichkeit der Nacherfüllung**
  – § 437 Nr. 3 i.V.m. § 311 a Abs. 2 bei anfänglicher Unmöglichkeit
  – § 437 Nr. 3 i.V.m. § 280 Abs. 1, Abs. 2 i.V.m. § 283 bei nachträglicher Unmöglichkeit
- **wegen Ausbleiben der Nacherfüllung**
  – § 437 Nr. 3 i.V.m. § 280 Abs. 1, Abs. 3 i.V.m. § 281

§ 439 Abs. 1 diesbezüglich ein Wahlrecht. Jedoch kann er auf dieses Wahlrecht verzichten und die Auswahl dem Verkäufer überlassen, zumal dieser besser beurteilen kann, welche Variante kostengünstiger i.S.v. § 439 Abs. 3 ist. Insofern genügt es, dass der Käufer bei der Fristsetzung lediglich den Erfolg, die Nacherfüllung als solche, vorgibt.

bb) Angemessene Frist

Fraglich ist, ob die von K gesetzte Frist von 3 Tagen angemessen ist, da sich der Schalter womöglich nicht ohne weiteres austauschen ließ. Die Frage kann jedoch dahinstehen, da selbst bei unangemessen kurzer Frist eine automatische Verlängerung auf eine angemessene Frist erfolgt.[35] Für die Verlängerung auf eine angemessene Frist sind die Umstände des Einzelfalles entscheidend, insbesondere die Frage, ob der Austausch vor Ort erfolgen kann oder die Sache eingeschickt werden muss. Grds. gilt als Faustformel eine Frist von 10 bis 14 Tagen als angemessen.

cc) Nichteinhaltung der Frist

Auch wenn man die Frist hier auf mehr als 14 Tage verlängert, so hat V die Frist nicht eingehalten, zumal K nachfolgend den V nochmals schriftlich aufgefordert und V hierauf nicht reagiert hat. Damit liegen die Voraussetzungen des § 281 Abs. 1 vor.

c) Verschulden des V, § 280 Abs. 1

Klausurtipp:
Umstritten ist, worauf sich das Verschulden beziehen muss: Allein auf die Lieferung der mangelhaften Sache oder auf das anschließende Ausbleiben der Nacherfüllung?
Liegt gar keine Exkulpation vor, kann der Streit offenbleiben

Ein Verschulden des V wird vermutet. V hat sich hier auch nicht gemäß § 280 Abs. 1 S. 2 exkulpiert. Ein etwaiges Verschulden des Auszubildenden müsste V sich ohnehin gemäß § 278 zurechnen lassen; § 278 sieht diesbezüglich keine Exkulpation vor.

II) Rechtsfolge: Schadensersatz statt der Leistung

K kann von V Schadensersatz statt der Leistung gemäß § 437 Nr. 3 i.V.m. § 280 Abs. 1, Abs. 3 i.V.m. § 281 Abs. 1 verlangen. Da die Kaffeemaschine bereits im Besitz des V ist, bedeutet vorliegend der große Schadensersatzanspruch, dass K den gezahlten Kaufpreis als Mindestschaden zurückverlangen kann.

---

35 Palandt/Heinrichs § 281.

Aufbauschema 6: Schadensersatz neben der Leistung

Schadensersatz neben der Leistung aus § 437 Nr. 3, 1. Alt. i.V.m. § 280 Abs. 1, Abs. 2

I. **Schadensersatzanspruch entstanden**
   1. **Wirksamer Kaufvertrag, § 433** (§ 453 bzw. § 480 oder § 651)
   2. **Sachmangel z.Z. des Gefahrübergangs, §§ 434, 446, 447** (§ 476) bzw. **Rechtsmangel z.Z. des Erwerbs, § 435**
   3. **Weitere Voraussetzungen für Schadensersatz neben der Leistung gem. § 437 Nr. 3, 1. Alt. i.V.m. § 280**

a) bei Verzug mit der Nacherfüllung	b) bei sonstigen Schäden
§ 280 Abs. 1, Abs. 2 i.V.m. § 286	§ 280 Abs. 1

   - ▶ **fälliger durchsetzbarer Anspruch** auf Nacherfüllung aus §§ 437 Nr. 1, 439
   - ▶ **Mahnung** durch K, § 286 Abs. 1, **oder Entbehrlichkeit**, § 286 Abs. 2
   - ▶ **Verschulden des V vermutet** bis zur Exkulpation, § 286 Abs. 4

   - ▶ **Mangelfolgeschäden**
     ⇨ Schäden an anderen Rechtsgütern des K (z.B. Gesundheit, Eigentum an anderen Sachen)
   - ▶ **sonstige kausale allgemeine Vermögensschäden**
     ⇨ z.B. Gutachterkosten (Terminologie str.)
     ⇨ **Verschulden des V** gem. § 280 Abs. 1 **vermutet** bis zur Exkulpation

   4. **Kein Gewährleistungsausschluss**
      a) **aus Gesetz**
         - ▶ § 442 (Kenntnis des Käufers/grobe Fahrlässigkeit)
         - ▶ § 445 (öffentliche Versteigerung; Ausn.: § 474 Abs. 2)
         - ▶ § 377 HGB (kaufmännische Rüge)
      b) **aus Vertrag**
         aa) Individualvertrag
             Ausn.: • § 444 (Arglist oder Beschaffenheitsgarantie des Verkäufers)
                    • § 475 Abs. 1, Abs. 2 (Verbrauchsgüterkauf)
         bb) AGB
             Ausn.: • §§ 444, 475
                    • §§ 305 ff. (AGB-Kontrolle)

II. **Kein Untergang der Schadensersatzanspruchs**
   - ▶ z.B. durch Erfüllung, § 362, oder Erfüllungssurrogate, z.B. §§ 387 ff.

III. **Durchsetzbarkeit:** Durchsetzbarkeit gehemmt, wenn Verjährung, § 438 Abs. 1, Abs. 2, und V sich hierauf beruft, § 214 Abs. 1

IV. **Rechtsfolge:** Schadensersatz neben der Leistung

> **Fall 21: Folgeschäden bei Ausbleiben der Nacherfüllung**
>
> K hat bei V ein Rennrad gekauft. E macht eine Tour-de-Ruhr, um es einzufahren. Hierbei stellen sich zahlreiche Mängel heraus: Die Gangschaltung sowie die Bremsen funktionieren nicht ordnungsgemäß. Die Pedale zeigen Materialermüdung. Als dann noch die Sattelhalterung bricht, wird K an prekärer Stelle verletzt. K setzt dem V eine Frist von drei Wochen zur Nacherfüllung. V reagiert nicht. K verlangt Rückzahlung des Kaufpreises sowie Ersatz seiner ärztlichen Behandlungskosten und ein angemessenes Schmerzensgeld. Zu Recht?

A) K gegen V auf Rückzahlung des Kaufpreises

I) **K gegen V auf Rückzahlung des Kaufpreises aus § 437 Nr. 2, 1. Alt. i.V.m. § 323 Abs. 1 i.V.m. § 346 Abs. 1**

Klausurtipp:
Verlangt der Käufer Rückzahlung des Kaufpreises, so kann darin ein konkludenter Rücktritt liegen, also sind zwei Anspruchsgrundlagen zu prüfen:
- §§ 437 Nr. 2, 1. Alt., 323, 346 (Rückgewähranspruch)
- §§ 437 Nr. 3, 1. Alt., 280 Abs. 1, Abs. 3, 281 (Schadensersatz statt der Leistung)

1) **Rücktrittserklärung, § 349**

In dem Rückfordern des Kaufpreises kann eine konkludente Rücktrittserklärung des K gesehen werden.

2) **Rücktrittsgrund, §§ 437 Nr. 2, 323 Abs. 1, 346**

a) **Wirksamer Kaufvertrag, § 433**

b) **Sachmangel, § 434 Abs. 1**

Dem Fahrrad fehlte die gewöhnliche Verwendungstauglichkeit, sodass z.Z. des Gefahrübergangs (§ 446) ein Mangel gemäß § 434 Abs. 1 S. 2 Nr. 2 vorliegt.

c) **Weitere Voraussetzungen für Rücktritt gemäß § 323 Abs. 1**

aa) **Ausbleiben der Nacherfüllung**

Hier ist nicht ersichtlich, dass die Nacherfüllung wegen Unmöglichkeit ausgeblieben ist, sodass Rücktrittsgrund nicht § 326 Abs. 5 (der keine Fristsetzung verlangt), sondern § 323 ist.

bb) **Fristsetzung zur Nacherfüllung, § 323 Abs. 1**

K hat dem V mit 3 Wochen sicherlich eine angemessene Frist zur Nacherfüllung i.S.v. § 323 Abs. 1, 2. Alt. gesetzt.

cc) **Fristablauf**

Die Frist hat K nicht zur Nacherfüllung genutzt.

Rücktritt, § 323, erfordert kein Verschulden des Verkäufers. Hierin liegt der Unterschied zu Schadensersatz statt der Leistung (§§ 280 Abs. 1, 281).

Somit liegt der Rücktrittsgrund vor.

3) **Rechtsfolge:**

Folglich ergibt sich ein Anspruch auf Rückzahlung des Kaufpreises aus §§ 437 Nr. 2, 1. Alt., 323 Abs. 1 i.V.m. § 346 Abs. 1.

II) **K gegen V auf Rückzahlung des Kaufpreises aus Schadensersatz statt der Leistung gemäß § 437 Nr. 3 i.V.m. § 280 Abs. 1, Abs. 3 i.V.m. § 281 Abs. 1**

⇨ s. Aufbauschema 5

Gemäß § 325 können Schadensersatz statt der Leistung und Rücktritt kumulativ geltend gemacht werden.

1) **Voraussetzungen**

a) **Wirksamer Kaufvertrag, § 433**

b) **Sachmangel bei Gefahrübergang, § 434 Abs. 1**

c) **Weitere Voraussetzungen für Schadensersatz gemäß § 437 Nr. 3 i.V.m. § 280 Abs. 1, Abs. 3 i.V.m. § 281 Abs. 1**

aa) Ausbleiben der Nacherfüllung

bb) Angemessene Fristsetzung zur Nacherfüllung, § 281 Abs. 1

cc) Erfolgloser Fristablauf

dd) **Verschulden des V, § 280 Abs. 1**

Vorliegend hat V sich nicht exkulpiert, sodass Verschulden nach wie vor anzunehmen ist.

2) **Rechtsfolge: Schadensersatz statt der Leistung**

K kann im Wege des großen Schadensersatzes die Erstattung des gezahlten Kaufpreises verlangen.

Klausurtipp:
Während die Voraussetzungen für Rücktritt gemäß § 323 und Schadensersatz statt der Leistung gemäß § 281 Abs. 1 grds. identisch sind, verlangt der Schadensersatzanspruch zusätzlich noch ein Verschulden des V, welches allerdings gemäß § 280 Abs. 1 bis zur Exkulpation vermutet wird

B) K gegen V auf Schadensersatz neben der Leistung bezüglich der Arztkosten aus § 437 Nr. 3 i.V.m. § 280 Abs. 1

⇨ s. Aufbauschema 6

I) **Voraussetzungen**

1) **Wirksamer Kaufvertrag, § 433**

2) **Sachmangel bei Gefahrübergang, § 434 Abs. 1**

3) **Weitere Voraussetzung für Schadensersatz neben der Leistung gemäß § 280 Abs. 1**

Ein Verschulden des V wird vermutet, da er sich nicht exkulpiert hat.

II) **Rechtsfolge: Schadensersatz neben der Leistung gemäß § 280 Abs. 1**

Da hier ein anderes Rechtsgut als die Kaufsache, nämlich die Gesundheit des K verletzt ist, handelt es sich nicht um einen Schadensersatzanspruch statt der Leistung (§§ 280, 281), sondern um Schadensersatz neben der Leistung bzw. um einen Mangelfolgeschaden, welcher sich allein nach § 280 Abs. 1 bestimmt.

Somit kann K von V Ersatz der Arztkosten verlangen, § 249 Abs. 2.

C) K gegen V auf Schmerzensgeld aus § 437 Nr. 3 i.V.m. § 280 Abs. 1 i.V.m. § 253 Abs. 2

I) **Voraussetzungen**

Die Voraussetzungen liegen vor, s.o. B) I)

II) **Rechtsfolge: Schmerzensgeld, § 253 Abs. 2**

Da hier die mangelhafte Kaufsache zu einer Verletzung der Gesundheit des Käufers geführt hat, ist gemäß § 253 Abs. 2 ein angemessenes Schmerzensgeld geschuldet.

Klausurtipp:
Der Unterschied ist deswegen bedeutsam, weil K insofern keine Frist setzen muss. So wäre es auch sinnlos, einem Fahrradhändler eine Frist zur Wiederherstellung der Gesundheit des Käufers zu setzen; die Gesundheit war nie Gegenstand des Kaufvertrags bzw. der Nacherfüllung!

D) K gegen V auf Ersatz sämtlicher Schäden und Schmerzensgeld aus § 823 Abs. 1

I) **Anwendbarkeit**

Kaufrechtliche Gewährleistung und Deliktsrecht sind nebeneinander anwendbar.

II) **Voraussetzungen**

1) **Rechtsgutverletzung**

a) **Eigentumsverletzung am Fahrrad**

Da K niemals mangelfreies Eigentum erworben hat, kann er hinsichtlich der Schäden, die stoffgleich mit dem ursprünglichen Mangel sind, keine Eigentumsverletzung geltend machen. Lediglich bei Weiterfressen des Mangels (z.B. wenn K durch Bremsversagen mit dem Vorderrad gegen einen Baum gefahren und hierdurch das zuvor intakte Vorderrad beschädigt worden wäre) hätte insofern eine Eigentumsverletzung vorgelegen.

b) **Gesundheitsverletzung**

K ist körperlich verletzt und in seiner Gesundheit beeinträchtigt worden.

2) **Durch Verhalten des V**

Das Ausliefern des fehlerhaften Fahrrads seitens V war adäquat kausal für die vorgenannte Gesundheitsverletzung.

3) Die **Rechtswidrigkeit** ist indiziert.

4) **Verschulden des V**

Anders als bei § 280 Abs. 1 wird das Verschulden nicht vermutet. Demnach trägt K die Beweislast für ein Verschulden des V. Hierzu hat K nichts dargetan. Sofern die Mängel am Fahrrad rein herstellerbedingt und für V nicht erkennbar waren, würde V kein Verschulden treffen.

Mangels Verschuldensnachweis scheidet somit ein Anspruch aus § 823 Abs. 1 aus.

Fall 22: Verzögerungsschäden bei Ausbleiben der Nacherfüllung

K möchte zum 01.01. ein Hotel betreiben. Daher hat er für seine 25 Hotelzimmer hochwertige Teppichböden bei V gekauft. Als K die Teppiche verlegen will, stellt er fest, dass diese falsch zugeschnitten und deswegen für die Zimmer zu groß sind. Sofort reklamiert er dies bei V und verlangt schnellstmögliche Nachbesserung. Er weist V nochmals auf die Dringlichkeit wegen des herannahenden Eröffnungstermins hin. V sagt daraufhin eine Nachbesserung und Anlieferung der richtig geschnittenen Teppiche bis spätestens zum 30.12. zu. Leider hält V seine Zusage nicht ein und liefert die Teppiche erst am 02.01. K verlegt sie noch am selben Tag in den Zimmern, kann aber dadurch bedingt sein Hotel erst am 03.01. eröffnen, wodurch er Einnahmeausfälle hat. Kann K von V Ersatz dieser Schäden verlangen?

K gegen V auf Ersatz der Verzögerungsschäden aus § 437 Nr. 3 i.V.m. § 280 Abs. 1, Abs. 2 i.V.m. § 286

⇨ s. Aufbauschema 6

I) Voraussetzungen

1) Wirksamer Kaufvertrag, § 433

Zwischen V und K wurde ein wirksamer Kaufvertrag über die 25 Teppiche geschlossen. Das bloße Zuschneiden der Teppiche seitens V stellt nur eine Serviceleistung zum Kaufvertrag dar und begründet wegen der untergeordneten Bedeutung keinen Werkvertrag i.S.v. § 631.

2) Sachmangel, § 434 Abs. 1 S. 1

Da die Teppiche nicht die von K mit V vereinbarten Maße hatten, fehlt eine ausdrücklich vereinbarte Soll-Beschaffenheit, sodass die Teppiche mangelhaft i.S.v. § 434 Abs. 1 S. 1 sind. Der Mangel lag auch im Zeitpunkt des Gefahrübergangs (§ 446) vor.

3) Weitere Voraussetzungen für Schadensersatz neben der Leistung, §§ 437 Nr. 3, 280 Abs. 1, Abs. 2, 286

a) Anwendbarkeit des § 286

Zwar verweist § 437 Nr. 3 nicht auf § 286, weswegen Verzögerungsschäden nicht ersatzfähig sein könnten. Andererseits nimmt § 437 Nr. 3 insgesamt auf § 280 Bezug, sodass nicht nur Schadensersatz statt der Leistung (§ 280 Abs. 3), sondern über § 280 Abs. 2, welcher auf § 286 verweist, auch Verzögerungsschäden umfasst sind.[36]

b) Verzug mit der Nacherfüllung, § 286

aa) Fälliger durchsetzbarer Anspruch auf Nacherfüllung

Gemäß § 437 Nr. 1 i.V.m. § 439 Abs. 1 bestand ein fälliger und durchsetzbarer Anspruch des K gegen V auf Nacherfüllung, hier in Form der Nachbesserung des Zuschnitts.

Schadensersatz bei verzögerter Nacherfüllung:
- Schadensersatz statt der Leistung § 437 Nr. 3 i.V.m. § 280 Abs. 1, Abs. 3 i.V.m. § 281
- Verzögerungsschäden = Schadensersatz neben der Leistung § 437 Nr. 3 i.V.m. § 280 Abs. 1, Abs. 2 i.V.m. § 286

---

36 Palandt/Putzo § 437 Nr. 36.

bb) **Mahnung oder Entbehrlichkeit**

Grds. erfordert Verzug gemäß § 286 Abs. 1 eine Mahnung, hier zur Nacherfüllung. Andererseits hatte K mit V für die Nacherfüllung einen Termin kalendermäßig vereinbart (30.12.), sodass gemäß § 286 Abs. 2 Nr. 1 eine Mahnung zur Nacherfüllung entbehrlich war.

cc) **Nicht rechtzeitige Leistung der Nacherfüllung**

V hat bis zum zugesagten Termin keine Nacherfüllung erbracht.

dd) **Verschulden des V**

Ein Verschulden des V wird gemäß § 286 Abs. 4 vermutet. Im Rahmen des Schadensersatzanspruchs ergibt sich das Gleiche aus § 280 Abs. 1. Eine Exkulpation des V liegt nicht vor.

Somit befand sich V im Verzug mit der Nacherfüllung.

II) **Rechtsfolge: Ersatz der Verzögerungsschäden**

K kann somit von V als Schadensersatz neben der Leistung Ersatz der Verzögerungsschäden aus § 437 Nr. 3 i.V.m. § 280 Abs. 1, Abs. 2 i.V.m. § 286 verlangen, welche die Einnahmeausfälle vom 1. und 2. Januar umfassen.

Fall 23: Eigenmächtige Mängelbeseitigung

K hat bei V einen Fernseher gekauft. Kurz darauf flimmert durch einen herstellungsbedingten Fehler der Bildschirm. Dies erbost K, weil er sich schon darauf gefreut hatte, noch am selben Abend einen Boxkampf zu sehen. Da sich direkt um die Ecke das Elektrogeschäft des D befindet, lässt er den Fernseher bei D reparieren, welcher ihm hierfür 80 € in Rechnung stellt. Nunmehr verlangt K von V Ersatz der 80 €. V verweigert jegliche Zahlung, da ihm K keine Gelegenheit zur Mängelbeseitigung gegeben habe. Zu Recht?

A) K gegen V auf Schadensersatz statt der Leistung in Höhe von 80 € aus § 437 Nr. 3 i.V.m. § 280 Abs. 1, Abs. 3 i.V.m. § 281

I) Wirksamer Kaufvertrag, § 433

K und V haben einen wirksamen Kaufvertrag über den Fernseher geschlossen.

II) Sachmangel, § 434 Abs. 1

Ein Sachmangel, zumindest wegen Fehlens der gewöhnlichen Verwendungstauglichkeit i.S.v. § 434 Abs. 1 S. 2 Nr. 2, lag herstellungsbedingt zum Zeitpunkt des Gefahrübergangs (§ 446) bereits vor.

III) Weitere Voraussetzungen für Schadensersatz statt der Leistung gemäß §§ 437 Nr. 3, 280 Abs. 1, Abs. 3 i.V.m. § 281 Abs. 1

1) Nacherfüllung ausgeblieben

Fraglich ist, ob hier ein bloßes Ausbleiben der Nacherfüllung des V vorliegt, welches dann zu einer Schadensersatzpflicht gemäß §§ 280, 281 führen könnte, oder ob die Nacherfüllung für V unmöglich geworden ist, was dann den Schadensersatz nach §§ 280, 283 auslösen könnte.

Sieht man in dem Umstand, dass K den Fernseher anderweitig hat reparieren lassen, eine bloße Herbeiführung des nach § 433 Abs. 1 S. 2 geschuldeten Zustandes, so liegt keine Unmöglichkeit der Nacherfüllung für V vor.[37] Dann verbleibt es beim Schadensersatz statt der Leistung gemäß §§ 280, 281.

2) Fristsetzung zur Nacherfüllung, § 281

Der Schadensersatz statt der Leistung setzt jedoch gemäß § 281 Abs. 1 weiterhin voraus, dass K dem V eine Frist zur Nacherfüllung gesetzt hat, was hier nicht geschehen ist. Fraglich ist, ob die Fristsetzung gemäß § 281 Abs. 2 entbehrlich war. Da V mangels Aufforderung die Nacherfüllung nicht ernsthaft und endgültig verweigern konnte, kommt nur § 281 Abs. 2, 2. Alt. in Betracht. Fraglich ist bereits, ob der Umstand, dass K am selben Abend noch einen Boxkampf sehen wollte, überhaupt ein besonderer Umstand i.S.d. Vorschrift ist. Jedenfalls erfordert § 281 Abs. 2, 2. Alt., dass unter Abwägung der beiderseitigen Interessen die sofortige Geltendmachung des Schadensersatzanspruchs gerechtfertigt ist. Somit sind die einseitigen Interessen des K irrelevant.

Klausurtipp:
- Sieht man die Entstehung des Schadens bereits in der Beauftragung des D und stellt darauf ab, dass **zu diesem Zeitpunkt** für V die Nacherfüllung möglich war, so ist § 437 Nr. 3 i.V.m. §§ 280, 281 einschlägig
- Stellt man hingegen darauf ab, dass es wegen anderweitiger Reparatur für V nunmehr **unmöglich** ist zu reparieren, so ist § 437 Nr. 3 i.V.m. §§ 280, 283 anzuwenden

---

37 Oechsler NJW 2004, 1825, 1826.

3) **Folge:**

Mangels Fristsetzung zur Nacherfüllung besteht kein Schadensersatzanspruch statt der Leistung gemäß § 437 Nr. 3 i.V.m. § 280 Abs. 1, Abs. 3 i.V.m. § 281.

B) K gegen V auf Schadensersatz statt der Leistung in Höhe von 80 € aus § 437 Nr. 3 i.V.m. § 280 Abs. 1, Abs. 3 i.V.m. § 283

I) Ein wirksamer Kaufvertrag sowie ein Sachmangel bei Gefahrübergang liegen vor, s.o.

II) **Weitere Voraussetzungen für Schadensersatz gemäß §§ 437 Nr. 3, 280 Abs. 1, Abs. 3 i.V.m. § 283**

1) **Unmöglichkeit der Nacherfüllung**

Hier könnte man argumentieren, dass dadurch, dass K den Mangel selbst hat beseitigen lassen, ein Fall der Zweckerreichung vorliegt, sodass die Nacherfüllung für V als unmöglich anzusehen ist.[38] Dann richtet sich Schadensersatz statt der Leistung nach §§ 280, 283.

Eine abschließende Stellungnahme zu der vorgenannten Zuordnung (s.o. A) III) 1) kann jedoch offenbleiben, wenn ein Anspruch nach §§ 280, 283 ebenfalls ausscheidet.

2) **Verschulden des V**

Zwar erfordert § 283 – im Unterschied zu § 281 – keine Fristsetzung zur Nacherfüllung, da eine solche bei Unmöglichkeit sinnlos wäre. Jedoch ist über § 280 Abs. 1 i.V.m. § 283 erforderlich, dass V ein Verschulden an der Unmöglichkeit der Nacherfüllung trifft. Hier hat aber K durch Selbstbeseitigung des Mangels die Unmöglichkeit der Nacherfüllung für V selbst herbeigeführt. Da K zuvor dem V keine Frist gesetzt hat, hatte V auch keine Gelegenheit, seine Nacherfüllungspflicht zu erfüllen. Demnach trifft V kein Verschulden, sodass auch ein Schadensersatz unter dem Gesichtspunkt §§ 280, 283 ausscheidet.

C) K gegen V auf Aufwendungsersatz aus § 439 Abs. 2

Diese Vorschrift regelt nur den Fall, dass der Verkäufer die Nacherfüllung vornimmt, sodass für die eigenmächtige Mängelbeseitigung des Käufers in § 439 Abs. 2 kein Ersatzanspruch besteht.

Klausurtipp:
Die Minderung hätte den Vorteil, dass sie kein Verschulden des V voraussetzt, sodass es auf die vorstehend erörterte Exkulpation des V nicht ankäme

D) K gegen V auf Rückzahlung in Höhe von 80 € unter dem Aspekt Minderung aus § 437 Nr. 2, 2. Alt. i.V.m. § 441 Abs. 4 i.V.m. § 346 entsprechend.

I) **Wirksamer Kaufvertrag, § 433**

II) **Sachmangel, § 434 Abs. 1**

III) **Weitere Voraussetzungen für Minderung gemäß § 437 Nr. 2, 2. Alt. i.V.m. § 441 Abs. 1**

Wie sich aus § 441 Abs. 1 S. 1 „statt zurückzutreten" ergibt, hat Minderung die gleichen Voraussetzungen wie Rücktritt.

---

38 OLG München RÜ 2007, 73, 75; offengelassen von BGH NJW 2005, 1348, 1349.

1) Voraussetzungen des § 323

Sieht man hier die Nacherfüllung nicht als unmöglich an (s.o. A) III) 1)) so ist § 323 zu prüfen, welcher mangels Fristsetzung des K an V zur Nacherfüllung nicht vorliegt. Auch war eine Fristsetzung nicht wegen besonderer Umstände gemäß § 323 Abs. 2 entbehrlich (vgl. oben A) III) 2)).

2) Voraussetzungen des § 326 Abs. 5 i.V.m. § 323

a) Keine Fristsetzung erforderlich

Sieht man hingegen die Nacherfüllung wegen Zweckerreichung als für V nunmehr unmöglich an (s.o. B) II) 1)), so wäre § 326 Abs. 5 anzuwenden, der auf § 323 verweist, allerdings klarstellt, dass bei Unmöglichkeit keine Fristsetzung zur Nacherfüllung erforderlich ist.

b) § 326 Abs. 5 i.V.m. § 323 Abs. 6

Jedoch gilt über § 326 Abs. 5 die Vorschrift des § 323 Abs. 6, wonach der Rücktritt ausgeschlossen ist, wenn der Gläubiger für den Umstand, welcher ihn zum Rücktritt berechtigen würde, selbst verantwortlich ist. Hier hat K die Unmöglichkeit der Nacherfüllung selbst durch eigenmächtige Mängelbeseitigung herbeigeführt. Folglich ist auch hiernach der Rücktritt ausgeschlossen.

Somit liegt nach beiden Ansätzen kein Rücktritts- und damit auch kein Minderungsgrund vor, sodass eine endgültige Zuordnung wiederum offenbleiben kann.

E) K gegen V auf Ersatz der ersparten Aufwendungen aus § 326 Abs. 2 S. 2, Abs. 4 analog

I) Mindermeinung

Teilweise[39] wird vertreten, dass der Verkäufer dem Käufer die Aufwendungen zu ersetzen habe, die er im Fall einer eigenen Nacherfüllung gehabt hätte, weil sonst ein Verkäufer allein aufgrund der unberechtigten Selbstvornahme des Käufers Geld sparen würde. Aus den § 326 Abs. 2 S. 2, Abs. 4 sei der Grundgedanke zu entnehmen, dass ersparte Aufwendungen zu erstatten sind.

II) Herrschende Meinung

Nach wohl überwiegender Meinung[40] ist ein derartiger Aufwendungsersatzanspruch abzulehnen, weil andernfalls das Recht des Verkäufers zur erneuten Andienung durch Nacherfüllung unterlaufen werde. Andererseits sei ein Käufer, der keine Frist zur Mängelbeseitigung i.S.v. § 281 bzw. § 323 gesetzt habe, nicht schutzwürdig.

III) Stellungnahme:

Für die zweite Meinung spricht, dass die für eine Analogie erforderliche planwidrige Regelungslücke fehlt. Denn der Gesetzgeber hat Ansprüche auf Aufwendungsersatz bei Mängelbeseitigung durch den Kunden selbst nur im Werkvertragsrecht in § 637 sowie im Mietvertragsrecht in § 536 a Abs. 2, nicht hingegen in §§ 437 ff. geregelt. Im Hinblick darauf, dass es

---

39 Palandt/Putzo § 437 Rdnr. 4 a.
40 BGH NJW 2005, 1348, 1349; Tonner BB 2005, 803.

einem Käufer einerseits zumutbar ist, dem Verkäufer eine Frist zur Nacherfüllung zu setzen, und andererseits in den Fällen der Unzumutbarkeit ohnehin eine Fristsetzung gemäß § 281 Abs. 2 bzw. § 323 Abs. 2 entbehrlich ist, erscheint diese Systematik als abschließend.

Somit scheidet ein Anspruch auf Ersatz ersparter Aufwendungen analog § 326 Abs. 2 S. 2, Abs. 4 aus.

F) K gegen V auf Aufwendungsersatz analog §§ 637, 536 a Abs. 2

Aus dem Vorgenannten folgt, dass keine planwidrige Regelungslücke besteht, sodass eine Analogie abzulehnen ist.[41]

G) K gegen V auf Wertersatz aus unberechtigter GoA, §§ 677, 684 i.V.m. §§ 812, 818 Abs. 2

I) Anwendbarkeit aus Billigkeitsgründen

Teilweise[42] wird dieser Anspruch aus Billigkeitsgründen bejaht, da schließlich K durch die Mängelbeseitigung ein Geschäft des V getätigt habe, welches ohne Fristsetzung nicht berechtigt war, somit zur unberechtigten GoA i.S.v. § 684 führt. Dieser verweist auf §§ 812 ff., um die durch die unberechtigte GoA entstandene Bereicherung abzuschöpfen, welche hier bei V darin bestehe, dass er die Kosten für die eigene Nacherfüllung erspart habe. Diese seien als Wertersatz gemäß § 818 Abs. 2 herauszugeben.

II) Gewährleistungsrecht als lex specialis

Nach der Gegenansicht[43] sind die Vorschriften der GoA von vornherein unanwendbar, weil das kaufrechtliche Gewährleistungsrecht eine abschließende Sonderregelung enthält.

III) Stellungnahme:

Wie bereits vorstehend ausgeführt, enthalten die kaufrechtlichen Gewährleistungsvorschriften eine abschließende Regelung. Diese darf nicht dadurch unterlaufen werden, dass auf allgemeine Institute wie Geschäftsführung ohne Auftrag ausgewichen wird. Andernfalls würden auch die Verjährungsfristen des § 438 ausgehebelt.

H) K gegen V auf Wertersatz aus § 812 Abs. 1 S. 1, 1. Alt. i.V.m. § 818 Abs. 2

Wie vorstehend erörtert, enthalten die §§ 434 ff. eine abschließende Sonderregelung, sodass auch das Bereicherungsrecht nicht anwendbar ist.[44]

Ergebnis: K kann von V für seine eigenmächtige Mängelbeseitigung keinen Ersatz verlangen.

Klausurtipp: Natürlich lässt sich mit den o.g. Argumenten auch die Gegenansicht vertreten, wenn man es für unbillig erachtet, dass der Verkäufer Geld einspart, nur weil der Käufer ihm keine Frist zur Nacherfüllung gesetzt hat

---

41 A.A. Jauernig/Berger § 439 Rdnr. 8.
42 Oechsler NJW 2004, 1825, 1826.
43 BGH NJW 2005, 1348, 1350.
44 BGH NJW 2005, 1348, 1350; a.A. Katzenstein ZGS 2004, 144, 149.

Fall 24: Doppelte Fristsetzung?

K hat bei V eine neue PC-Anlage bestellt, mit der er sein Büro bestücken will. Vereinbarter Liefertermin ist der 05.02. V liefert zum vereinbarten Termin nicht. Deshalb setzt K dem V eine Frist bis zum 15.02. Daraufhin liefert V die PC-Anlage am 14.02. aus. Als K die PC-Anlage anschließen will, stellt sich heraus, dass der Server nicht funktioniert. K ist erbost und verlangt von K Schadensersatz statt der Leistung und erklärt den Rücktritt. Zu Recht?

A) K gegen V auf Schadensersatz statt der Leistung aus § 437 Nr. 3 i.V.m. § 280 Abs. 1, Abs. 3 i.v.m. § 281 Abs. 1

I) **Wirksamer Kaufvertrag, § 433**

V und K haben einen wirksamen Kaufvertrag über die PC-Anlage geschlossen.

II) **Sachmangel, § 434 Abs. 1**

Dass die PC-Anlage funktioniert, kann als konkludent vereinbart i.S.v. § 434 Abs. 1 S. 1 angesehen werden. Zumindest aber fehlt die gewöhnliche Verwendungstauglichkeit i.S.v. § 434 Abs. 1 S. 2 Nr. 2, sodass ein Sachmangel vorliegt. Dieser bestand auch bereits bei Gefahrübergang.

III) **Weitere Voraussetzungen für Schadensersatz statt der Leistung, § 437 Nr. 3 i.V.m. §§ 280 Abs. 1, Abs. 3, 281 Abs. 1**

1) **Fristsetzung zur Nacherfüllung, § 281 Abs. 1**

Gemäß § 281 Abs. 1 S. 1 ist eine Fristsetzung des K an V zur Nacherfüllung erforderlich. Hier hat K zwar ursprünglich eine Frist zur Lieferung gesetzt, weil V bis zum 05.02. noch gar nicht geliefert hatte. Hinsichtlich der nachfolgenden mangelhaften Lieferung hat K dem V hingegen keine Frist zur Nacherfüllung gesetzt.

2) **Entbehrlichkeit der Fristsetzung**

a) **Mindermeinung**

Teilweise[45] wird vertreten, dass die ursprüngliche Fristsetzung zur Lieferung genüge. Der Käufer müsse, falls ihm innerhalb der gesetzten Frist zur Lieferung eine mangelhafte Sache geliefert werde, keine erneute Frist zur Nacherfüllung setzen. Denn der Verkäufer habe gemäß § 433 Abs. 1 S. 2 frei von Sach- und Rechtsmängeln zu liefern, sodass die gesetzte Frist erfolglos abgelaufen sei und nunmehr der Käufer nach Fristablauf, hier 15.02., ohne weiteres Schadensersatz statt der Leistung verlangen könne.

b) **Herrschende Meinung**

Die h.M.[46] verlangt eine nochmalige Fristsetzung, nun zur Nacherfüllung, es sei denn, diese ist nach allgemeinen Grundsätzen gemäß § 281 Abs. 2, 2. Alt. aufgrund besonderer Umstände entbehrlich. Denn die zunächst gesetzte Frist betraf lediglich eine Nichtleistung durch den Verkäufer, welche durch Leistung des Verkäufers eingehalten sei. Die nunmehr er-

---

45 Canaris DB 2001, 1815, 1816.
46 Palandt/Heinrichs § 281 Rdnr. 12.

Unterscheide die verschiedenen Leistungsstörungen:
- **Nichtleistung** des Verkäufers trotz möglicher Leistung
  ⇨ Schadensersatz statt der Leistung aus § 280 Abs. 1, Abs. 3 i.V.m. § 281 Abs. 1 S. 1, 1. Alt.
  ⇨ erfordert Fristsetzung zur Leistung (Lieferung)
- **Schlechtleistung** des Verkäufers trotz möglicher mangelfreier Leistung
  ⇨ Schadensersatz statt der Leistung aus § 437 Nr. 3 i.V.m. § 280 Abs. 1, Abs. 3 i.V.m. § 281 Abs. 1 S. 1, 2. Alt.
  ⇨ erfordert Fristsetzung zur Nacherfüllung, § 281 Abs. 1 S. 1 a.E.

folgte mangelhafte Leistung des Verkäufers stelle eine Schlechtleistung und damit eine neue Leistungsstörung dar, für die eine weitere Frist, hier zur Nacherfüllung, gesetzt werden müsse. Da vorliegend besondere Umstände i.S.v. § 281 Abs. 2, 2. Alt. nicht ersichtlich sind, ist auch die Fristsetzung nicht entbehrlich. Somit hätte K keinen Schadensersatzanspruch gegen V.

c) **Stellungnahme:**

Für die h.M. spricht, dass eine mangelhafte Leistung (Schlechtleistung) eine andere Art der Leistungsstörung ist als die ursprüngliche Nichtleistung des Verkäufers. Hieran ändert sich auch dadurch nichts, dass die Schlechtleistung während der zunächst gesetzten Frist zur Leistung erfolgt. Dies zeigt sich zum einen daran, dass das Gewährleistungsrecht gemäß § 434 Abs. 1 erst ab Gefahrübergang, also ab Übergabe einschlägig ist (§ 446), sodass die ursprüngliche Nichtleistung allein nach Schuldrecht AT zu beurteilen war, § 281 Abs. 1 S. 1, 1. Alt. Hingegen ist ab Lieferung die Schlechtleistung nach Gewährleistungsrecht zu beurteilen, § 437 Nr. 3 i.V.m. § 281 Abs. 1 S. 1, 2. Alt., was z.B. Auswirkungen auf Ausschlussgründe und Verjährung hat, weil jetzt §§ 442 ff. und § 438 gelten. Im Übrigen kann i.d.R. der Verkäufer nichts dafür, dass er nun mangelhaft liefert, da er die Sache so vom Hersteller bekommen hat. Gerade deswegen muss er die Chance zur Nacherfüllung erhalten.

Da K die somit erforderliche neue Frist zur Nacherfüllung dem V nicht gesetzt hat und andererseits besondere Umstände i.S.v. § 281 Abs. 2 nicht ersichtlich sind, scheidet ein Schadensersatzanspruch aus §§ 437 Nr. 3, 280, 281 aus.

B) K gegen V auf Rückgewähr des Kaufpreises aufgrund Rücktritts, §§ 437 Nr. 2, 1. Alt., 323 Abs. 1 i.V.m. § 346 Abs. 1

I) Der Rücktritt kann gemäß § 325 kumulativ zum Schadensersatz erfolgen.

II) **Voraussetzungen**

1) **Rücktrittserklärung, § 349**

K hat ausdrücklich den Rücktritt gemäß § 349 erklärt.

2) **Rücktrittsgrund, § 437 Nr. 2, 1. Alt., § 323 Abs. 1**

Da der Rücktritt gemäß § 323 Abs. 1 bis auf das Erfordernis des Verschuldens die gleichen Voraussetzungen wie § 281 Abs. 1 hat, gilt das vorstehend Erörterte. Demnach hätte K dem V eine neue Frist zur Nacherfüllung setzen müssen. Da dies nicht geschehen ist, scheidet ein Rücktritt gemäß § 323 Abs. 1 aus; ein Ausnahmefall i.S.v. § 323 Abs. 2 liegt nicht vor.

Ergebnis: K kann nicht Rückzahlung des Kaufpreises verlangen. Vielmehr muss K dem V die Sache zur Nacherfüllung andienen.

7. Teil: Aufwendungsersatz

Fall 25: Aufwendungsersatz

K hatte mit notariellem Vertrag vom 08.01. ein Hausgrundstück von V gekauft. Laut notariellem Vertrag ist die Gewährleistung ausgeschlossen. Die Übergabe soll zum 31.01. an K erfolgen. Der Kaufpreis ist fällig, wenn der Notar Antrag auf Umschreibung im Grundbuch für K gestellt hat und alle Unterlagen umschreibungsreif vorliegen. Als K am 31.01. in das Haus einziehen will, bemerkt er, dass sämtliche Kellerräume feucht sind und Nässe aufsteigt. Er beauftragt Rechtsanwalt R. Dieser rät K, den Kaufpreis nicht zu überweisen. Recherchen des R ergeben, dass V die Feuchtigkeitsschäden dem K bei Vertragsschluss bewusst verschwiegen hat. Rechtsanwalt R fordert namens und kraft Vollmacht des K den V unter Fristsetzung auf, die Feuchtigkeitsschäden zu beseitigen. V verweigert dies unter Hinweis auf den Gewährleistungsausschluss. Daraufhin erklärt Rechtsanwalt R namens und kraft Vollmacht des K den Rücktritt vom Kaufvertrag gegenüber V. Anschließend verlangt Rechtsanwalt R für K von V Ersatz der Notarkosten und der Maklerkosten, welche bei Abschluss des Vertrages fällig und von K beglichen worden sind, sowie Ersatz der an das Grundbuchamt gezahlten Gebühren. Zu Recht?

Abwandlung:

K verlangt zusätzlich noch Schadensersatz hinsichtlich der Gutachterkosten, die ihm für die Feststellung der Feuchtigkeitsschäden entstanden sind. V hingegen meint, dass Aufwendungs- und Schadensersatz nicht nebeneinander verlangt werden können. Zu Recht?

A) K gegen V auf Aufwendungsersatz bezüglich der Makler-, Notar- und Grundbuchamtkosten aus § 437 Nr. 3 i.V.m. § 280 Abs. 1, Abs. 3, § 281 i.V.m. § 284

⇨ s. Aufbauschema 5

I) Anwendbarkeit

Trotz des erklärten Rücktritts sind gemäß § 325 Schadensersatzansprüche anwendbar. Obwohl § 325 nur Schadensersatzansprüche erwähnt, werden auch Aufwendungsersatzansprüche erfasst, da diese gemäß § 284 an die Stelle des Schadensersatzes treten.

II) Voraussetzungen

1) Wirksamer Kaufvertrag, § 433

V und K haben zunächst einen wirksamen, gemäß § 311 b beurkundeten Kaufvertrag über das Hausgrundstück geschlossen.

2) Sachmangel, § 434 Abs. 1

Die Feuchtigkeitsschäden führen dazu, dass die gewöhnliche Verwendungstauglichkeit i.S.v. § 434 Abs. 1 S. 2 Nr. 2 nicht gegeben ist, sodass ein Sachmangel vorliegt. Dieser bestand auch im Zeitpunkt des Gefahrübergangs, d.h. gemäß § 446 bei Übergabe am 31.01.

3) **Weitere Voraussetzungen für Aufwendungsersatz, §§ 437 Nr. 3, 284**

a) **Aufwendungen**

Aufwendungen sind freiwillige Vermögensopfer, die der Käufer im Vertrauen auf den Erhalt der ordnungsgemäßen Kaufsache tätigt. Hierzu gehören insbesondere Vertragskosten wie Notar-, Makler-, Einbau- sowie Transportkosten.[47] Demnach stellen die hier geltend gemachten Positionen wie Notar-, Makler- und Grundbuchamtkosten Aufwendungen dar.

b) **Vergeblich**

Vergeblich sind Aufwendungen, wenn der Käufer die Kaufsache wegen Mangelhaftigkeit zurückgewährt oder sie jedenfalls nicht bestimmungsgemäß nutzen kann und deshalb auch die von ihm getätigten Aufwendungen nutzlos sind.[48] Ferner gehören hierzu die aufgewendeten Vertragskosten, welche nach altem Recht gesondert geregelt waren und nunmehr nach der amtlichen Begründung unter § 284 fallen.[49]

c) **Voraussetzungen des § 284 i.V.m. § 437 Nr. 3, 2. Alt.**

Gemäß § 284 kann der Käufer Aufwendungsersatz anstelle des Schadensersatzes statt der Leistung verlangen. Hieraus folgt, dass die Voraussetzungen für Schadensersatz statt der Leistung, also § 280 Abs. 1, Abs. 3 i.V.m. § 281 vorliegen müssen.

aa) **Fristsetzung i.S.v. § 281 Abs. 1**

Der Anwalt des K hat dem V die gemäß § 281 Abs. 1, 2. Alt. erforderliche Frist zur Nacherfüllung gesetzt. Diese ist erfolglos verstrichen.

bb) **Verschulden des V, § 280 Abs. 1**

V kannte die Mängel. Auch wenn man vertritt, dass sich bei §§ 280, 281 Abs. 1 S. 1, 2. Alt. das Verschulden des Verkäufers auf die nicht erfolgte Nacherfüllung beziehen muss, so hat sich V hier nicht exkulpiert. Gemäß § 280 Abs. 1 S. 2 wird daher sein Verschulden weiterhin vermutet. Somit liegen an sich die Voraussetzungen für Schadensersatz statt der Leistung vor.

4) **Kein Gewährleistungsausschluss**

Jedoch beruft sich V darauf, dass er die Gewährleistung im notariellen Vertrag ausgeschlossen habe. Damit würden sowohl Schadensersatz- als auch Aufwendungsersatzansprüche entfallen. Hier hat jedoch V die Mängel arglistig verschwiegen, sodass gemäß § 444, 1. Alt. der Gewährleistungsausschluss unwirksam ist.

Ergebnis: K kann von V Aufwendungsersatz bezüglich Notar-, Makler- und Grundbuchamtkosten verlangen.

B) K gegen V auf Aufwendungsersatz gemäß § 437 Nr. 2, 1. Alt. i.V.m. § 323 i.V.m. § 347 Abs. 2

Unterscheide:
- Schadensersatz = unfreiwillige Vermögenseinbußen
- Aufwendungen = freiwillige Vermögensopfer

---

47 Palandt/Heinrichs § 284 Rdnr. 6.
48 BGH NJW 2005, 2848, 2849.
49 BGH a.a.O.

I) Wirksamer Rücktritt gemäß §§ 437 Nr. 2, 1. Alt, 323, 349

Der Rechtsanwalt des K hat nach Ablauf der gemäß § 323 Abs. 1 erforderlichen Frist zur Nacherfüllung den Rücktritt erklärt, § 349. Das Rücktrittsrecht ist gemäß § 444, 1. Alt. auch nicht ausgeschlossen, s.o.

II) Voraussetzungen des § 347 Abs. 2

§ 347 Abs. 2 S. 1 erfasst lediglich notwendige Verwendungen des Käufers auf die Kaufsache wie z.B. notwendige Einbauten in die Kaufsache. Derartige Kosten werden hier nicht geltend gemacht. Gemäß § 347 Abs. 2 S. 2 sind andere Aufwendungen nur zu ersetzen, wenn der Verkäufer durch diese bereichert wird. Da hinsichtlich der Notar-, Makler- und Grundbuchamtkosten der Käufer Kostenschuldner ist, liegt insofern keine Bereicherung des Verkäufers vor, sodass auch § 347 Abs. 2 S. 2 ausscheidet.

Abwandlung:

K gegen V auf Schadensersatz neben der Leistung hinsichtlich der Gutachterkosten aus § 437 Nr. 3 i.V.m. § 280 Abs. 1

I) Wirksamer Kaufvertrag, § 433

II) Sachmangel, § 434 Abs. 1 S. 2 Nr. 2

III) Weitere Voraussetzungen für Schadensersatz neben der Leistung, § 280 Abs. 1

Gutachterkosten, die zur Feststellung des Mangels als Schaden anfallen, stellen einen allgemeinen Vermögensschaden dar, welcher unter den Schadensersatz neben der Leistung fällt und daher nur nach § 280 Abs. 1 zu beurteilen ist, s. bereits Fall 19 unter D). Das hiernach erforderliche Verschulden wird gemäß § 280 Abs. 1 vermutet. Eine Exkulpation des V liegt nicht vor, s.o.

IV) Verhältnis zu § 284

Der vorgenannte Schadensersatzanspruch könnte dadurch ausgeschlossen sein, dass K bereits Aufwendungsersatz gemäß § 284 verlangt hat. Gemäß § 284 kann Aufwendungsersatz nur „anstelle" des Schadensersatzes statt der Leistung gewährt werden. Auch in § 437 Nr. 3 werden Schadens- und Aufwendungsersatz alternativ genannt. Jedoch wird mit dieser Alternativstellung allein bezweckt, dass der Geschädigte wegen ein und desselben Vermögensnachteils nicht sowohl Schadensersatz statt der Leistung als auch Aufwendungsersatz und damit doppelte Kompensation verlangen kann. Daraus folgt, dass der von K geltend gemachte Ersatz bezüglich der Gutachterkosten auch dann verlangt werden kann, wenn K bereits Aufwendungsersatz hinsichtlich anderer Positionen verlangt hat. Hinzu kommt die Erwägung, dass der Ersatz der Gutachterkosten nicht auf Schadensersatz statt der Leistung, sondern auf Schadensersatz neben der Leistung (§ 280 Abs. 1) gerichtet ist, der schon vom Wortlaut des § 284 nicht alternativ gestellt wird.

Ergebnis: Somit kann K auch Ersatz der Gutachterkosten verlangen.

Unterscheide:
- Schadensersatz und Rücktritt sind kumulativ möglich, § 325
- Schadensersatz statt der Leistung und Aufwendungsersatz gemäß § 284 nur alternativ, aber nur bezüglich derselben Position

Aufbauschema 7: Selbstständiger Garantievertrag

Anspruch aus selbstständigem Garantievertag, §§ 311 Abs. 1, 241 Abs. 1 i.V.m. § 443 Abs. 1 auf ... (je nach versprochenem Recht! I.d.R. nur Recht auf Reparatur oder Austausch)

I. **Anspruch entstanden**

1. **Wirksamer selbstständiger Garantievertrag, § 311 Abs. 1, § 241 Abs. 1 i.V.m. § 443 Abs. 1**
   - ▸ zwischen Verkäufer und Käufer nur, falls übererfüllungsmäßiger Erfolg versprochen
   - ▸ zwischen Hersteller und Käufer
     - durch schriftliches Angebot des Herstellers (Garantiekarte) und Annahme nach § 151 oder
     - durch Überbringung des Garantieangebots des Herstellers durch den Verkäufer als Boten und Annahme nach § 151 oder
     - durch Verkäufer als Vertreter des Herstellers oder
     - durch Vertrag zugunsten Dritter zwischen Hersteller und Verkäufer

2. Eintritt des **Garantiefalles**
   - ▸ Abweichung von der garantierten Beschaffenheit (Beschaffenheitsgarantie)
   - ▸ Auftreten eines Sachmangels innerhalb der Garantiefrist (Haltbarkeitsgarantie)

3. **Weitere Voraussetzungen je nach Inhalt des Garantievertrages**, z.B. (regelmäßige) Wartung; unverzügliche Anzeige des Garantiefalles

II. **Kein Untergang**

III. **Durchsetzbarkeit: Verjährung der Garantierechte str.**
   - ▸ 1. Meinung: §§ 195, 199 – regelmäßige Verjährung
   - ▸ 2. Meinung: § 438 analog

IV. **Rechtsfolgen:**

1. **Rechte aus dem Garantievertrag** (ggf. unter Einbeziehung der in der „einschlägigen Werbung" angegebenen Garantiebedingungen), § 443 Abs. 1 (i.d.R. Reparatur oder Austausch)

2. **Fehlen individuelle Garantierechtsfolgen**, so ist auszulegen mit Blick auf die Rechte aus der Gewährleistung, § 437 (Mangelbeseitigung, Erstattung des Minderungsbetrages oder des Kaufpreises, Schadensersatz)

3. **Kommt Garantiegeber Pflichten aus dem Garantievertrag nicht nach:**
   - ▸ Schadensersatz statt der Leistung, §§ 280 Abs. 1, Abs. 3, 281 bzw. 283
   - ▸ Verzögerungsschaden, § 280 Abs. 1, 2 i.V.m. § 286

8. Teil: Garantie

Fall 26: Herstellergarantie

K kauft in dem Fotogeschäft des V eine Digitalkamera. V heftet die Quittung an die Garantiekarte des Herstellers. Er weist K darauf hin, dass K die Garantiekarte gut aufbewahren soll; der Quittungsbeleg dokumentiere den Beginn der Garantiezeit. In der Garantie heißt es auszugsweise:

Garantiebedingungen:
1. Der Hersteller übernimmt eine dreijährige Garantie auf alle Bauteile der Kamera.
2. Der Hersteller erfüllt die Garantie durch Reparatur oder nach Wahl des Herstellers ausnahmsweise durch Ersatzlieferung. Weitergehende Ansprüche bestehen nicht.
3. Die Garantie erlischt bei unsachgemäßem Gebrauch durch den Kunden. ....

Nach 1 Jahr funktioniert die Kamera nicht mehr. K reklamiert dies bei V. V weist jegliche Haftung von sich, schließlich müsse sich K an den Hersteller halten. K fragt, ob er Ansprüche gegen V und/oder den Hersteller hat.

Abwandlung:

K hat gegenüber H Ansprüche aus dem Garantievertrag geltend gemacht. H behauptet zu Unrecht unsachgemäßen Gebrauch der Kamera und verweigert trotz Fristsetzung durch K eine Reparatur. Daraufhin lässt K die Kamera anderweitig reparieren und will nunmehr die Kosten dem H in Rechnung stellen. Zu Recht?

A) Gewährleistungsansprüche K gegen V aus § 437

In Betracht kommt der Anspruch auf Nacherfüllung aus § 437 Nr. 1 bzw. aufgrund der Verweigerung durch V ggf. auch Rücktritt, § 437 Nr. 2, und Schadensersatz, § 437 Nr. 3.

I) **Anwendbarkeit der kaufrechtlichen Gewährleistung**

Die Verkäufergewährleistung könnte von vornherein ausgeschlossen sein, weil der Käufer ggf. Garantierechte gegen den Hersteller hat. Jedoch kann sich der Verkäufer seiner Verpflichtung aus der Sachmängelgewährleistung nicht dadurch entziehen, dass er auf den Hersteller verweist. Beide Rechte stehen nebeneinander, vgl. § 443 Abs. 1, 2. Halbs. „unbeschadet der gesetzlichen Ansprüche".

II) **Wirksamer Kaufvertrag, § 433**

K und V haben einen wirksamen Kaufvertrag über die Digitalkamera geschlossen.

III) **Sachmangel, § 434 Abs. 1**

Unterscheide:
- **Kaufrechtliche Gewährleistungsrechte aus § 437 wegen Mängel der Kaufsache**
  ⇨ richten sich gegen den Verkäufer
- **Garantieansprüche wegen eines Garantiefalles**
  ⇨ richten sich gegen den Garantierenden, hier den Hersteller

1) Sachmangel

Dass die Kamera funktioniert, kann als konkludent vereinbarte Soll-Beschaffenheit i.S.v. § 434 Abs. 1 S. 1 angesehen werden. Zumindest stellt dies die gewöhnliche Verwendungstauglichkeit i.S.v. § 434 Abs. 1 S. 2 Nr. 2 dar. Da die Kamera nicht funktioniert, weicht der Ist- vom Soll-Zustand ab, sodass ein Sachmangel vorliegt.

2) Zum Zeitpunkt des Gefahrübergangs

Gemäß § 434 Abs. 1 muss der Sachmangel zum Zeitpunkt des Gefahrübergangs, d.h. gemäß § 446 zum Zeitpunkt der Übergabe vorliegen. Dies erscheint problematisch, da die Kamera 1 Jahr lang funktioniert hat. Einerseits könnte konstruktions- oder materialbedingt ein Mangel zumindest latent von Anfang an vorgelegen haben.

Da es sich um eine anspruchsbegründende Tatsache handelt, trägt hierfür grds. der Käufer die Beweislast. Hierzu hat K nichts dargetan und müsste Entsprechendes ggf. durch ein kostenträchtiges Sachverständigengutachten beweisen, da die Vermutung für Verbrauchsgüterkäufe gemäß § 476 i.V.m. § 474 nur innerhalb der ersten 6 Monate gilt.

Hingegen gilt die Vermutung des § 443 Abs. 2 vom Wortlaut nur für die Rechte „aus der Garantie", also nicht für die Gewährleistungsrechte.[50]

Ergebnis: Nur wenn der Nachweis durch K erfolgt, kann er Gewährleistungsrechte gegen V geltend machen. Andernfalls bestehen keine Rechte gegen V.

B) K gegen H auf Reparatur/Austausch aus Garantievertrag, § 311 Abs. 1 i.V.m. § 241 Abs. 1 i.V.m. § 443 Abs. 1

⇨ s. Aufbauschema 7

I) Garantievertrag, § 311 Abs. 1 i.V.m. § 241 Abs. 1 i.V.m. § 443 Abs. 1

1) Angebot des H

Da die Garantiekarte des H alle wesentlichen Vertragsbestandteile enthält, stellt sie ein schriftliches Angebot des H auf Abschluss eines Garantievertrages dar, welches durch V als Boten an K übergeben wurde.

2) Annahme durch K

K hat zumindest konkludent das Angebot auf Abschluss eines Garantievertrages angenommen. Auf den Zugang der Annahmeerklärung wurde seitens V gemäß § 151 konkludent verzichtet.

Somit ist ein Garantievertrag i.S.v. §§ 311 Abs. 1, 241 Abs. 1 zwischen H und K zustande gekommen.

II) Eintritt des Garantiefalles

Vorliegend hat H eine sog. Haltbarkeitsgarantie i.S.v. § 443 Abs. 1, 2. Alt. über den Zeitraum von 3 Jahren abgegeben. Der Funktionsausfall der Kamera ist innerhalb dieser 3-Jahres-Frist aufgetreten. Inhaltlich bedeutet die Haltbarkeitsgarantie, dass der Hersteller – wenn er nicht bestimmte Teile von der Garantie ausnimmt – für die Funktion sämtlicher Teile der

---

Klausurtipp:
§ 443 Abs. 1 ist keine Anspruchsgrundlage, sondern verweist lediglich deklaratorisch auf die Rechte aus dem Garantievertrag. Deswegen kann (muss nicht) § 443 Abs. 1 mit in den Obersatz aufgenommen werden.
Der Garantievertrag als solcher ist nicht geregelt, sodass nur im Obersatz § 311 Abs. 1 (ggf. i.V.m. § 241 Abs. 1) zitiert werden kann

---

50 Str. ist, ob, falls der Verkäufer selbst eine unselbstständige Garantie abgibt, die Vermutung des § 443 auch für die Gewährleistungsrechte gilt (s. dazu Fall 29, B)).

Kaufsache während des Garantiezeitraums haftet, sofern kein unsachgemäßer Gebrauch des Kunden vorliegt. Damit der Garantierende nicht einfach pauschal behaupten kann, es liege unsachgemäßer Gebrauch vor, gibt es die Vermutung des § 443 Abs. 2. Hiernach wird bei einer Haltbarkeitsgarantie vermutet, dass ein während ihrer Geltungsdauer auftretender Sachmangel die Rechte aus der Garantie begründet, mithin gerade kein unsachgemäßer Gebrauch vorliegt. Will der Garantierende das Gegenteil behaupten, trägt er hierfür die Beweislast.

Somit liegt ein Garantiefall vor.

III) Ggf. weitere Voraussetzungen für die Garantie

In dem Garantievertrag können weitere Voraussetzungen wie z.B. Wartung, unverzügliche Mängelanzeige etc. vereinbart werden. Vorliegend ist hierzu nichts ersichtlich.

IV) Rechtsfolge

Wie § 443 Abs. 1 klarstellt, bestimmen sich die Rechtsfolgen nach den im Garantievertrag dem Kunden eingeräumten Rechten.

Laut Garantievertrag hat K somit gegen H einen Anspruch auf Nachbesserung bzw. Austausch der Kamera. Das Wahlrecht hat laut Garantievertrag der H (anders § 439 Abs. 1 bei den Gewährleistungsrechten).

Abwandlung:

K gegen H auf Schadensersatz statt der Leistung aus § 280 Abs. 1, Abs. 3 i.V.m. § 281 Abs. 1

I) Voraussetzungen

1) Schuldverhältnis i.S.v. § 280 Abs. 1

Zwischen K und H besteht ein Garantievertrag, § 311 Abs. 1, § 241 Abs. 1 i.V.m. § 443 Abs. 1, und damit ein Schuldverhältnis.

2) Garantiefall

Der Garantiefall ist eingetreten, da während der Garantiezeit ein Mangel aufgetreten ist und H die Vermutung des § 443 Abs. 2 nicht widerlegt hat.

3) Weitere Voraussetzungen für Schadensersatz statt der Leistung, §§ 280, 281

a) Fristsetzung i.S.v. § 281 Abs. 1

K hat dem H eine Frist zu der laut Garantievertrag von H geschuldeten Reparatur/Ersatzlieferung gesetzt. Diese Frist ist erfolglos verstrichen.

b) Verschulden des H

Ein Verschulden des H wird gemäß § 280 Abs. 1 i.V.m. § 281 Abs. 1 S. 1 vermutet. Ob aufgrund der abgegebenen Garantie ein Verschulden gemäß § 276 Abs. 1 S. 1, 2. Alt. stets anzunehmen ist und damit eine Exkulpation ausscheidet, ist problematisch. Bereits der Wortlaut des § 276 Abs. 1 S. 1 stellt klar, dass sich aus einer übernommenen Garantie eine schuldunabhängige Einstandspflicht ergeben kann, aber nicht muss. Da eine Garantie freiwillig abgegeben wird, ist die Folge einer quasi verschuldensunabhän-

Klausurtipp:
Falls im Garantievertrag keine Rechtsfolgen vereinbart sind, so sind diese durch Auslegung zu ermitteln. Unter Heranziehung des Rechtsgedankens aus § 437 wird dann in der Regel ein Anspruch auf Nachbesserung/Ersatzlieferung gewollt sein sowie hilfsweise ein Anspruch auf Erstattung des Minderbetrages bzw. des gesamten Kaufpreises. Bei Herstellergarantie scheiden Rücktritt vom Kaufvertrag und Minderung des Kaufpreises aus, da der Hersteller nicht Vertragspartei des Kaufvertrages ist

Klausurtipp:
In die Anspruchskette darf nicht § 437 aufgenommen werden, da es vorliegend nicht um die Nichterfüllung von Gewährleistungspflichten (des V) geht, sondern um die Nichterfüllung der Pflichten aus dem Garantievertrag durch H

gigen Haftung im Rahmen der Auslegung nur zurückhaltend anzunehmen.[51]

Eine Exkulpation des H liegt jedenfalls nicht vor.

II) **Rechtsfolge: Schadensersatz statt der Leistung**

K kann von H Schadensersatz statt der Leistung gemäß § 280 Abs. 1, Abs. 3 i.V.m. § 281 Abs. 1 verlangen, hier Ersatz der Kosten, die durch die anderweitig erforderlich gewordene Reparatur entstanden sind.

---

51 Palandt/Heinrichs § 276 Rdnr. 29.

> **Fall 27: Selbstständige Verkäufergarantie**
> K kauft bei V ein Wasserbett, welches von V mit einer „Zufriedenheitsgarantie" beworben wird. Hierin heißt es auszugsweise:
> *Wenn Sie mit unserem Produkt der Spitzenklasse nicht zufrieden sind, können Sie dieses ohne Risiko innerhalb eines Monats ab Kaufdatum zurückgeben und erhalten sofort Ihr Geld zurück."*
> Als K nach drei Wochen feststellt, dass er genauso gut wie vorher schläft, meint er, dafür lohne sich die erhebliche Geldausgabe nicht. Kann K von V Rückzahlung des Kaufpreises Zug um Zug gegen Rückgewähr des Wasserbettes verlangen? Muss er sich für den 3-wöchigen Gebrauch Nutzungsersatz anrechnen lassen?

A) K gegen V auf Rückzahlung des Kaufpreises Zug um Zug gegen Rückgewähr des Bettes aufgrund Gewährleistung aus § 437 Nr. 2, 1. Alt. i.V.m. § 323 Abs. 1 i.V.m. §§ 346, 348

I) **Anwendbarkeit**

Die kaufrechtliche Gewährleistung entfällt nicht etwa durch eine vom Verkäufer abgegebene Garantie, vgl. Wortlaut des § 443 Abs. 1, 2. Halbs. „unbeschadet der gesetzlichen Ansprüche".

II) **Voraussetzungen**

1) **Wirksamer Kaufvertrag, § 433**

K und V haben einen wirksamen Kaufvertrag über das Wasserbett geschlossen.

2) **Sachmangel, § 434 Abs. 1**

Dass dem Bett vertraglich ausdrücklich vereinbarte Qualitätsmerkmale i.S.v. § 434 Abs. 1 S. 1 fehlen, ist vorliegend nicht ersichtlich. Dass eine nach dem Vertrag vorausgesetzte Verwendungseignung i.S.v. § 434 Abs. 1 S. 2 Nr. 1 nicht vorhanden ist, lässt sich ebenso nicht erkennen. Des Weiteren ist auch nicht ersichtlich, dass die gewöhnliche Verwendungstauglichkeit i.S.v. § 434 Abs. 1 S. 2 Nr. 2 nicht vorhanden ist.

Fraglich ist, ob für den vorliegenden Verbrauchsgüterkauf die Vermutung des § 476 weiterhilft. Jedoch enthält § 476 nur eine zeitliche Vermutung („bereits bei Gefahrübergang"), hingegen muss der Sachmangel objektiv feststehen, wie sich aus § 476, 1. Halbs. ergibt („Zeigt sich .... ein Sachmangel").[52] Somit verbleibt es dabei, dass hier kein Sachmangel erkennbar ist; K meint auch nur, dass sich die Geldausgabe nicht gelohnt habe.

Damit scheiden kaufrechtliche Gewährleistungsansprüche des K gegen V aus.

B) K gegen V auf Rückzahlung des Kaufpreises Zug um Zug gegen Rückgewähr des Bettes aus selbstständigem Garantievertrag, § 311 Abs. 1, § 241 Abs. 1.

⇨ s. Aufbauschema 7

Klausurtipp:
Sofern beide Ansprüche gefragt sind, hängt es von Zweckmäßigkeitserwägungen ab, ob erst Gewährleistung und dann Garantie oder umgekehrt geprüft wird.
Lässt sich ein Institut schnell ablehnen, so kann dies zuerst geprüft werden. Hierdurch bleibt die Lösung auch „spannender"

---

[52] BGH NJW 2004, 2269; Palandt/Putzo § 476 Rdnr. 5; im Detail umstritten, dazu noch später in Fall 33.

I) **Voraussetzungen**

1) **Selbstständiger Garantievertrag**

Fraglich ist, ob zwischen K und V ein selbstständiger Garantievertrag geschlossen wurde. Während die unselbstständige Garantie lediglich die kaufrechtlichen Gewährleistungsrechte aus § 437 zugunsten des Käufers modifiziert, also eine bloße Erweiterung der gesetzlichen Gewährleistungsrechte schafft, wird bei der selbstständigen Garantie ein eigenständiger Vertrag geschlossen, der autonome Rechte außerhalb der kaufrechtlichen Gewährleistung schaffen soll.

a) **Abgrenzung selbstständige – unselbstständige Garantie**

Ggf. ist durch Auslegung zu ermitteln, was von den Vertragsparteien gewollt ist. Einzelheiten hierzu sind umstritten.[53] Hierbei ist Folgendes zu berücksichtigen: Ist der Garantierende – wie hier – der Verkäufer selbst, so wird ein neuer, selbstständiger Garantievertrag nur ausnahmsweise gewollt sein. Vielmehr genügt es, wenn i.S.e. unselbstständigen Garantie die Gewährleistungsrechte des Käufers aus §§ 437 ff. verbessert werden. Bezieht sich die Garantie allerdings auf Umstände, die über die Mängelfreiheit hinausgehen, indem neben der vertragsgemäßen Erfüllung ein zusätzlicher Erfolg garantiert wird („sog. übererfüllungsmäßiger Erfolg"), so handelt es sich um eine selbstständige Verkäufergarantie.

b) **Zufriedenheitsgarantie als selbstständige Garantie**

Hier wurde eine sog. Zufriedenheitsgarantie erteilt. Ob ein Käufer mit dem Produkt zufrieden ist, ist eine Frage der subjektiven Einschätzung und geht damit über die Mangelfreiheit der Kaufsache hinaus. Somit wurde hier ein übererfüllungsmäßiger Erfolg garantiert.

c) **Abgrenzung zur bloßen Werbeanpreisung**

Allerdings würde der Rechtsbindungswille fehlen, wenn es sich um reine Werbeanpreisungen handelt. Wie jedoch § 443 Abs. 1 „einschlägige Werbung" klarstellt, kann auch auf die in der Werbung angegebenen Erklärungen abgestellt werden. Entscheidend ist nur, dass der Wille, sich rechtsgeschäftlich zu binden, erkennbar wird. Nicht genügend hingegen sind bloße Beschreibungen oder Anpreisungen.[54] Vorliegend handelt es sich bei der Angabe „Spitzenprodukt" um eine bloße Anpreisung bzw. allgemeine Qualitätseinstufung, die für eine Garantie nicht reicht. Andererseits wird im Rahmen der Zufriedenheitsgarantie vorbehaltlos die Rückgewähr des Kaufpreises versprochen, sodass hieraus für den verständigen Empfänger eine echte selbstständige Garantieerklärung hervorgeht.

Klausurtipp:
§ 443 Abs. 1 erwähnt nur die Haltbarkeits- und Beschaffenheitsgarantie. Da somit die Zufriedenheitsgarantie nicht genannt ist, ist es konsequent, § 443 weder in der Anspruchskette noch in die Falllösung aufzunehmen

d) **Form**

Zwar sieht § 477 für die Garantie i.S.v. § 443 gegenüber dem privaten Verbraucher bestimmte Formalien vor. Wie jedoch § 477 Abs. 3 klarstellt, handelt es sich hierbei um bloße Ordnungsvorschriften, die die Wirksamkeit der Garantie nicht berühren. Im Übrigen ist auch die „Zufriedenheitsgarantie" bei § 443 nicht erwähnt.

---

53 Palandt/Putzo § 443 Rdnr. 3 f.
54 Palandt/Putzo § 443 Rdnr. 19.

Somit liegt ein wirksamer selbstständiger Garantievertrag zwischen V und K vor.

2) Garantiefall

Anders als bei Haltbarkeits- oder echten Beschaffenheitsgarantien i.S.v. § 443 Abs. 1 wird im vorliegenden Garantievertrag nicht an das Bestehen eines Mangels angeknüpft. Vielmehr stellt die Zufriedenheitsgarantie lediglich auf die subjektive Einschätzung des Käufers ab. Dieser muss naturgemäß seine Unzufriedenheit nicht nachweisen, wie sich aus dem Wortlaut der Garantie „ohne weiteres" ergibt. Somit liegt der Garantiefall vor.

3) Weitere Voraussetzungen

Da die Garantie freiwillig abgegeben wird, kann sie an weitere Bedingungen geknüpft werden. Vorliegend wurde im Garantievertrag die Zufriedenheitsgarantie auf den Zeitraum von 1 Monat ab Kaufdatum begrenzt. Die Frist ist hier noch nicht abgelaufen.

II) Rechtsfolge:

Dem Kunden stehen die in dem Garantievertrag bzw. der einschlägigen Werbung angegebenen Rechte zu.

Klausurtipp:
Die Garantiefrist, welche darüber entscheidet, ob der Fall von der Garantie umfasst ist, darf nicht verwechselt werden mit der Frage der Verjährung, d.h. wie lange nunmehr der Kunde Zeit hat, aus der eingetretenen Garantie vorzugehen

1) Rückgewähr

Nach dem Garantievertrag kann K von V Rückgewähr des Kaufpreises Zug um Zug gegen Rückgewähr des Bettes verlangen.

2) Nutzungsersatz

Ausdrücklich ist in dem Garantievertrag kein Nutzungsersatz vereinbart. Fraglich ist, ob ein solcher konkludent vereinbart wurde. Dies ist durch Auslegung zu ermitteln. Bei einer Verkäufergarantie kommen im Rahmen der Auslegung ergänzend die Rechte aus der kaufrechtlichen Gewährleistung entsprechend § 437 in Betracht.[55] Allerdings ist jeweils der Sinn und Zweck der selbstständigen Garantie zu berücksichtigen. Vorliegend handelt es sich um eine Zufriedenheitsgarantie, die dem Käufer das Risiko eines Ankaufs nehmen soll. Dies bedingt umgekehrt, dass bei Unzufriedenheit, also in einer Situation, in der für den Käufer zumindest subjektiv kein Nutzwert vorhanden ist, kein Nutzungsersatz geschuldet sein soll. Andernfalls würde die Entscheidung des Käufers doch wieder mit einem Risiko belastet. Wollte der Verkäufer bei dieser für ihn immerhin verkaufsfördernden Maßnahme anschließend doch Nutzungsersatz verlangen, so müsste er dies in der Garantie hinreichend deutlich machen.

Somit schuldet K keinerlei Nutzungsersatz.

---

55 Palandt/Putzo § 443 Rdnr. 22.

Aufbauschema 8: Unselbstständiger Garantievertrag

Anspruch aus kaufrechtlicher Gewährleistung, § 437 i.V.m. unselbstständiger Garantie, § 443 Abs. 1

Beachte: Wenn der Käufer keinen „übererfüllungsmäßigen Erfolg" verspricht, sondern nur die Gewährleistungsrechte des Käufers verbessern will, liegt keine selbstständige (s. Aufbauschema 7), sondern eine unselbstständige Garantie vor.

Beschaffenheitsgarantie

I. **Anspruch entstanden**
 1. **Wirksamer Kaufvertrag, § 433**
 2. **Bestehen eines Sachmangels, § 434**, auf den sich auf die Beschaffenheitsgarantie bezieht
 3. **Im Zeitpunkt des Gefahrübergangs,** § 434 Abs. 1 i.V.m. §§ 446, 447
 4. **Weitere Voraussetzungen je nach Inhalt** der Beschaffenheitsgarantie

II. **Kein Untergang**, z.B. durch Erfüllung der Rechte, § 362

III. **Durchsetzbarkeit**
 Verjährung ist streitig
 1. **Verjährungfrist**
    ▶ 1. Meinung: §§ 195, 199
    ▶ 2. Meinung: § 438
 2. **Verjährungsbeginn**
    ▶ 1. Meinung: Mangelentdeckung
    ▶ 2. Meinung: Ablieferung, § 438 Abs. 2, aber Modifizierung des § 438 Abs. 2

IV. **Rechtsfolgen**
 1. Gesetzliche Gewährleistungsrechte aus § 437
 2. Bei Schadensersatzanspruch aus § 437 Nr. 3 ist Exkulpation des Verkäufers nicht möglich, da Beschaffenheitsgarantie Garantie i.S.v. § 276 Abs. 1 S. 1 ist
 3. Erheblichkeit i.S.v. § 281 Abs. 1 S. 3 bzw. § 323 Abs. 5 S. 2 wird vermutet
 4. Etwaiger Haftungsausschluss ist gem. § 444 nicht wirksam, wenn er im Widerspruch zur Garantie steht

Haltbarkeitsgarantie

I. **Anspruch entstanden**
 1. **Wirksamer Kaufvertrag, § 433**
 2. **Bestehen eines Sachmangels,** auf den sich die Haltbarkeitsgarantie bezieht
 3. **Dieser Sachmangel tritt innerhalb der Garantiezeit auf**
 4. **Weitere Voraussetzungen je nach Inhalt** der Haltbarkeitsgarantie

II. **Kein Untergang**, z.B. durch Erfüllung der Rechte, § 362

III. **Durchsetzbarkeit**
 Verjährung ist streitig
 1. **Verjährungfrist**
    ▶ 1. Meinung: §§ 195, 199
    ▶ 2. Meinung: § 438
 2. **Verjährungsbeginn**
    ▶ 1. Meinung: ab Mangelentdeckung, § 438 Abs. 2 modifiziert
    ▶ 2. Meinung: Ablieferung, § 438 Abs. 2, aber Verlängerung, wenn Garantiefrist > Verjährungsfrist

IV. **Rechtsfolgen**
 1. Gesetzliche Gewährleistungsrechte aus § 437 (ggf. verbessert Haltbarkeitsgarantie aber nicht alle Rechte)
 2. Bei Schadensersatzanspruch ist Exkulpation i.d.R. möglich, da Haltbarkeitsgarantie nicht zwingend Garantie i.S.v. § 276 Abs. 1 S. 1 ist (str.)
 3. Etwaiger Haftungsausschluss ist wirksam, da § 444 nur für Beschaffenheitsgarantie gilt

Fall 28: Unselbstständige Garantie – Beschaffenheitsgarantie

Teppichhändler K interessiert sich für einen vom Teppichhändler V als angeblich absolut echt angepriesenen Perserteppich. V räumt letzte Zweifel des K dadurch aus, dass er ein sog. Echtheitszertifikat vorlegt. Hierin heißt es auszugsweise:

„ ... sichern wir die Echtheit ... zu. ...."

K kauft daraufhin von V den Teppich für 100.000 €. Kurz darauf stellt sich heraus, dass der Teppich nicht echt ist. K verlangt von V Schadensersatz statt der Leistung. V entgegnet, er habe die fehlende Echtheit nicht erkennen können, sondern sei vielmehr von seinem eigenen Verkäufer mit einer Expertise hinters Licht geführt worden. V verweigert daher jegliche Schadensersatzzahlung. Zu Recht?

Abwandlung:

Ändert sich etwas, wenn V im Kaufvertrag mit K einen Gewährleistungsausschluss vereinbart hat?

A) K gegen V auf Schadensersatz statt der Leistung aus § 311 a Abs. 2

I) Anwendbarkeit des § 311 a Abs. 2

Kann der Garantiegeber die in dem selbstständigen Garantievertrag eingegangenen Verpflichtungen nicht erfüllen, so stehen dem Kunden, auch wenn keine Schadensersatzpflicht im Garantievertrag vereinbart ist, die allgemeinen gesetzlichen Schadensersatzansprüche aus dem Schuldrecht zu. Da hier die Echtheit des Teppichs von Anfang an nicht vorlag und auch nicht mehr nachträglich hergestellt werden kann, richtet sich der Schadensersatzanspruch wegen anfänglicher Unmöglichkeit nach § 311 a Abs. 2.

Klausurtipp:
Da für den Garantievertrag keine Sondervorschriften bestehen, ist bei Leistungsstörungen über Schuldrecht AT zu lösen, falls der Garantievertrag hierzu keine eigenen Regelungen enthält

II) Voraussetzungen

Erforderlich ist zunächst ein Schuldverhältnis. Dies könnte in einer selbstständigen Garantie bestehen.

Fraglich ist, ob überhaupt ein selbstständiger Garantievertrag zwischen K und V geschlossen wurde.

1) Garantie

Vorliegend ist ausdrücklich keine Garantie vereinbart worden. Jedoch ist im Rahmen der Auslegung gemäß §§ 133, 157 von einer konkludenten Garantie auszugehen, wenn ähnliche Begriffe, wie z.B. „Zusicherung" oder „Echtheitszertifikat" verwendet werden.[56]

2) Selbstständige Garantie

Ebenfalls durch Auslegung ermittelt werden muss, ob eine selbstständige oder unselbstständige Garantie übernommen wurde. Hierbei ist zu berücksichtigen, dass die freiwillige Begründung neuer, separater Vertragspflichten vom Verkäufer nur ausnahmsweise gewollt sein wird. Auch ein verständiger Käufer kann nur davon ausgehen, dass ein Verkäufer grds.

---

56 Palandt/Putzo § 443 Rdnr. 11.

lediglich die Rechte aus dem Kaufrecht verbessern will, i.S.e. unselbstständigen Garantie. Nur wenn sich die Garantie auf Umstände bezieht, die über die Mängelfreiheit hinausreichen, indem ein übererfüllungsmäßiger Erfolg versprochen wird, kann eine selbstständige Verkäufergarantie angenommen werden. Vorliegend wurde lediglich die Echtheit des Teppichs zugesichert. Damit sollte die Zusicherung lediglich die Beschaffenheitsvereinbarung i.S.v. § 434 Abs. 1 S. 1 verstärken und reicht somit nicht über den Mangelbegriff hinaus. Folglich liegt keine selbstständige Garantie vor.

Ein Schadensersatzanspruch K gegen V aus § 311 a Abs. 2 scheidet damit aus.

B) K gegen V auf Schadensersatz statt der Leistung aus kaufrechtlicher Gewährleistung, § 437 Nr. 3 i.V.m. § 311 a Abs. 2 i.V.m. unselbstständiger Garantie, § 443 Abs. 1.

⇨ s. Aufbauschema 8

Sind in den Garantiebedingungen keine besonderen Rechtsfolgen geregelt, so richten sich gerade bei der unselbstständigen Garantie die Rechte des Käufers ohne weiteres nach § 437, hier § 437 Nr. 3 i.V.m. § 311 a Abs. 2.

I) **Voraussetzungen**

1) **Wirksamer Kaufvertrag, § 433**

K und V haben einen wirksamen Kaufvertrag über den Teppich geschlossen.

2) **Sachmangel, § 434 Abs. 1 S. 1**

Da die ausdrücklich vereinbarte Soll-Beschaffenheit, die Echtheit des Teppichs, von Anfang an nicht vorlag, ist ein Sachmangel im Zeitpunkt des Gefahrübergangs gegeben, § 434 Abs. 1 S. 1.

II) **Weitere Voraussetzungen für Schadensersatz, § 437 Nr. 3 i.V.m. § 311 a Abs. 2**

1) **Anfängliche Unmöglichkeit der Nacherfüllung**

Aufgrund der fehlenden Echtheit des Teppichs war Nachbesserung nicht möglich. Da nicht ersichtlich ist, dass der Verkäufer das Original nachliefern könnte, war auch die andere Art der Nacherfüllung für V von Anfang an unmöglich.

2) **Von V zu vertreten**

Das Verschulden des V wird gemäß § 311 a Abs. 2 S. 2 bis zur Exkulpation des V vermutet.

Hier macht V geltend, er habe die fehlende Echtheit nicht erkennen können, da er selbst aufgrund einer ihm vorgelegten Expertise getäuscht worden sei. Fraglich ist, ob V sich als Fachhändler hierdurch exkulpieren kann. Die Frage kann dahinstehen, wenn V ohnehin haftet.

3) **Verschuldensunabhängige Haftung aufgrund unselbstständiger Garantie, § 276 Abs. 1 S. 1**

Bei der Beschaffenheitsgarantie steht der Verkäufer für eine bestimmte Beschaffenheit der Sache im Zeitpunkt des Gefahrübergangs ein. Welche Rechte dem Käufer hieraus zustehen sollen, wird in § 443 Abs. 1, 1. Alt. nicht näher geregelt.

Jedoch soll eine unselbstständige Garantie die Gewährleistungsrechte des Käufers verbessern. Anders als bei bloßer Vereinbarung einer Soll-Beschaffenheit, die dann einen Sachmangel nach § 434 Abs. 1 S. 1 begründet, besteht der Sinn einer unselbstständigen Garantie (Zusicherung) darin, dass der Verkäufer verschuldensunabhängig für das Vorhandensein bestimmter Beschaffenheitsmerkmale einstehen will.[57] Daher bestimmt § 276 Abs. 1 S. 1, 2. Halbs., dass der Verkäufer bei Übernahme eines Beschaffungsrisikos oder einer Beschaffenheitsgarantie verschuldensunabhängig haftet. Da V den Umfang dieser verschuldensunabhängigen Schadensersatzhaftung auch nicht in seinen Garantiebedingungen eingeschränkt hat, was aufgrund der Vertragsfreiheit möglich wäre, haftet V somit dem K auf Schadensersatz statt der Leistung aus § 437 Nr. 3 i.V.m. § 311 a Abs. 2.

Klausurtipp:
Hier zeigt sich die „Verbesserung", die eine unselbstständige Garantie für die kaufrechtliche Gewährleistung schafft: Der Verkäufer haftet verschuldensunabhängig auf Schadensersatz!

Abwandlung:

K gegen V auf Schadensersatz statt der Leistung aus § 437 Nr. 3 i.V.m. § 311 a Abs. 2

I) **Voraussetzungen**

Die Voraussetzungen liegen, wie im Ausgangsfall, vor.

II) **Gewährleistungsausschluss**

Der im Kaufvertrag vereinbarte Gewährleistungsausschluss steht im Widerspruch zu der von V mit dem Echtheitszertifikat übernommenen unselbstständigen Beschaffenheitsgarantie. Da man nicht einerseits eine bestimmte Beschaffenheit garantieren und andererseits gleich wieder die Haftung ausschließen kann, bestimmt § 444, 2. Halbs., 2. Alt., dass der Gewährleistungsausschluss unwirksam ist.

Somit bleibt der Schadensersatzanspruch K gegen V aus § 437 Nr. 3 i.V.m. § 311 a Abs. 2 bestehen.

---

57 Palandt/Heinrichs § 276 Rdnr. 29.

> **Fall 29: Unselbstständige Verkäufergarantie – Haltbarkeitsgarantie**
>
> K, Betreiber einer Tennishalle, ärgert sich über die ständig steigenden Energiekosten. Er möchte daher bei V eine Solaranlage kaufen. Angesichts der erheblichen Investition und der Tatsache, dass es zahlreiche Konkurrenzprodukte gibt, vereinbart V mit K eine Garantie von 10 Jahren. Des Weiteren wird zwischen V und K vereinbart, dass die Garantie nur gelten soll, wenn K auftretende Mängel innerhalb von 5 Tagen bei V schriftlich anzeigt und keine Eingriffe in die Anlage vornimmt. Als nach 1 1/2 Jahren ein Großteil der Solarmodule ausfällt, versucht K, die genaue Fehlerquelle zu eruieren, schraubt hierzu einige Teile auf und nimmt Module auseinander, findet aber die Fehlerquelle nicht. Weil ohnehin in der Tennishalle nicht viel los ist und K seinen zahlreichen weiteren Beschäftigungen nachgeht, gerät die Angelegenheit zunächst bei ihm in Vergessenheit. Erst nach 2 Wochen zeigt er den Mangel bei V an. V verweigert jegliche Nachbesserung, weil schon kein Mangel vorliege. Die Anlage sei im Zeitpunkt der Auslieferung in Ordnung gewesen. Im Übrigen habe K den Mangel nicht rechtzeitig angezeigt und auch entgegen der Garantievereinbarung Eingriffe in Teile der Anlage vorgenommen. Der verärgerte K verlangt nunmehr von V Schadensersatz statt der Leistung. Zu Recht?
>
> **Abwandlung:**
>
> Angenommen, K hat keine Eingriffe in die Anlage vorgenommen und unverzüglich den Fehler bei V angezeigt. K verlangt von V nach erfolgloser Fristsetzung zur Mängelbeseitigung Schadensersatz statt der Leistung. V fragt seinen Anwalt, ob es Sinn macht, zu versuchen, sich zu exkulpieren, oder ob er nun verschuldensunabhängig hafte?

A) K gegen V auf Schadensersatz statt der Leistung aus § 280 Abs. 1, Abs. 3 i.V.m. § 281 Abs. 1, Abs. 2

⇨ s. Aufbauschema 8

I) **Anwendbarkeit**

Erfüllt der Verkäufer die in einem selbstständigen Garantievertrag übernommenen Verpflichtungen nicht, so richten sich die Schadensersatzansprüche nach den allgemeinen schuldrechtlichen Ansprüchen, sodass hier Schadensersatz gemäß § 280 Abs. 1, Abs. 3 i.V.m. § 281 Abs. 1, Abs. 2, 1. Alt. in Betracht kommt.

II) **Voraussetzungen**

Als Schuldverhältnis liegt hier möglicherweise ein selbstständiger Garantievertrag zugrunde.

Fraglich ist jedoch, ob V eine selbstständige Garantie übernommen hat. Sofern der Verkäufer selbst der Garantierende ist, wird grds. keine selbstständige Garantie anzunehmen sein, weil ein Verkäufer nur die Rechte des Käufers aus dem Gewährleistungsrecht i.S.e. unselbstständigen Garantie verbessern will. Nur wenn sich die Garantie auf Umstände bezieht, die über die Mängelfreiheit hinausgehen, also ein sog. übererfüllungsmäßiger Erfolg versprochen wird, ist eine selbstständige Verkäufergarantie anzunehmen (s. Fall 28).

Vorliegend bezieht sich die von V abgegebene Garantie nach wie vor auf die Mängelfreiheit, sodass kein zusätzlicher Erfolg versprochen wird. Es sollen lediglich die Gewährleistungsrechte des Käufers in zeitlicher Hinsicht verbessert werden. Die hier vorliegende Haltbarkeitsgarantie stellt damit keine selbstständige Garantie dar.[58]

Mangels selbstständigen Garantievertrages scheidet daher ein Schadensersatzanspruch K gegen V aus § 280 Abs. 1, Abs. 3 i.V.m. § 281 aus.

B) K gegen V auf Schadensersatz statt der Leistung aufgrund kaufrechtlicher Gewährleistung, § 437 Nr. 3 i.V.m. § 280 Abs. 1, Abs. 3 i.V.m. § 281, ggf. i.V.m. unselbstständiger Garantie, § 443 Abs. 1.

I) **Voraussetzungen**

1) **Wirksamer Kaufvertrag, § 433**

K und V haben einen wirksamen Kaufvertrag über die Solaranlage geschlossen.

2) **Sachmangel, § 434 Abs. 1**

a) **Wortlaut, § 434 Abs. 1**

Gemäß § 434 Abs. 1 muss der Käufer beweisen, dass ein Sachmangel bereits im Zeitpunkt des Gefahrübergangs, also gemäß § 446 zum Zeitpunkt der Übergabe, vorlag. Dies hat K nicht dargelegt, zumal V sich darauf beruft, dass die Anlage zunächst 1 1/2 Jahre funktioniert habe.

b) **Vermutung**

aa) **§ 476 i.V.m. § 474**

Die Vermutung des § 476 gilt lediglich für einen Verbrauchsgüterkauf i.S.v. § 474 und auch nur innerhalb der ersten 6 Monate, ist hier also nicht einschlägig.

bb) **§ 443 Abs. 2**

Gemäß § 443 Abs. 2 wird vermutet, dass ein während der Geltungsdauer der Haltbarkeitsgarantie auftretender Sachmangel die Rechte aus der Garantie begründet.

Bei der von V übernommenen Garantie handelt es sich um eine unselbstständige Haltbarkeitsgarantie. Da der Mangel während der 10-jährigen Garantiezeit aufgetreten ist, greift somit die Vermutung des § 443 Abs. 2.

(1) **Anwendbarkeit auf Gewährleistungsrechte**

Da § 443 Abs. 2 anordnet, dass die „Rechte aus der Garantie" begründet werden, könnte man der Meinung sein, dass diese Vorschrift nur für die selbstständige Garantie gilt, während vorliegend Ansprüche aus Gewährleistungsrecht geprüft werden. Da jedoch die unselbstständige Garantie die Gewährleistungsrechte verbessert und auch der Wortlaut des § 443

Klausurtipp:
Bei der bloß unselbstständigen Garantie, die ja nur die Gewährleistungsrechte verbessern soll, kann bereits im Obersatz darauf Bezug genommen werden. In der nachfolgenden Prüfung der Gewährleistungsrechte kann dann die unselbstständige Garantie an passender Stelle eingebaut werden.

Auswirkungen der Garantie:
- Zeitpunkt des Mangels (Haltbarkeitsgarantie)
- Gewährleistungsausschluss bei Beschaffenheitsgarantie unwirksam, § 444, 2. Alt.
- Verschulden bei Schadensersatz, § 437 Nr. 3, ggf. gemäß § 276 Abs. 1 S. 1, 2. Halbs. zu vermuten bei Beschaffenheitsgarantie
- Verjährung, § 438 – jedenfalls zu modifizieren, wenn Haltbarkeitsgarantiefrist länger als die Frist des § 438 (str.)

---

58 Palandt/Putzo § 443 Rdnr. 4.

Abs. 2 nicht zwischen selbstständiger und unselbstständiger Garantie differenziert, gilt die Vorschrift für beide Spielarten der Garantie.[59]

(2) **Bedingungen der Haltbarkeitsgarantie**

Allerdings hatte V mit K in der unselbstständigen Garantie vereinbart, dass K den Mangel innerhalb von 5 Tagen anzeigt und keine Eingriffe in die Anlage selbst vornimmt. Da eine unselbstständige Garantie vom Verkäufer freiwillig abgegeben wird und hierdurch die gesetzlichen Gewährleistungsrechte nicht verschlechtert werden, können die Vertragsparteien aufgrund der Privatautonomie die Voraussetzungen des Garantiefalles frei definieren und damit auch zusätzliche, einschränkende Voraussetzungen wie Mängelanzeige etc. bestimmen. Dies folgt bereits aus dem Wortlaut des § 443 Abs. 1 S. 1 („zu den in der Garantieerklärung ... angegebenen Bedingungen"). Da K hiergegen verstoßen hat, greift die unselbstständige Garantie nicht.

c) **Nachweis des ursprünglichen Mangels**

Somit verbleibt K allenfalls die Möglichkeit, aufgrund eines Sachverständigengutachtens nachzuweisen, dass die Solarmodule von Anfang an, d.h. im Zeitpunkt des Gefahrübergangs i.S.v. § 434 Abs. 1, mangelhaft waren (Material- oder Konstruktionsfehler). In diesem Fall würden ihm – unabhängig von der unselbstständigen Garantie – die gesetzlichen Gewährleistungsrechte zustehen.

II) **Ausschluss der Gewährleistung gemäß § 377 Abs. 2 HGB**

Jedoch wäre dann zu berücksichtigen, dass hier ein Handelskauf i.S.v. §§ 343, 344 HGB vorliegt. Da K den Mangel nicht unverzüglich gemäß § 377 Abs. 1 HGB gerügt hat, wären Gewährleistungsrechte ohnehin gemäß § 377 Abs. 2 HGB ausgeschlossen.

K hat damit keine Gewährleistungsansprüche gegen V, sodass ein Schadensersatzanspruch gemäß § 437 Nr. 3 i.V.m. §§ 280, 281 ausscheidet.

Abwandlung:

K gegen V auf Schadensersatz statt der Leistung aus § 437 Nr. 3 i.V.m. § 280 Abs. 1, Abs. 3 i.V.m. § 281 Abs. 1

I) **Voraussetzungen**

1) **Wirksamer Kaufvertrag, § 433**

2) **Sachmangel zum Zeitpunkt des Gefahrübergangs, §§ 434, 446 oder Mangel innerhalb der Garantiezeit, § 443 Abs. 2**

Da der Mangel innerhalb der 10-jährigen Garantiezeit aufgetreten und K die Bedingungen der Haltbarkeitsgarantie (Mängelanzeige und kein Eingriff in die Anlage) erfüllt hat, liegen deren Voraussetzungen vor.

3) **Weitere Voraussetzungen für Schadensersatz, § 437 Nr. 3 i.V.m. § 280 Abs. 1, Abs. 3 i.V.m. § 281 Abs. 1**

a) **Fristsetzung zur Nacherfüllung, § 281 Abs. 1, 2. Alt.**

K hat dem V erfolglos eine Frist zur Nacherfüllung gesetzt.

---

[59] Str., Palandt/Putzo § 443 Rdnr. 4 f.

b) Verschulden des V, § 280 Abs. 1

Grds. wird das Verschulden des V bis zu dessen Exkulpation gemäß § 280 Abs. 1 S. 2 vermutet. Somit käme es darauf an, ob V sich exkulpiert.

c) Verschuldensunabhängige Haftung, § 276 Abs. 1 S. 1, 2. Halbs.

Fraglich ist, ob die hier vorliegende Haltbarkeitsgarantie ebenso wie eine Beschaffenheitsgarantie die verschuldensunabhängige Schadensersatzhaftung aus § 276 Abs. 1 S. 1 auslöst. Die Frage ist umstritten.

aa) Jede Garantieerklärung erfasst

Teilweise[60] wird davon ausgegangen, dass jede Garantieerklärung eine verschuldensunabhängige Schadensersatzhaftung auslöst. Demnach wäre hier eine Exkulpation des V nicht möglich.

bb) Grundsätzlich nur Beschaffenheitsgarantie erfasst

Nach der Gegenauffassung[61] bezieht sich die verschuldensunabhängige Garantiehaftung in § 276 Abs. 1 S. 1 in erster Linie auf die Beschaffenheitsgarantie, weil hier der Verkäufer zusichere, dass er für den Bestand der Beschaffenheit und alle Folgen ihres Fehlens verschuldensunabhängig einstehen wolle. Hingegen modifiziere die Haltbarkeitsgarantie lediglich den Zeitraum der Mängelhaftung im Verhältnis zu dem punktuellen Gewährleistungsrecht des § 434 (Gefahrübergang). Demnach wäre hier grds. für V eine Exkulpation noch möglich.

cc) Stellungnahme:

Richtigerweise ist die Frage der Garantiehaftung durch Auslegung zu ermitteln: Wird im Garantievertrag lediglich pauschal eine Haltbarkeitsdauer angegeben, so wird ein Verkäufer erkennbar nur eine zeitliche Verbesserung im Verhältnis zur punktuellen gesetzlichen Gewährleistung vornehmen wollen. Dafür, dass er so großzügig sein wollte, darüber hinaus auch noch verschuldensunabhängig zu haften, bestehen dann keine Anhaltspunkte. Anders verhält es sich nur, wenn zumindest die Schadensersatzhaftung als solche im Garantievertrag zumindest in Bezug genommen wird, was hier nicht der Fall war.

II) Somit ergibt sich hier keine verschuldensunabhängige Garantiehaftung. V kann sich daher gemäß § 280 Abs. 1 S. 2 exkulpieren.

---

[60] Palandt/Putzo § 443 Rdnr. 9.
[61] Bamberger/Roth/Faust § 443 Rdnr. 30.

Aufbauschema 9: Abweichen vom Aufbauschema 1 bei Verbrauchsgüterkauf

I. Gewährleistungsrecht entstanden

1. **Wirksamer Verbrauchsgüterkauf, § 433 i.V.m. § 474**

   Einigung zwischen einem **Unternehmer (§ 14)** auf Verkäuferseite und einem **Verbraucher (§ 13)** auf Käuferseite über den Kauf einer **beweglichen Sache** (neu oder gebraucht).

2. **Sachmangel bei Gefahrübergang, § 434 Abs. 1**
   - Beim Sachmangel wird gemäß § 476 **vermutet**, dass die Sache bereits bei Gefahrübergang mangelhaft war, wenn sich innerhalb von 6 Monaten seit Gefahrübergang ein Sachmangel zeigt
   - Streitig, ob auch vermutet wird, dass ein unstreitig erst nach Gefahrübergang eintretender Defekt auf einen Sachmangel zurückzuführen ist, wenn Verkäufer unsachgemäßen Gebrauch behauptet
   - Gesetzliche Annahme des § 476: Keine Vermutung, falls unvereinbar
     - mit Art der Sache (z.B. Frischeprodukte)
     - mit Art des Mangels (z.B. Schäden, die jederzeit auftreten können)

3. **Weitere Voraussetzungen je nach Gewährleistungsrecht i.S.v. § 437**
   - Keine Abweichungen

4. **Kein Ausschluss der Gewährleistung**
   - **Gem. § 475 Abs. 1 S. 1:** Vor Mitteilung des Mangels kann Gewährleistungsausschluss nicht wirksam vereinbart werden
   - **Gem. § 475 Abs. 1 S. 2:** Gilt auch bei Umgehungsgeschäft!
   - **Gem. § 475 Abs. 3:** Ausschluss von Schadensersatzansprüchen i.S.v. § 437 Nr. 3 möglich; aber vorbehaltlich der §§ 307 ff. ⇨ es verbleibt bei AGB-Kontrolle (insbes. § 309 Nr. 7 und Nr. 8 b!)

II. Kein Untergang
   - Keine Besonderheiten

III. Durchsetzbarkeit

1. **Grds.** verbleibt es bzgl. Verjährung/Verfristung bei § 438
2. **Abbedingen des § 438:**
   - **Gem. § 475 Abs. 2:** bei Gebrauchtsachen Verkürzung auf 1 Jahr möglich
   - **Gem. § 475 Abs. 3:** Verkürzung möglich; bei AGB § 309 Nr. 8 b ff. zu beachten!

9. Teil: Verbrauchsgüterkauf/Unternehmerregress

Fall 30: Anwendungsbereich des Verbrauchsgüterkaufs

Die Zahnärztin Dr. K hat beim Autohändler V einen neuen Porsche bestellt. Die K hat mit V ausgehandelt, dass dieser sich um die Zulassung und das Wunschkennzeichen der K kümmert und anschließend das Fahrzeug zur Zahnarztpraxis verbringt. Auf dem Weg zu K wird das Fahrzeug durch einen Unfall zerstört, ohne dass den V ein Verschulden trifft. K und V fragen sich besorgt, wer hierfür das Risiko trägt. K wollte, wie bisher, das Fahrzeug zwar steuerlich absetzen, jedoch überwiegend privat nutzen.

Abwandlung:

K hat ihren bisherigen Porsche, den sie überwiegend geschäftlich genutzt hat, nach 5 Jahren steuerlich abgeschrieben. Deswegen veräußert sie den Pkw mit dem km-Stand von 140.000 an ihre Schwester S „unter Ausschluss jeglicher Gewährleistung". Als die S nach 8 Monaten wegen einer defekten Zylinderkopfdichtung mit dem Porsche stehen bleibt, ruft sie per Handy K an und verlangt sofortige Rücknahme des Fahrzeugs. K verweist darauf, dass sie die Gewährleistung ausgeschlossen und von dem Mangel nichts gewusst habe.

Fraglich ist, ob K das Risiko des Unfallschadens trägt.

I) Gefahrübergang gemäß § 446

Gemäß § 446 trägt der Käufer das Risiko erst ab Übergabe der Kaufsache. Danach wäre die Beschädigung im Vorfeld der Übergabe an K von V zu tragen.

II) Gefahrübergang bei Versendungskauf, § 447

Beim Versendungskauf geht das Risiko auf den Käufer bereits über, sobald der Verkäufer die Sache der Transportperson ausgehändigt hat. Die Vorschrift gilt nur bei Schickschuld, nicht dagegen bei Bringschuld, bei der naturgemäß der Bringende das Risiko tragen soll. Jedoch ist gemäß § 269 Abs. 3 im Zweifel eine Schickschuld selbst dann nicht anzunehmen, wenn der Verkäufer die Kosten des Transports übernimmt. Nimmt man hier eine Schickschuld an, so stellt sich die streitige Frage, ob § 447 nur anwendbar ist, wenn der Verkäufer die Versendung durch Drittpersonen ausführen lässt, hingegen nicht, wenn er die Versendung selbst ausführt, weil sie dann in seiner eigenen Sphäre liegt.[62]

Der Streit kann jedoch dahinstehen, wenn vorliegend § 474 Abs. 2 greift.

III) Unanwendbarkeit des § 447 bei Verbrauchsgüterkauf, § 474 Abs. 2

Hiernach findet auf den Verbrauchsgüterkauf die Gefahrtragungsregel des § 447 keine Anwendung. Fraglich ist somit, ob ein Verbrauchsgüterkauf zwischen V und K vorliegt.

---

[62] Palandt/Putzo § 447 Rdnr. 4; s. auch AS-Skript Grundlagen Fälle SchuldR AT, 1. Aufl. 2007, Fall 14.

⇨ s. Aufbauschema 3

1) Unternehmereigenschaft des V, § 14

V ist als Pkw-Händler unzweifelhaft Unternehmer i.S.v. § 14 Abs. 1, 1. Alt.

2) Verbrauchereigenschaft der K, § 13

Gemäß § 13 ist Verbraucher jede natürliche Person, die ein Rechtsgeschäft zu einem Zweck abschließt, der weder ihrer gewerblichen noch ihrer selbstständigen beruflichen Tätigkeit zugerechnet werden kann. Dies erscheint hier zweifelhaft, da K das Fahrzeug gemischt privat/gewerblich nutzen wollte. Die Behandlung solcher gemischten Nutzung, sog. „Dual-Use", ist streitig.

a) Mindermeinung

Teilweise[63] wird eine Verbrauchereigenschaft bei gemischter Nutzung abgelehnt, da § 13 lediglich den rein privaten Verbraucher erfassen wolle. Hiernach kann sich K nicht auf die Schutzvorschriften des Verbrauchsgüterkaufs berufen.

b) Herrschende Meinung

Nach h.M.[64] ist auf den Schwerpunkt der Nutzung abzustellen. Kann der Käufer nachweisen, dass der Schwerpunkt in der Privatnutzung liegt, so sind die Verbraucherschutzvorschriften anzuwenden. Da hier K den Pkw überwiegend privat nutzen wollte, sind die Voraussetzungen des § 13 und damit auch die des § 474 erfüllt.

c) Stellungnahme:

Für die h.M. spricht, dass die Verbraucherdefinition des § 13 als Gegenstück zur Unternehmerdefinition i.S.v. § 14 zu verstehen ist. § 14 stellt aber nicht allein auf die Tatsache ab, dass jemand generell Unternehmer ist, sondern macht die zusätzliche Einschränkung, dass dieser „bei Abschluss eines Rechtsgeschäfts" und dabei „in Ausübung ihrer gewerblichen oder selbstständigen beruflichen Tätigkeit handelt". Hierdurch ist klargestellt, dass Unternehmereigenschaft nur dann vorliegt, wenn bei dem konkreten Rechtsgeschäft und dann naturgemäß schwerpunktmäßig unternehmerische Tätigkeit entfaltet wird. Dies bedingt umgekehrt, dass bei hauptsächlich privatem Gebrauch die Verbrauchereigenschaft i.S.v. § 13 gegeben ist.

Da somit nach § 474 Abs. 2 die Gefahrtragungsregel des § 447 unanwendbar ist, trägt V das Risiko der Zerstörung des Pkw.

Abwandlung:

S gegen K auf Rückabwicklung aus § 437 Nr. 2, 1. Alt. i.V.m. § 323 Abs. 1, ggf. Abs. 2 i.V.m. §§ 346, 348

I) Wirksamer Kaufvertrag, § 433

K und S haben einen wirksamen Kaufvertrag über den gebrauchten Porsche geschlossen.

---

63 Jauernig § 13 Rdnr. 3.
64 Palandt § 13 Rdnr. 4.

II) Mangel, § 434 Abs. 1

Da eine ausdrückliche Vereinbarung über die Soll-Beschaffenheit der Zylinderkopfdichtung fehlt, scheidet ein Sachmangel i.S.v. § 434 Abs. 1 S. 1 aus. Fraglich ist, ob eine intakte Zylinderkopfdichtung als gewöhnliche Verwendungstauglichkeit i.S.v. § 434 Abs. 1 S. 2 Nr. 2 angesehen werden kann, da das Fahrzeug bereits 5 Jahre alt war. Ebenso stellt sich die Frage, ob der Mangel bereits bei Gefahrübergang i.S.v. § 434 Abs. 1, d.h. gemäß § 446 bei Übergabe an S vorlag, weil der Defekt erst nach 8 Monaten auftrat und deswegen die Vermutung des § 476 von vornherein, unabhängig von der Frage, ob hier überhaupt ein Verbrauchsgüterkauf vorliegt, nicht gilt. Demnach müsste S das Vorliegen des Mangels bei Gefahrübergang durch ein Sachverständigengutachten nachweisen. Diese Frage kann jedoch dahinstehen, wenn K die Gewährleistung ohnehin wirksam ausgeschlossen hat.

III) Wirksamer Gewährleistungsausschluss

1) Privatautonomie

Grds. ist aufgrund der Privatautonomie ein individual-vertraglicher Gewährleistungsausschluss, gerade für gebrauchte Sachen, möglich.

2) Unwirksamkeit gemäß § 475 Abs. 1

Anders verhält es sich beim Verbrauchsgüterkauf. Hierzu bestimmt § 475 Abs. 1 S. 1, dass jedenfalls vor Mitteilung eines Mangels an den Unternehmer eine Vereinbarung, die zum Nachteil des Verbrauchers von den Gewährleistungsrechten abweicht, nicht wirksam getroffen werden kann. Dies gilt mit Ausnahme modifizierender Verjährungsvereinbarungen i.S.v. § 475 Abs. 2 auch für gebrauchte Sachen.

a) Verbrauchsgüterkauf, § 474 Abs. 1

Fraglich ist somit, ob hier ein Verbrauchsgüterkauf i.S.v. § 474 Abs. 1 zwischen K und S vorliegt.

aa) Verbrauchereigenschaft der S, § 13

Hier hat S den Pkw zu privaten Zwecken als natürliche Person gekauft, sodass die Voraussetzungen des § 13 erfüllt sind.

bb) Unternehmereigenschaft der K, § 14 Abs. 1, 1. Mod.

Da K den Porsche überwiegend beruflich genutzt hat, schließt dies – anders als im Ausgangsfall – ihre Verbrauchereigenschaft aus. Fraglich ist jedoch, ob sie in ihrer nunmehrigen Eigenschaft als Verkäuferin hierdurch zugleich als Unternehmerin i.S.v. § 14 mit der Folge anzusehen ist, dass die verschärften Regelungen der §§ 474 ff. Anwendung finden. Schließlich ist K Zahnärztin und kein Kfz-Händler. Wie die Unternehmereigenschaft auf Verkäuferseite zu beurteilen ist, ist umstritten.

(1) Weiter Unternehmerbegriff

Nach einer Meinung[65] ist auch beim Verkauf nur auf den Schwerpunkt der früheren Nutzung des verkauften Gegenstandes abzustellen. Dann sei der Verkäufer als Unternehmer anzusehen, auch wenn der Verkauf des

Unternehmereigenschaft bei Gesellschaften:
- § 14 Abs. 1, 2. Mod. gilt für juristische Personen = alle Kapitalgesellschaften (GmbH, AG, KGaA, eG)
- § 14 Abs. 1, 3. Mod. gilt für rechtsfähige Personengesellschaften = Definition in § 14 Abs. 2 (OHG, KG, PartschaftschaftsG, GbR)

---

65 Bamberger/Roth/Schmitt-Räntsch § 14 Rdnr. 10.

Gegenstandes nicht zum Schwerpunkt seiner eigentlichen Tätigkeit gehöre. Hiernach ist K aufgrund der Nutzung des Porsche als Geschäftswagen als Unternehmerin zu behandeln, sodass der Gewährleistungsausschluss gemäß § 475 Abs. 1 S. 1 unwirksam ist.

(2) **Enger Unternehmerbegriff**

Nach der Gegenansicht[66] ergibt sich aus dem Wortlaut des § 14 Abs. 1, 2. Halbs., dass eine kausale Verknüpfung zwischen der unternehmerischen Tätigkeit als solcher und dem in Rede stehenden Geschäft vorliegen müsse. Diese setze voraus, dass nicht nur ein beruflich genutzter Gegenstand veräußert werde, sondern der Verkäufer besondere Sachkunde bezüglich der gewerblichen Veräußerung aufweise. Sofern der Verkäufer quasi als Laie weiterveräußere, sei eine Anwendung der §§ 14, 474 ff. unangemessen. Danach wäre die Zahnärztin K keine Unternehmerin, mithin ihr Gewährleistungsausschluss nicht nach § 475 Abs. 1 unwirksam.

(3) **Stellungnahme**

Aus Gründen der Rechtssicherheit sollte die Frage der Unternehmereigenschaft einheitlich, d.h. auf Käufer- wie auf Verkäuferseite beurteilt werden. Hier bildet, wie bereits im Ausgangsfall dargestellt, der Schwerpunkt der (früheren) Nutzung des Gegenstandes ein taugliches Kriterium. Hingegen kann nicht i.S.d. zweiten Meinung noch zusätzlich auf eine beruflich bedingte erhebliche Sachkunde des Verkäufers abgestellt werden. Denn zum einen wird im Rahmen der Zuordnung der Verbraucher- bzw. Unternehmereigenschaft generell nicht auf individuelle Schutzbedürftigkeit der Vertragsparteien abgestellt. So kann beispielsweise auch ein Käufer erhebliche Sachkunde besitzen (z.B. Kfz-Techniker kauft Motorrad zu privaten Zwecken) und wird trotzdem als Verbraucher i.s.v. § 13 behandelt. Umgekehrt kann es dann aber im Rahmen des § 14 ebenso wenig auf die Sachkunde des Verkäufers ankommen. Im Übrigen bleibt nach der zweiten Meinung auch unklar, worauf sich die besondere Sachkunde des Verkäufers beziehen müsste, auf die Veräußerung von Pkw oder reicht bereits die Sachkunde als Verkäufer? (z.B. Lebensmittelhändler veräußert seinen Geschäftswagen). Unklar bliebe nach der zweiten Meinung auch, inwiefern bei fehlender Sachkunde eine etwaig bestehende Rechtskunde zur Unternehmereigenschaft führt (z.B. Rechtsanwalt veräußert seinen Geschäftswagen). Deswegen ist im Interesse der Rechtssicherheit beim Verkauf allein der Schwerpunkt der früheren Nutzung der Sache für die Beurteilung der Unternehmereigenschaft des Verkäufers maßgeblich.

Daher ist K als Unternehmerin i.S.v. § 14 Abs. 1, 1. Mod. anzusehen.

b) Somit ist gemäß § 475 Abs. 1 der Gewährleistungsausschluss unwirksam.

3) Daher kommt es doch darauf an, ob es S gelingt, zu beweisen, dass der Mangel von Anfang an vorlag. Gelingt ihr der Nachweis, so kann sie nur Rückabwicklung verlangen, wenn auch die restlichen Voraussetzungen für einen Rücktritt vorliegen.

---

66 LG Frankfurt NJW-RR 2004, 1208.

a) **Fristsetzung zur Nacherfüllung, § 323 Abs. 1, 2. Alt.**

Eine Fristsetzung der S gegenüber K zur Nacherfüllung ist gemäß § 323 Abs. 2 Nr. 1 entbehrlich, da K die Nacherfüllung endgültig und bestimmt verweigert hat.

Somit besteht der Rücktrittsgrund gemäß § 437 Nr. 2, 1. Alt. i.V.m. § 323.

b) **Rücktrittserklärung der S, § 349**

In dem Rückabwicklungsverlangen der S liegt eine konkludente Rücktrittserklärung, die K auch zugegangen ist.

Ergebnis: Somit besteht ein Rückgewähranspruch gemäß § 437 Nr. 2, 1. Alt. i.V.m. § 323 i.V.m. §§ 346, 348, 320, 322.

> **Fall 31: Gestaltungsmöglichkeiten beim Verbrauchsgüterkauf**
>
> K möchte vom Bootshändler V eine Segeljolle kaufen. Da es sich um eine alte, aus Holz gefertigte Jolle handelt, ist V sehr vorsichtig und trägt in den Kaufvertrag folgenden Zusatz ein:
>
> *"Boot wird zum Ausschlachten und Basteln veräußert. Keine Gewährleistung. Händlergeschäft."*
>
> K, der genau weiß, dass V nur an einen Händler verkaufen würde, dem gegenüber er die Gewährleistung auch ausschließen kann, will das Boot unbedingt haben. Obwohl K das Boot als Privatperson nutzen möchte, unterschreibt er den Vertrag. Als sich später zeigt, dass die Jolle in einem maroden Zustand ist, bereut K den Kauf und fragt, ob er doch noch Gewährleistungsrechte habe.

K gegen V auf Gewährleistung, § 437, insbesondere Rücktritt, § 437 Nr. 2

I) Wirksamer Kaufvertrag, § 433

Zwischen V und K wurde ein wirksamer Kaufvertrag über das Boot geschlossen.

II) Sachmangel, § 434 Abs. 1

1) Keine Abweichung von vereinbarter Soll-Beschaffenheit

Fraglich ist bereits, ob überhaupt ein Sachmangel vorliegt, da laut Kaufvertrag das Boot lediglich zum Ausschlachten und Basteln veräußert wurde, sodass hiernach der Ist-Zustand mit der gemäß § 434 Abs. 1 S. 1 vereinbarten Soll-Beschaffenheit übereinstimmt.

Klausurtipp:
Ein Umgehungsgeschäft i.S.v. § 475 Abs. 1 S. 2 liegt sicher dann vor, wenn bei einem Verbrauchsgüterkauf der Händler ein 3 Jahre altes Auto zum Preis von 12.000 € als „Bastlerfahrzeug" veräußert

2) Umgehungsgeschäft i.S.v. § 475 Abs. 1 S. 2

Jedoch wäre diese getroffene Vereinbarung gemäß § 475 Abs. 1 unwirksam, wenn hierin ein Umgehungsgeschäft i.S.v. § 475 Abs. 1 S. 2 zu sehen ist.

a) Kriterien für Umgehungsgeschäft

Andererseits muss es bei alten, gebrauchten Kaufgegenständen möglich sein, durch entsprechende Vereinbarung einer Soll-Beschaffenheit von vornherein einen Mangel und damit auch die Anwendbarkeit der Gewährleistungsrechte auszuschließen. Daher kann nur in den Fällen, in denen offensichtlich kein Bastlergegenstand vorliegt, von einem Umgehungsgeschäft ausgegangen werden.[67]

Vorliegend kann die Frage jedoch dahinstehen, wenn ohnehin kein Verbrauchsgüterkauf i.S.v. § 474 vorliegt und deswegen auch kein Umgehungsgeschäft i.S.v. § 475 Abs. 1 S. 2 in Betracht kommt. Zudem wäre dann auch der vereinbarte Gewährleistungsausschluss, weil nicht gegen § 475 Abs. 1 verstoßend, wirksam.

b) Verbrauchsgüterkauf, § 474

aa) Unternehmereigenschaft des V, § 14 Abs. 1

Bootsverkäufer V ist Unternehmer i.S.v. § 14 Abs. 1, 1. Mod.

---

67 Str., vgl. Müller NJW 2003, 1975.

bb) Verbrauchereigenschaft des K, § 13

(1) Objektiv

Objektiv ist K zwar privater Verbraucher und wollte subjektiv das Boot zu privaten Zwecken erwerben. Jedoch war dies zum einen für den Verkäufer nicht erkennbar und zum anderen hat K im Vertrag einen gewerblichen Geschäftszweck vorgetäuscht.

(2) Vorgetäuschte Unternehmereigenschaft

Wer eine Sache von einem Unternehmer kaufen will, der zu einem Vertrag mit einem Verbraucher nicht bereit ist, darf sich den Schutz des Verbrauchsgüterkaufs nicht dadurch erschleichen, dass er sich gegenüber dem Unternehmer wahrheitswidrig als Händler ausgibt. In diesem Fall kann der Käufer sich nach den Grundsätzen von Treu und Glauben, § 242, gegenüber dem Verkäufer nicht darauf berufen, dass er eigentlich privater Verbraucher sei. Mithin ist die Anwendung der Verbraucherschutzvorschriften der §§ 474 ff. nach § 242 verwehrt.[68]

III) Folge:

Damit kann weder die Vereinbarung der Soll-Beschaffenheit noch der Gewährleistungsausschluss als gegen § 475 verstoßend angesehen werden.

Ergebnis: Mithin hat K gegen V keine Gewährleistungsrechte.

---

[68] BGH NJW 2005, 1045.

Fall 32: Inzahlunggabe/Agenturgeschäfte

K, der seine Freizeit überwiegend mit Motorradfahren verbringt, hat sich ein neues Motorrad bei V bestellt und hierfür sein altes für 4.000 € in Zahlung gegeben. K und V vereinbaren, dass V das alte Motorrad im Namen des K weiterveräußern soll, weil dann für K als privater Veräußerer keine Mehrwertsteuerpflicht anfällt. Anschließend kauft D das Motorrad für 4.500 €. In dem von V ausgefüllten Kaufvertrag, der einen Gewährleistungsausschluss enthält, ist als Verkäufer der K angegeben. V hatte den Kaufvertrag mit dem Zusatz „im Kundenauftrag" unterschrieben und seinen Firmenstempel dazugesetzt. Als D vom Hof fahren will, springt die Maschine nicht an, da der Anlasser defekt ist. D verlangt daraufhin von V Nachbesserung. V verweist darauf, dass er nicht Verkäufer sei, sondern K. Dieser hafte jedoch wegen des im Vertrag vereinbarten Gewährleistungsausschlusses ebenfalls nicht.

Hat D Ansprüche gegen K oder gegen V?

A) Ansprüche D gegen K auf Nacherfüllung aus § 437 Nr. 1 i.V.m. § 439 Abs. 1

I) Wirksamer Kaufvertrag zwischen D und K, § 433

Zwar hat V den Kaufvertrag abgeschlossen, jedoch eindeutig als Stellvertreter für K, § 164 Abs. 1. Somit liegt ein Kaufvertrag zwischen D und dem Vertretenen, K, vor.

II) Sachmangel, § 434 Abs. 1

Aufgrund des defekten Anlassers fehlt dem Motorrad zumindest die gewöhnliche Verwendungstauglichkeit, sodass ein Sachmangel gemäß § 434 Abs. 1 S. 2 Nr. 2 vorliegt.

III) Wirksamer Gewährleistungsausschluss

Fraglich ist, ob der im Kaufvertrag vereinbarte Gewährleistungsausschluss wirksam ist.

1) Wirksamkeit gemäß § 475 Abs. 1 S. 1

Da der Verkäufer K kein Unternehmer ist, liegt kein Verbrauchsgüterkauf i.S.v. § 474, §§ 13, 14 vor, sodass der Gewährleistungsausschluss nicht gegen § 475 Abs. 1 S. 1 verstößt.

2) Unwirksamkeit gemäß § 444

Da im Kaufvertrag keine Beschaffenheitsgarantien abgegeben wurden und auch keine Arglist des K bzw. eine gemäß § 166 zurechenbare Arglist des V ersichtlich ist, ergibt sich auch keine Unwirksamkeit des Haftungsausschlusses gemäß § 444.

Somit ist der Gewährleistungsausschluss wirksam, sodass keine Gewährleistungsrechte D gegen K bestehen.

B) Ansprüche D gegen V

I) D gegen V auf Nacherfüllung aus § 475 Abs. 1 S. 2 i.V.m. § 437 Nr. 1 i.V.m. § 439 Abs. 1

Klausurtipp:
Selbst wenn ein Umgehungsgeschäft i.S.v. § 475 Abs. 1 S. 2 vorliegen würde, so könnte dies lediglich zur Haftung des Händlers V gegenüber D führen, nicht aber zu einer Haftung des K, weil diesem nach wie vor die Unternehmereigenschaft fehlt.

1) Wirksamer Kaufvertrag, § 433

Da V hier eindeutig als Vertreter des K aufgetreten ist, liegt kein Eigenschäft des V i.S.v. § 164 Abs. 2 vor, sodass kein Kaufvertrag zwischen V und D zustande gekommen ist.

2) Umgehungsgeschäft, § 475 Abs. 1 S. 2

Liegt aber in der hier gewählten Konstruktion ein Umgehungsgeschäft, so muss V sich gemäß § 475 Abs. 1 S. 2 so behandeln lassen, als hätte er mit D einen Kaufvertrag geschlossen.

a) Agenturgeschäft

Vorliegend handelt es sich um einen sog. Agenturvertrag, bei dem der in Zahlung nehmende Händler den Weiterverkauf für den Vorbesitzer lediglich vermittelt. Dafür, dass kein Umgehungsgeschäft vorliegt, spricht bereits die Tatsache, dass derartige Konstruktionen schon vor der Schuldrechtsreform durchgeführt wurden; in erster Linie, um Mehrwertsteuer zu sparen, welche anfallen würde, falls der Händler im eigenen Namen weiterveräußern würde. Selbst das Steuerrecht sieht hierin kein Umgehungsgeschäft, wie die Regelung in § 25 a Abs. 1 Nr. 1 UStG zeigt.

b) Wirtschaftliche Betrachtung

Andererseits soll der kaufende Verbraucher unter dem Gesichtspunkt eines Umgehungsgeschäfts gemäß § 475 Abs. 1 S. 2 vor Missbrauchsfällen geschützt werden. Dem ist dadurch Rechnung zu tragen, dass anhand einer wirtschaftlichen Betrachtungsweise festzustellen ist, wer die Risiken und Chancen aus dem Geschäft trägt. Maßgeblich hierfür ist das Innenverhältnis zwischen Händler und Vorbesitzer.

Soll hiernach das wirtschaftliche Risiko des Verkaufs beim Vorbesitzer liegen, so ist er auch wirtschaftlich als Verkäufer anzusehen, sodass durch die bloße Vermittlung des Händlers kein Umgehungsgeschäft getätigt wird.

Soll hingegen das wirtschaftliche Risiko der Weiterveräußerung vom Händler getragen werden, so besteht wirtschaftlich die Situation von zwei Kaufverträgen (Vorbesitzer veräußert an Händler, anschließend veräußert Händler an privaten Abkäufer). Dann ist ein Umgehungsgeschäft des Händlers anzunehmen, wenn er nur formal als bloßer Vermittler auftritt.

Entscheidend ist damit, ob das wirtschaftliche Risiko beim Händler liegen soll. Hat beispielsweise der Händler dem Vorbesitzer bei Inzahlungnahme einen Mindestweiterverkaufspreis garantiert und in entsprechender Höhe den Kaufpreis für den neuen Kaufgegenstand gestundet, so liegt ein missbräuchliches Umgehungsgeschäft i.S.v. § 475 Abs. 1 S. 2 vor.[69] Dann muss sich der Händler gemäß § 475 Abs. 1 S. 2 so behandeln lassen, als hätte er einen Verbrauchsgüterkaufvertrag mit dem Abkäufer geschlossen. Dieser kann dann vom Händler Nacherfüllung gemäß § 437 Nr. 1 i.V.m. § 439 verlangen, da der Gewährleistungsausschluss dem Händler gemäß § 475 Abs. 1 S. 1 i.V.m. S. 2 nicht zugute kommt.

Vorliegend ist nicht ersichtlich, was V mit K im Innenverhältnis hinsichtlich des wirtschaftlichen Risikos vereinbart hat. Damit bestehen keine

---

69 BGH NJW 2005, 1039, 1040; Müller NJW 2003, 1975, 1978.

Anhaltspunkte dafür, dass V das wirtschaftliche Risiko des Weiterverkaufs des Motorrads tragen sollte. Somit kann V nicht als der wirtschaftliche Verkäufer angesehen werden, sodass keine Gewährleistungsrechte gegen V bestehen.

II) **D gegen V aus § 280 Abs. 1, ggf. i.V.m. § 249 Abs. 1**

1) **Anwendbarkeit**

Da die spezielleren Gewährleistungsvorschriften auf das Verhältnis D zu V keine Anwendung finden, s.o. B) I), kann auf Schuldrecht AT, hier auf § 280 Abs. 1 zurückgegriffen werden.

2) **Schuldverhältnis zwischen D und V**

a) **Vertragliches Schuldverhältnis, § 311 Abs. 1**

Mangels Kaufvertrages zwischen D und V scheidet ein vertragliches Schuldverhältnis aus.

b) **Besonderes Schuldverhältnis gemäß § 311 Abs. 3**

Auch gegenüber einem Vermittler oder Stellvertreter kann gemäß § 311 Abs. 3 ein Schuldverhältnis zustande kommen, wenn dieser besonderes Vertrauen erzeugt hat. Hier hat V als Fachhändler besonderes Vertrauen gegenüber D erzeugt, sodass ein besonderes Schuldverhältnis gegeben ist.

3) **Pflichtverletzung des V**

Vorliegend ist nicht ersichtlich, dass V Untersuchungs- oder Hinweispflichten verletzt hat. Die Pflichtverletzung wird im Rahmen des § 280 Abs. 1 – anders als das Verschulden (§ 280 Abs. 1 S. 2) – nicht vermutet. Hier hat der beweispflichtige D keinerlei Pflichtverletzung des V dargetan.

Damit scheidet ein Anspruch aus § 280 Abs. 1 aus.

III) **D gegen V aus § 823 Abs. 1**

Da D von Anfang an ein mangelhaftes Motorrad übereignet bekommen hat und ein „Weiterfressen des Mangels" nicht ersichtlich ist, scheidet eine Eigentumsverletzung von vornherein aus (s. bereits Fall 19 E) II) 1) a)). Dass D für das mangelhafte Motorrad zu viel bezahlt hat, stellt einen allgemeinen Vermögensschaden dar, welcher jedoch kein von § 823 Abs. 1 geschütztes Rechtsgut ist.

Somit scheidet ein Anspruch aus § 823 Abs. 1 aus.

IV) **D gegen V aus § 823 Abs. 2 i.V.m. § 263 StGB**

Sofern der Händler vorsätzlich dem Kunden mangelhafte Gebrauchtsachen als Vermittler andreht, kommt ein (fremdnütziger) Betrug als Schutzgesetz i.S.v. § 823 Abs. 2 in Betracht. Hier ist jedoch kein Vorsatz des V ersichtlich.

V) **D gegen V aus § 826**

§ 826 erfordert eine vorsätzliche sittenwidrige Schädigung des Händlers gegenüber dem Abkäufer. Auch hierzu hat D keinen Vorsatz des V dargetan.

Somit scheiden Ansprüche des D gegen den Händler V aus.

Gesamtergebnis: D hat weder Ansprüche gegen K noch gegen V.

Fall 33: Beweislastumkehr

Der sparsame Jurastudent K hat im Secondhandshop des V einen Norwegerpullover für 10 € gekauft. Weil er deswegen von seinen Kommilitonen verspottet wird, begibt er sich wieder zu V und fragt, ob er den Pullover umtauschen könne. V lehnt dies mit der Bemerkung ab, in einem Secondhandshop gebe es naturgemäß keinen Umtausch. K geht unverrichteter Dinge nach Hause. Dort kommt ihm die Idee, er könne ja einen Mangel konstruieren: Er zieht in den Pullover eine Laufmasche und ribbelt einen Teil des Kragens auf. Ein paar Tage später begibt er sich wiederum in das Geschäft des V. Dort trifft er die nichts ahnende Angestellte des V an und reklamiert den Mangel. V, der in einem Hinterraum beschäftigt war und das Gespräch mitbekommen hat, stürmt nach vorn zur Ladentheke und äußert erbost, er lasse sich nicht veräppeln. Es sei doch klar, dass K die Laufmasche selbst herbeigeführt habe. K hingegen äußert, er müsse als Jurastudent darauf hinweisen, dass gesetzlich vermutet wird, dass innerhalb der ersten 6 Monate ein Mangel vorliegt; solle V ihm erst einmal das Gegenteil beweisen. Da V die Nacherfüllung verweigere, trete er hiermit vom Kaufvertrag zurück und verlange sofort den gezahlten Kaufpreis zurück. Zu Recht?

A) K gegen V aus Umtauschrecht

Ein Umtauschrecht, das anders als Gewährleistungsrechte nicht auf Sachmängeln beruht, sondern lediglich wegen Nichtgefallen der Kaufsache erfolgen soll, ist gesetzlich nicht vorgesehen. Mithin muss ein Umtauschrecht freiwillig mit dem Verkäufer vereinbart werden. Dies hat vorliegend V bereits bei dem ersten Gespräch abgelehnt.

Umtausch ist, wenn nicht bereits bei Abschluss des Kaufvertrages verbindlich vereinbart, nur eine spätere Kulanz des Verkäufers

Somit besteht kein Umtauschrecht.

B) K gegen V auf Rückgewähr des Kaufpreises aus Gewährleistungsrecht aufgrund Rücktritts gemäß § 437 Nr. 2, 1. Alt. i.V.m. § 323 Abs. 1, ggf. Abs. 2 i.V.m. § 346

I) Wirksamer Kaufvertrag, § 433

V und K haben einen wirksamen Kaufvertrag über den gebrauchten Pullover geschlossen.

II) Sachmangel, § 434 Abs. 1

1) Objektiv kein Mangel

Objektiv lag im Zeitpunkt des Gefahrübergangs, also gemäß § 446 im Zeitpunkt der Übergabe kein Sachmangel vor. Vielmehr hat K nachträglich den Schaden am Pullover selbst verursacht.

2) Vermutung gemäß § 476

Fraglich ist jedoch, ob gemäß § 476 ein Mangel bis zur – hier u.U. schwierigen – Widerlegung durch V vermutet wird.

a) Verbrauchsgüterkauf, § 474

Da K als privater Verbraucher i.S.v. § 13 von V als Unternehmer i.S.v. § 14 eine bewegliche Sache gekauft hat, liegt ein Verbrauchsgüterkauf i.S.v. § 474 vor. Die Vorschrift gilt mangels Einschränkung nicht nur für neue, sondern auch für gebrauchte bewegliche Sachen.[70]

b) **Beweislastumkehr, § 476**

aa) **6-Monats-Frist**

Gemäß § 476 wird grds. innerhalb von 6 Monaten seit Gefahrübergang vermutet, dass die Sache bereits bei Gefahrübergang mangelhaft war.

bb) **Umfang der Vermutung**

(1) **Rein zeitliche Vermutung**

Umstritten ist, wie die Beweislastvorschrift des § 476 auszulegen ist: Der BGH hat zunächst[71] entschieden, dass § 476 eine rein zeitliche Vermutung bezogen auf den Zeitpunkt des Gefahrübergangs begründe. Hingegen müsse das Vorliegen eines Sachmangels als Tatbestandsmerkmal („Zeigt sich ... ein Sachmangel") des § 476 vom Käufer bewiesen werden. Sofern der Verkäufer den Sachmangel mit der Behauptung bestreite, dass unsachgemäßer Gebrauch des Käufers vorgelegen habe, trage der Käufer die volle Beweislast. Danach hätte hier K zu beweisen, dass ein Mangel vorlag und eben nicht ein selbst herbeigeführter Schaden.

(2) **Mangelvermutung**

Hiergegen wurde zu Recht eingewandt, dass dadurch die Intention des Gesetzgebers, den privaten Verbraucher vor kostspieligen Sachverständigengutachten zu schützen, weitestgehend leerlaufe. In neueren Entscheidungen ist der BGH hiervon teilweise wieder abgerückt und sucht nunmehr die Lösung über die geregelten Ausnahmen in § 476, 2. Halbs. Dies erscheint sachgerecht, da das Verbrauchsgüterrecht den Käufer schützen will. Andererseits könnte ein Verkäufer durch bloßes Behaupten eines unsachgemäßen Gebrauchs jedes Mal die Beweislastumkehr des § 476 „zurückdrehen".

Somit wird auch hier zunächst das Vorliegen eines Mangels des Pullovers vermutet, sofern nicht die Ausnahmefälle des § 476, 2. Halbs. greifen.

cc) **Ausnahmen von der Beweistlastumkehr, § 476, 2. Halbs.**

(1) **Unvereinbar mit der Art der Sache**

Da hier ein gebrauchter Pullover in einem Secondhandshop gekauft wurde, könnte die Mangelvermutung des § 476 mit der Art der Sache von vornherein unvereinbar sein.

(a) **Mindermeinung**

Teilweise[72] wird vertreten, dass die Mangelvermutung bei Gebrauchtsachen nicht gelte, da sonst der Verkäufer unzumutbar belastet werde.

(b) **Herrschende Meinung**

Nach h.M.[73] ist bei Gebrauchtsachen nicht generell aufgrund der Art der Sache die Mangelvermutung ausgeschlossen, da das Kaufrecht nicht grundsätzlich zwischen neu und gebraucht differenziere. Vielmehr sind die Umstände des Einzelfalles entscheidend.

---

70 Palandt/Putzo Vorbem. vor § 474 Rdnr. 3.
71 BGH NJW 2004, 2299.
72 Westermann NJW 2002, 241, 244.
73 BGH NJW 2004, 2299.

(c) **Stellungnahme:**

Für die h.M. spricht, dass die Vorschrift des § 476 – wie alle Vorschriften des Verbrauchsgüterkaufs – auch auf gebrauchte Sache anzuwenden ist. Dies folgt bereits aus der amtlichen Begründung.[74] Allenfalls bei ganz alten Sachen kann die Art der Sache die Anwendung der Mangelvermutung von vornherein ausschließen. Hier ist jedoch das Alter des Pullovers nicht ersichtlich. Die Frage kann jedoch offenbleiben, falls die 2. Ausnahme des § 476, 2. Halbs. greift.

(2) **Unvereinbarkeit mit der Art des Mangels**

Die hier in Rede stehende Laufmasche kann jederzeit auftreten, sodass sie mit der Vermutung des § 476 nicht im Einklang stehen könnte.

(a) **Mindermeinung**

So wird teilweise[75] angenommen, dass bei Schäden, die jederzeit eintreten können und daher keinen hinreichend wahrscheinlichen Rückschluss auf ihr Vorliegen bereits bei Übergabe der Kaufsache zulassen, die Mangelvermutung des § 476 aufgrund der Art des Mangels ausgeschlossen sei. Danach wäre hier die Mangelvermutung unanwendbar.

(b) **Herrschende Meinung**

Diese pauschale Betrachtung lehnt der BGH[76] ab, weil es mit dem Regel-Ausnahme-Verhältnis in § 476 nicht zu vereinbaren wäre, die Vermutung immer schon dann scheitern zu lassen, wenn es um einen Schaden geht, der jederzeit auftreten kann. Allenfalls wäre der Verbraucherschutz wiederum weitestgehend ausgehöhlt. Jedoch betont auch der BGH, dass die Mangelvermutung des § 476 jedenfalls dann mit der Art des Mangels unvereinbar ist, wenn es sich um äußerliche Schäden der Kaufsache handelt, die auch einem fachlich nicht versierten Käufer ohne weiteres bei der Übergabe auffallen müssen. In einem solchen Evidenzfall ist nämlich zu erwarten, dass der Käufer den Mangel sofort beanstandet. Hat er hingegen die Sache ohne Beanstandung entgegengenommen, so spricht dies folglich gegen die Vermutung des § 476, der Mangel sei schon bei Gefahrübergang vorhanden gewesen.[77]

(c) **Hier Evidenzfall**

Im vorliegenden Fall geht die Laufmasche gut sichtbar über den gesamten Pullover und ein Teil des Kragens ist aufgeribbelt. Unabhängig davon, dass ohnehin nahezu jeder Käufer grds. einen Pullover anprobieren und einen derart evidenten Mangel sehen wird, hat hier K in einem Secondhandshop gekauft. Gerade dort wird sich jeder Kunde die Ware anschauen. Damit ist vorliegend ein Evidenzfall gegeben.

Somit ist nach beiden Auffassungen die Vermutung des § 476 ausgeschlossen und daher eine Stellungnahme entbehrlich.

Folglich muss V dem K nicht nachweisen, dass dieser den Schaden selbst herbeigeführt hat.

Ergebnis: Daher sind Gewährleistungsrechte des K nicht gegeben.

Klausurtipp:
Ähnliches gilt bei dem Kauf von Tieren. Hierzu hat der BGH betont, dass grds. die Beweislastumkehr des § 476 auch beim Tierkauf gilt, da gemäß § 90 a Tiere wie Sachen zu behandeln sind. Eine Ausnahme „nach der Art der Sache" kann bei sehr alten Tieren vorliegen. Eine weitere Ausnahme aufgrund „der Art des Mangels" kann anzunehmen sein bei Tierkrankheiten mit evident nicht passender Inkubationszeit.

---

74 BT-Drucks. 14/6040, S. 239.
75 Lorenz NJW 2004, 3020, 3022.
76 BGH RÜ 2005, 637, 639.
77 BGH RÜ 2005, 637, 640.

Aufbauschema 10: Der Unternehmerregress

Normale Gewährleistungsansprüche Unternehmer gegen Lieferant aus § 437	Eigenständiger Aufwendungsersatzanspruch, § 478 Abs. 2

I. **Voraussetzungen** ⇨ normaler Prüfungsaufbau, s. Aufbauschema 1!
 	
 1. **Wirksamer Kaufvertrag, § 433** zwischen Unternehmer und Lieferant
 2. **Sachmangel bei Gefahrübergang**, § 434 i.V.m. §§ 446, 447 bzw. Rechtsmangel, § 435, bei Erwerb
  ▸ *aber Erleichterungen*
  ▸ Vermutung, §§ 476, 478 Abs. 3
 3. **Weitere Voraussetzungen je nach geltend gemachtem Recht i.S.v. § 437**
 a) **Nacherfüllung, § 437 Nr. 1 i.V.m. § 439**
 b) **Rücktritt, § 437 Nr. 2, 1. Alt.**
  ▸ i.V.m. § 326 Abs. 5
  ▸ i.V.m. § 323
  ▸ Fristsetzung nicht erforderlich, § 478 Abs. 1
 c) **Minderung, § 437 Nr. 2, 2. Alt.**
  ▸ i.V.m. §§ 441 Abs. 1, 326 Abs. 5
  ▸ i.V.m. §§ 441 Abs. 1, 323
  ▸ Fristsetzung nicht erforderlich, § 478 Abs. 1
 d) **Schadensersatz, § 437 Nr. 3**
  ▸ statt der Leistung
   • § 311 a Abs. 1
   • §§ 280 Abs. 1, Abs. 3, 283
   • §§ 280 Abs. 1, Abs. 3, 281
  ▸ Fristsetzung nicht erforderlich, § 478 Abs. 1
  ▸ neben der Leistung
   • §§ 280 Abs. 1, Abs. 2, 286
   • § 280 Abs. 1
 	
 Erleichterung gem. § 478 Abs. 1, falls
 ▸ wirksamer Verbrauchsgüterkauf Unternehmer–Verbraucher, § 474
 ▸ über neu hergestellte Sache
 ▸ Unternehmer <u>musste</u> Kaufsache von Verbraucher zurücknehmen (§ 478 Abs. 1, 1. Alt.) oder Minderung hinnehmen (§ 478 Abs. 1, 2. Alt.) oder kleinen Schadensersatz leisten (§ 478 Abs. 1, 2. Alt. analog)
 	
 4. **Kein Ausschluss der Gewährleistung**
 a) **Gesetz**
  ▸ **Mängelrüge** Unternehmer ⇨ Lieferant, vgl. § 478 Abs. 6 i.Vm. § 377 HGB
  ▸ § 442 bei Kenntnis/grob fahrlässiger Unkenntnis des Käufers
 b) **Vertrag**
  ▸ **Spezielle Grenze: § 478 Abs. 4**, gleichwertiger Ausgleich; Ausn.: Schadensersatz, § 478 Abs. 4 S. 1
  ▸ **Allgemeine Grenzen:** § 444 (Arglist, Beschaffenheitsgarantie), §§ 305 ff. (AGB-Kontrolle)
 	
 II. **Kein Untergang**
 	
 III. **Durchsetzbarkeit**
 1. Verjährung nach den **normalen Fristen des § 438**
 2. Aber **Ablaufhemmung gem. § 479 Abs. 2** (ggf. i.V.m. Abs. 3)
 	
 IV. **Rechtsfolge**
 Gewährleistungsrechte aus § 437
	I. **Voraussetzungen**
	
	 1. **Wirksamer Kaufvertrag, § 433** zwischen Unternehmer und Lieferant über neue Sache
	 2. **Unternehmer hatte ggü. Verbraucher Aufwendungen** für Nacherfüllung gem. § 439 Abs. 2 zu tragen:
	 a) **Wirksamer Verbrauchsgüterkauf** Unternehmer–Letztverbraucher, § 474
	 b) **Sachmangel bei Gefahrübergang**, §§ 434, 446 bzw. Rechtsmangel, § 435, bei Erwerb
	  ▸ **Vermutung des § 476** gilt auch für Unternehmerregress, **§ 478 Abs. 3** (gilt für ges. Händlerkette, § 478 Abs. 5!)
	 c) Unternehmer hat gem. **§ 439 Abs. 2** geschuldete **Aufwendungen** für Nacherfüllung ggü. Verbraucher getätigt
	
	 Beachte: Kein Verschulden des Lieferanten erforderlich; Aufwendungsersatzanspruch aus § 478 Abs. 2 ist verschuldensunabhängig!
	
	 3. **Kein Ausschluss der Gewährleistung**
	 a) **Gesetz**
	  ▸ § 377 Abs. 2 HGB i.V.m. § 478 Abs. 6 (Mängelrüge)
	  ▸ § 442 (Kenntnis/grob fahrlässige Unkenntnis)
	 b) **Vertrag**
	  ▸ **Spezielle Grenze:** § 478 Abs. 4
	  ▸ **Allgemeine Grenzen:** §§ 444, 305 ff.
	
	 II. **Kein Untergang**
	
	 III. **Durchsetzbarkeit**
	 Verjährung gem. § 479 Abs. 1: 2 Jahre ab Ablieferung
	
	 IV. **Rechtsfolge**
	 Aufwendungsersatzanspruch gem. § 478 Abs. 2

Fall 34: Unternehmerregress

Die Hausfrau K hatte im Elektrogeschäft des U einen Staubsauger gekauft, welcher als besonders geeignet für Allergiker angepriesen worden war. Nunmehr stellt sich heraus, dass dies nicht der Fall ist. U, der dies seinem Lieferanten L sofort mitgeteilt hatte, teilt K mit, dass eine Nachrüstung nicht möglich sei. Daher erklärt die K gegenüber U den Rücktritt, und der Kaufvertrag wird rückabgewickelt. Nunmehr wendet sich U an seinen Lieferanten L, bei dem er zuvor den Staubsauger gekauft hat, erklärt den Rücktritt und verlangt Rückabwicklung des Kaufvertrages und Schadensersatz. L verweist auf die in dem Vertrag mit U getroffene Vereinbarung, wonach Schadensersatzansprüche ausgeschlossen sind. Ferner sei vereinbart worden, dass der Rücktritt ausgeschlossen sei. Im Übrigen habe ihm U auch den Mangel zu spät mitgeteilt. Stehen dem U gegenüber L Ansprüche auf Rückabwicklung und Schadensersatz zu, wenn U als Nichtallergiker den Mangel nicht erkennen konnte, sondern erst durch die Reklamation der K?

Abwandlung:

Nach der Reklamation der K konnte U den Staubsauger nachrüsten und dadurch den Mangel beseitigen. Aus Kulanz hatte U der K noch eine Packung Staubsaugerbeutel geschenkt. Kann U von L Ersatz der ihm entstandenen Kosten verlangen, wenn L nachweislich kein Verschulden trifft?

A) U gegen L auf Rückabwicklung aus § 437 Nr. 2, 1. Alt. i.V.m. § 326 Abs. 5 i.V.m. §§ 346, 348

⇨ s. Vertiefungsschema 10

I) Wirksamer Kaufvertrag, § 433 U – L

U und L haben einen wirksamen Kaufvertrag über den Staubsauger geschlossen.

II) Sachmangel, § 434

Da der Staubsauger eigens mit Eignung für Allergiker beworben wurde, fehlt ihm die vereinbarte Soll-Beschaffenheit, § 434 Abs. 1 S. 1. Diese fehlte konstruktionsbedingt auch bereits im Zeitpunkt des Gefahrübergangs, also zum Zeitpunkt der Übergabe L an U, § 446. Da dies vorliegend feststeht, kommt es auf die Beweislastumkehrung in § 478 Abs. 2 i.V.m. § 476 nicht an.

III) Weitere Voraussetzungen für Rücktritt, § 437 Nr. 2, 1. Alt. i.V.m. § 326 Abs. 5

Die Nacherfüllung ist für L unmöglich, da ein Nachrüsten des Staubsaugers nicht möglich ist. Auch eine Neulieferung scheidet aus, weil der Mangel konstruktionsbedingt war. Da somit bereits gemäß § 326 Abs. 5 ein Rücktritt des U ohne Fristsetzung gegenüber L wirksam ist, bedarf es nicht der Erleichterung in § 478 Abs. 1.

Damit liegt ein wirksamer Rücktritt des U vor.

IV) Kein Ausschluss der Gewährleistung

Klausurtipp:
Zwar ist der Unternehmerregress in § 478 geregelt. Jedoch enthält § 478 grds. nur Ergänzungen zu der Gewährleistung. Daher sind die normalen Gewährleistungsrechte aus § 437 zu prüfen. Allerdings enthält § 478 Abs. 2 einen eigenständigen Aufwendungsersatzanspruch

1) Durch Vertrag

L hat im Vertrag mit U das Rücktrittsrecht des U ausgeschlossen. Gemäß § 478 Abs. 4 kann sich der Lieferant jedoch auf eine vor Mitteilung des Mangels getroffene Vereinbarung, die von den Rechten des Unternehmers aus § 437 abweicht, nicht berufen, wenn kein gleichwertiger Ausgleich eingeräumt wird. Die Vorschrift des § 478 Abs. 4 ist vorliegend anwendbar, da U anschließend an einen privaten Verbraucher verkauft und damit ein Verbrauchsgüterkauf über eine neu hergestellte Sache getätigt hat und diesen infolge Rücktritts der K wegen Mangelhaftigkeit gemäß §§ 437 Nr. 2, 1. Alt., 326 Abs. 5, 346 rückabwickeln musste. Wenn nun U seinerseits durch Rücktritt mit L rückabwickeln will, kann dieser gemäß § 478 Abs. 4 nicht das Rücktrittsrecht ausschließen, ohne dass ein gleichwertiger Ausgleich eingeräumt wird.

Klausurtipp: Ein gleichwertiger Ausgleich wäre z.B. die Schaffung eines pauschalen Abrechnungssystems, in dem zwar Einzelansprüche des Händlers ausgeschlossen werden, aber pauschal durch Gutschriften, Rabattierung etc. erfasst werden.

Somit wurde der Rücktritt des U vertraglich nicht wirksam ausgeschlossen.

2) Ausschluss per Gesetz

a) Ausschluss gemäß § 377 Abs. 2 HGB

Wie § 478 Abs. 6 klarstellt, bleibt die Vorschrift des § 377 HGB unberührt. Dies bedeutet, dass der U die Ware bei der Anlieferung unverzüglich untersuchen und, wenn sich ein Mangel zeigt, rügen musste. Andernfalls gilt die Ware gemäß § 377 Abs. 2 HGB als genehmigt, sodass sämtliche Gewährleistungsrechte des U erlöschen. Hier war jedoch der Mangel nicht erkennbar. Bei verdeckten Mängeln ist gemäß § 377 Abs. 3 eine Rüge erst möglich und erforderlich, wenn der Mangel erkennbar wird. Erkennbar wurde der Mangel für U erst nach der Weiterveräußerung an K, als diese wiederum den Mangel bei U reklamierte.

Fraglich ist, ob nunmehr U dem L den Mangel anzeigen musste, weil er die Ware zwischenzeitlich bereits weiterveräußert hatte. Überwiegend wird angenommen, dass die kaufmännische Rüge i.S.v. § 377 HGB nur für die Hinlieferung Lieferant an Unternehmer gilt, jedoch nicht für den Rückgriff Unternehmer gegen Lieferant.[78] Letztlich kann die Frage jedoch dahinstehen, da U den Mangel sofort nach der Kundenreklamation bei L angezeigt hat.

Somit hat U seine kaufmännische Rügeobliegenheit i.S.v. § 377 HGB nicht verletzt.

b) Ausschluss gemäß § 442

Da U den Mangel weder kannte noch infolge grober Fahrlässigkeit verkannt hat, ist die Gewährleistung auch nicht gemäß § 442 ausgeschlossen.

V) Rechtsfolge: Rückabwicklung gemäß §§ 346, 348, 320

U hat gegen L einen Anspruch auf Rückerstattung des Kaufpreises Zug um Zug gegen Rückgewähr des Staubsaugers.

B) U gegen L auf Schadensersatz, § 437 Nr. 3 i.V.m. § 311 a Abs. 2

---

78 Palandt/Putzo § 478 Rdnr. 19.

I) Anwendbarkeit

Gemäß § 325 kann Schadensersatz neben Rücktritt geltend gemacht werden.

II) Voraussetzungen

1) Wirksamer Kaufvertrag U – L, § 433

2) Sachmangel zum Zeitpunkt der Übergabe U an L, § 434 Abs. 1 S. 1

3) Weitere Voraussetzung für Schadensersatz: § 437 Nr. 3 i.V.m. § 311 a Abs. 2

a) Anfängliche Unmöglichkeit der Nacherfüllung

Hier war konstruktionsbedingt ein Nachrüsten oder Nachliefern des Staubsaugers von Anfang an unmöglich für L.

b) Verschulden des L

Ein Verschulden des L wird vermutet, da er sich nicht gemäß § 311 a Abs. 2 S. 2 exkulpiert hat.

III) Kein Ausschluss der Gewährleistung

L hat mit U im Kaufvertrag vereinbart, dass Schadensersatzansprüche ausgeschlossen sind. Gemäß § 478 Abs. 4 S. 2 ist dies auch für den Unternehmerregress wirksam möglich, unbeschadet des § 307. Da vorliegend nicht ersichtlich ist, dass U und L einen AGB-Vertrag geschlossen haben, ist insofern § 307 nicht einschlägig. Damit ist der Schadensersatzanspruch wirksam ausgeschlossen.

Klausurtipp:
§ 478 Abs. 4 S. 2 zieht insofern mit § 475 Abs. 3 aus dem Verbrauchsgüterkauf gleich

Somit hat U gegen L keinen Anspruch auf Schadensersatz.

Abwandlung:

A) U gegen L auf Schadensersatz aus § 437 Nr. 3 i.V.m. § 280 Abs. 1, Abs. 3 i.V.m. § 281

I) Wirksamer Kaufvertrag U – L, § 433

II) Sachmangel zum Zeitpunkt der Übergabe U – L, § 434 Abs. 1 S. 1

III) Weitere Voraussetzungen für Schadensersatz statt der Leistung: § 437 Nr. 3 i.V.m. § 281

1) Fristsetzung zur Nacherfüllung

§ 281 Abs. 1, 2. Alt. erfordert eine Fristsetzung zur Nacherfüllung, die hier nicht erfolgt ist.

2) Entbehrlichkeit der Fristsetzung gemäß § 478 Abs. 1

Die Fristsetzung könnte gemäß § 478 Abs. 1 entbehrlich sein. Zwar liegt der von § 478 Abs. 1 vorausgesetzte nachfolgende Verbrauchsgüterkauf, hier U an K, vor. Jedoch ist weitere Voraussetzung, dass U die neue Kaufsache infolge ihrer Mangelhaftigkeit zurücknehmen musste (§ 478 Abs. 1, 1. Alt.). Hierunter ist nicht nur die Rücknahme infolge eines Rücktritts zu verstehen, sondern auch eine Rücknahme im Rahmen der Nacherfüllung. Da vorliegend K zurückgetreten ist, ist die insofern erforderliche Rücknahme i.S.v. § 478 Abs. 1, 1. Alt. gegeben.

Somit bedarf es gemäß § 478 Abs. 1, 2. Halbs. keiner weiteren Fristsetzung des U gegenüber L, um den hier geltend gemachten Schadensersatzanspruch gemäß § 281 zu realisieren.

3) Verschulden des L

Zwar wird ein Verschulden des L gemäß § 280 Abs. 1 vermutet. Jedoch hat sich hier L gemäß § 280 Abs. 1 S. 2 erfolgreich exkulpiert.

Damit scheidet ein Schadensersatzanspruch U gegen L aus.

B) U gegen L auf Aufwendungsersatz aus § 478 Abs. 2

I) Voraussetzungen

1) Wirksamer Kaufvertrag U – L, § 433

2) Sachmangel bei Übergabe L an U, § 434 Abs. 1 S. 1 i.V.m. § 478 Abs. 2, 2. Halbs.

Vorliegend sind der Mangel sowie der Zeitpunkt unstreitig, sodass die Beweiserleichterung in § 478 Abs. 3 i.V.m. § 476 nicht erforderlich ist.

II) Weitere Voraussetzungen für Aufwendungsersatz gemäß § 478 Abs. 2

1) Wirksamer Verbrauchsgüterkauf U mit K, § 474, über eine neu hergestellte Sache

Hier hat Unternehmer U mit K als Verbraucherin einen Verbrauchsgüterkauf über eine neu hergestellte Sache geschlossen.

2) U hatte gegenüber K Aufwendungen für die Nacherfüllung gemäß § 439 Abs. 2 zu tragen.

a) Nachbesserungskosten

Wegen der Mangelhaftigkeit der Kaufsache hatte K gegen U einen Anspruch aus § 437 Nr. 1 i.V.m. § 439 auf Nachbesserung. Daher musste U gegenüber K gemäß § 439 Abs. 2 sämtliche zum Zwecke der Nacherfüllung erforderlichen Aufwendungen, insbesondere Arbeits- und Materialkosten tragen.

b) Staubsaugerbeutel

Hingegen stellt die Zugabe der Staubsaugerbeutel eine reine Kulanz gegenüber dem Kunden dar und fällt daher nicht unter die notwendigen Aufwendungen i.S.v. § 439 Abs. 2, sodass diese Kosten auch nicht im Unternehmerregress gemäß § 478 Abs. 2 geltend gemacht werden können.[79]

Somit besteht der Anspruch aus § 478 Abs. 2 nur bezüglich der Nachbesserungskosten.

III) Kein Ausschluss der Gewährleistung

1) Durch Vertrag

Ein vertraglicher Ausschluss des Aufwendungsersatzanspruchs ist gemäß § 478 Abs. 4 S. 1, 2. Alt. nur möglich, wenn ein gleichwertiger Ausgleich eingeräumt wird, was vorliegend nicht ersichtlich ist.

Klausurtipp: § 478 Abs. 2 ist selbstständige Anspruchsgrundlage auf Aufwendungsersatz, die im Gegensatz zum Schadensersatzanspruch aus § 437 Nr. 3 i.V.m. §§ 280 ff. kein Verschulden des Lieferanten voraussetzt

Klausurtipp: Im Rahmen des Aufwendungsersatzanspruchs des § 478 Abs. 2 muss inzidenter geprüft werden, ob der Unternehmer gegenüber dem privaten Verbraucher zu Recht Aufwendungen erbracht hat

---

[79] Palandt/Putzo § 478 Rdnr. 14.

2) Gesetzlicher Ausschluss

a) Kaufmännische Rüge, § 377 Abs. 2 HGB i.V.m. § 478 Abs. 6

Die kaufmännische Rügepflicht ist nicht verletzt, s. Ausgangsfall.

b) § 442

U hat den Mangel weder gekannt noch grob fahrlässig verkannt, sodass § 442 nicht greift.

Somit kann U von L gemäß § 478 Abs. 2 Aufwendungsersatz hinsichtlich der Nachbesserungskosten, jedoch nicht bezüglich der Staubsaugerbeutel verlangen.

Vertiefungsschema 3: Besonderheiten bei Verbrauchsgüterkauf/Unternehmerregress

I. Anwendbarkeit

Verbrauchsgüterkauf, §§ 474 ff.

1. **Persönlich, § 474 Abs. 1**
   - ▶ Kaufvertrag zwischen Verbraucher (§ 13) als Käufer und Unternehmer (§ 14) als Verkäufer
     - also nicht: Verträge, bei denen der Verkäufer Verbraucher ist
     - auch nicht: Kaufverträge zwischen Unternehmern bzw. zwischen Verbrauchern untereinander
   - ▶ **Verbraucher** ist gem. § 13
     - jede natürliche Person
     - die zu privaten Zwecken kauft
   - ▶ **Unternehmer** ist gem. § 14 jede natürliche oder juristische Person oder rechtsfähige Personengesellschaft, die in Ausübung ihrer gewerblichen oder selbstständigen Tätigkeit handelt.

     „Dual-Use": Beim Kauf gemischt genutzter Gegenstände kommt es auf den Schwerpunkt der Nutzung an. Nach h.M. ist für die Unternehmereigenschaft aber nur die objektive Nutzung maßgeblich.

2. **Sachlich, § 474 Abs. 1**
   - ▶ **Kaufvertrag über bewegliche Sache**
     - also nicht: Kaufverträge über Immobilien und Forderungen
   - ▶ **Gem. § 474 Abs. 1 S. 2 keine Geltung** für den Verkauf **gebrauchter** Sachen in **öffentlichen Versteigerungen**, an denen der Käufer persönlich **teilnehmen kann**.

     Beachte: Internet-Online-Auktionen sind keine öffentlichen Versteigerungen (§ 385), sondern „normale" Kaufverträge.

Unternehmerregress, §§ 478 f.

1. **Persönlich, § 478**
   - ▶ **Anspruchsteller** ist Letztverkäufer oder Abnehmer des Anspruchsgegners (§ 478 Abs. 5, § 479 Abs. 3).
   - ▶ **Anspruchsgegner** ist Vorlieferant des Anspruchstellers und Unternehmer.

2. **Sachlich, § 478**
   - ▶ Wirksamer Verbrauchsgüterkauf zwischen Letztverkäufer (Unternehmer) und einem Verbraucher
   - ▶ Letztverkäufer *musste* als Folge der Mangelhaftigkeit (nicht aus Kulanz)

     a) die Sache **zurücknehmen**
        - im Rahmen der Nachlieferung, §§ 437 Nr. 1, 439
        - wegen Rücktritts des Käufers, §§ 437 Nr. 2, 323, 346
        - im Rahmen des (großen) Schadensersatzes, §§ 437 Nr. 3, 280, 281

     b) eine **Minderung** des Kaufpreises akzeptieren
        - als Minderung gem. §§ 437 Nr. 2, 323, 441
        - im Rahmen des (kleinen) Schadensersatzes, §§ 437 Nr. 3, 280, 281

     c) **Aufwendungen** tragen
        - im Rahmen der Mangelbeseitigung, gem. §§ 437 Nr. 1, 439 Abs. 2

II. Rechtsfolgen	
Verbrauchsgüterkauf, §§ 474 ff.	**Unternehmerregress, §§ 478 f.**

Verbrauchsgüterkauf, §§ 474 ff.

1. **Gefahrtragung, § 474 Abs. 2**
   - Kein vorzeitiger Gefahrübergang bei Versendungskauf (§ 447 nicht anwendbar), § 474 Abs. 2

2. **Disponibilität, § 475**
   - Gewährleistungsrecht vor Mitteilung eines Mangels nicht disponibel, § 475 Abs. 1 S. 1
   - Erweiterung durch Umgehungsverbot des § 475 Abs. 1 S. 2

   Beachte: Auch Agenturverträge im Gebrauchtwagenhandel sind Umgehungsgeschäfte, wenn der Unternehmer das wirtschaftliche Risiko trägt.
   - Erweiterung auf Pfandverkauf neuer Sachen in öffentlicher Versteigerung (§ 445 nicht anwendbar), § 474 Abs. 2
   - Ausnahme: Schadensersatz, § 475 Abs. 3

3. **Verjährung**
   - Verkürzbarkeit der Verjährung eingeschränkt auf Gebrauchtsachen, § 475 Abs. 2

4. **Beweislastumkehr**
   - In den ersten 6 Monaten nach Gefahrübergang wird bei Auftreten eines Mangels vermutet, dass dieser schon bei Gefahrübergang vorlag.

   Reichweite der Beweislastumkehr:
   *Obliegt es dem Käufer, nachzuweisen, dass ein innerhalb der Frist erst **auftretender** Mangel tatsächlich ein Sachmangel ist und nicht auf externen Einflüssen oder auf einem Fehlgebrauch beruht?*
   Oder wird vermutet, dass ein nachträglich auftretender Sachmangel auf einem Grundmangel beruht und daher bei Gefahrübergang bereits „im Keim" angelegt war?

5. **Garantie, §§ 477, 443**
   - Garantieerklärung muss einfach und verständlich sein
   - Mindestinhalt: Hinweis auf gesetzliche Gewährleistung, wesentliche Angaben über Garantie und ihre Geltendmachung
   - Textform der Garantieerklärung, § 477 Abs. 2
   - Aber: Gültigkeit der Garantie trotz Nichteinhaltung der Voraussetzungen, § 477 Abs. 3

Unternehmerregress, §§ 478 f.

1. **Gefahrtragung**
   - § 447 gilt innerhalb der Lieferkette

2. **Disponibilität**
   - Gewährleistungsrecht vor Mitteilung eines Mangels nicht disponibel, § 478 Abs. 4 S. 1
   - Erweiterung durch Umgehungsverbot des § 478 Abs. 4 S. 3
   - Ausnahme: Rückgriffsgläubiger wird ein gleichwertiger Anspruch eingeräumt (z.B. Pauschale), § 478 Abs. 4 S. 1, 2. Halbs.
   - Ausnahme: Schadensersatz, § 478 Abs. 4 S. 2
   - § 377 HGB gilt (§ 478 Abs. 6)

3. **Verjährung**
   - Verjährung frühestens 2 Monate nach Befriedigung des Verbrauchers (Ablaufhemmung)

4. **Beweislastumkehr, § 478 Abs. 3**
   - In den ersten 6 Monaten nach Gefahrübergang vom **Letztverkäufer auf den Verbraucher** wird bei Auftreten eines Mangels vermutet, dass dieser schon bei Gefahrübergang vom **Vorlieferanten auf Unternehmer** vorlag

5. **Garantie**
   - keine Besonderheiten

6. **Fristsetzung**
   - Fristsetzungen (z.B. gem. § 323 oder § 281) sind entbehrlich, § 478 Abs. 1

7. **Aufwendungsersatzanspruch, § 478 Abs. 2**, als eigenständiger, verschuldensunabhängiger Anspruch

Vertiefungsschema 4: Gewährleistungsausschluss

I. Gesetzliche Ausschlussgründe

- ▶ **§ 442:**
  - Abs. 1 S. 1: **Kenntnis des Käufers vom Mangel bei Vertragsschluss**
  - Abs. 1 S. 2: **Grob fahrlässige Unkenntnis vom Mangel bei Vertragsschluss**

  Ausn.: Verkäufer hat Mangel **arglistig verschwiegen** oder **Beschaffenheitsgarantie** abgegeben (Abs. 1 S. 2, 2. Halbs.)

  Beachte: Gemäß § 442 Abs. 2 hat Verkäufer auf **jeden Fall Grundbuchrechte zu beseitigen**

- ▶ **§ 445:** Öffentliche Pfandversteigerung

  Ausn.: • Verkäufer hat Mangel **arglistig verschwiegen** oder **Beschaffenheitsgarantie** abgegeben, § 445, 2. Halbs.

  • Gemäß § 474 Abs. 2 ist § 445 unanwendbar auf Verbrauchsgüterkauf

- ▶ **§ 377 Abs. 2 HGB:** **Rügeverlust bei Handelskauf**; gilt auch im Unternehmerregress, § 478 Abs. 6

  Ausn.: • § 377 Abs. 3 HGB ⇨ versteckter Mangel

  • § 377 Abs. 5 HGB ⇨ Arglist des Verkäufers

II. Vertragliche Ausschlussgründe

1. Individualabrede

a) **Grundsatz:** Wirksamer Gewährleistungsausschluss, da **Vertragsfreiheit**

b) **Ausnahme:** Unwirksamkeit des Gewährleistungsausschlusses

- ▶ **§ 444:** **Arglist** des Verkäufers oder **Beschaffenheitsgarantie** des Verkäufers
- ▶ **§ 475:** Bei **Verbrauchsgüterkauf i.S.v. § 474** ⇨
  - § 475 Abs. 1: Vor Mitteilung des Mangels ist Gewährleistungsausschluss nicht möglich

  Ausnahme: • § 475 Abs. 3: **Schadensersatz** ist ausschließbar

  • § 475 Abs. 2: Verjährungsverkürzung nur bei Gebrauchsachen auf 1 Jahr möglich

- ▶ **§ 478 Abs. 4:** • § 478 Abs. 4 S. 1: für **Unternehmerregress** ist Gewährleistung vor Mitteilung des Mangels nur ausschließbar, **falls gleichwertiger Ausgleich**

  Ausnahme: • § 478 Abs. 4 S. 2: Schadensersatz ist ausschließbar

2. Allgemeine Geschäftsbedingungen

a) **Grundsatz:** Wirksamer Gewährleistungsausschluss, da auch hier **Vertragsfreiheit**

b) **Ausnahmen:**

aa) **Spezielle Ausnahmen:** §§ 444, 475, 478 Abs. 4, s.o. II) 1) b)!

bb) **AGB-Kontrolle §§ 305 ff.** ⇨ s. Aufbauschema 11

- ▶ **§ 309 Nr. 8 b):** nur bei neu hergestellten Sachen
- ▶ **§ 307:** bei Gebrauchsachen ist Gewährleistungsausschluss i.d.R. nicht unzumutbar i.S.v. § 307, da Verkäufer ein legitimes Interesse daran hat
- ▶ **§ 309 Nr. 7 a)–b):** BGH RÜ 2007, 65: Vorschrift ist stets zu beachten, da Gewährleistungsausschluss auch Schadensersatzansprüche impliziert

Beachte: § 309 findet gemäß § 310 Abs. 1 S. 1 keine Anwendung, falls AGB gegenüber einem Unternehmer verwendet werden.

Gemäß § 310 Abs. 1 S. 2 bleibt jedoch der Generaltatbestand des § 307 anwendbar, wobei die Wertungen aus § 309 Nr. 8 b) und § 309 Nr. 7 einfließen können

10. Teil: Gewährleistungsausschluss

Fall 35: Gesetzliche Ausschlussgründe

Der Händler K hat vom Großhändler V 500 Konservendosen „Erbsen und Möhren fein" bestellt sowie 500 Gläser „Gekochter Spargel, Güteklasse 1". Als die Ware eintrifft, wird sie von den Auszubildenden des K in die Verkaufsregale eingeräumt. Anschließend begibt sich K für mehrere Tage auf eine Messe und fährt von dort aus in den Urlaub. Als er nach 3 Wochen zurückkehrt, teilen ihm seine Angestellten mit, dass die Regale zwischenzeitlich wieder ausgeräumt werden mussten, denn der Verkaufsleiter habe bemerkt, dass in den Dosen statt feinen Erbsen und Möhren fein lediglich mittelfeine Erbsen und Möhren enthalten sind; dies ergebe sich aus den Etikettaufdrucken. Des Weiteren weisen die Spargelgläser eine Trübung auf, weil offenbar der Inhalt nicht steril abgefüllt wurde. K verlangt von V hinsichtlich der Konserven und der Gläser Ersatzlieferung. V meint, er schulde keine Ersatzlieferung, weil die Mängel für K ohne weiteres erkennbar gewesen seien und K im Übrigen viel zu spät reklamiert habe. Zu Recht?

Anspruch K gegen V auf Ersatzlieferung aus § 437 Nr. 1 i.V.m. § 439 Abs. 1

I) Voraussetzungen

1) Wirksamer Kaufvertrag K – V, § 433

K und V haben einen wirksamen Kaufvertrag über die Konserven und Spargelgläser geschlossen.

2) Sachmangel, § 434

a) Konserven

Da mittelfeine Erbsen und Möhren keine „schlechten feinen" darstellen, liegt keine Schlechtleistung i.S.v. § 434 Abs. 1 vor. Jedoch wird gemäß § 434 Abs. 3 die Falschlieferung einem Sachmangel gleichgestellt (s. bereits Fall 7).

b) Spargelgläser

Da der Inhalt der Spargelgläser verdorben ist, fehlt die konkludent vereinbarte Soll-Beschaffenheit i.S.v. § 434 Abs. 1 S. 1 oder zumindest die gewöhnliche Verwendungstauglichkeit i.S.v. § 434 Abs. 1 S. 2 Nr. 2.

c) Zum Zeitpunkt des Gefahrübergangs, § 434 Abs. 1 i.V.m. § 446

3) Somit besteht grds. ein Anspruch des K gegen V auf Nacherfüllung. Hier hat K sein Wahlrecht gemäß § 439 Abs. 1 dahingehend ausgeübt, dass er Ersatzlieferung verlangt, zumal hier eine Nachbesserung ohnehin nicht in Betracht kommt.

II) Kein Ausschluss der Gewährleistung

⇨ s. Vertiefungsschema 4

Klausurtipp:
Aufgrund des Kaufvertrages zwischen K und V sind die normalen Gewährleistungsrechte aus § 437 zu prüfen. Der vorliegende Fall hat nichts mit einem Unternehmerregress i.S.v. §§ 478, 479 zu tun, da K nicht an Endverbraucher i.S.v. § 474 weiterverkauft hat

1) § 442

Gemäß § 442 ist generell die Gewährleistung ausgeschlossen, wenn der Käufer den Mangel kennt oder grob fahrlässig verkennt. Zwar könnte vorliegend an grobe Fahrlässigkeit gedacht werden, weil die Falschlieferung bereits aus den Etiketten hervorging und die Spargelgläser eine Trübung aufwiesen, jedoch stellt § 442 auf den Zeitpunkt des Vertragsschlusses ab. Dies gilt auch für grob fahrlässige Unkenntnis, da § 442 Abs. 1 S. 2 auf Abs. 1 S. 1 Bezug nimmt.[80] Hier konnte der Mangel aber erst nach dem Vertragsschluss, bei Anlieferung erkannt werden, sodass § 442 nicht anwendbar ist.

2) Ausschluss gemäß § 377 Abs. 2 HGB

Da hier ein Handelskauf i.S.v. §§ 343, 344 HGB vorliegt, gilt die verschärfende Vorschrift des § 377 HGB. Gemäß § 377 Abs. 1 HGB muss der Käufer die Ware nach Ablieferung untersuchen und, wenn sich ein Mangel zeigt, unverzüglich rügen. Andernfalls gilt die Ware gemäß § 377 Abs. 2 HGB als genehmigt, sodass er jegliche Gewährleistungsrechte verliert.

Vorliegend war sowohl die Trübung in den Spargelgläsern als auch der Inhalt der Konserven aufgrund der Etikettierung ohne weiteres erkennbar, sodass kein versteckter Mangel i.S.v. § 377 Abs. 3 HGB vorlag. Somit hätte K unverzüglich gegenüber V rügen müssen. Der Umstand, dass K sich auf einer Messe und anschließend im Urlaub befand, ändert hieran nichts, da er nicht persönlich rügen musste. Vielmehr hätte K sicherstellen müssen, dass während seiner Abwesenheit sein Verkaufsleiter oder eine andere Arbeitskraft die Mängelrüge absendet.

Da auch keine Arglist des V i.S.v. § 377 Abs. 5 HGB erkennbar ist, gilt somit die angelieferte Ware gemäß § 377 Abs. 2 HGB als genehmigt.

Damit hat K gegen V keine Gewährleistungsrechte.

Ergebnis: K kann somit von V keine Ersatzlieferung gemäß § 437 Nr. 1 i.V.m. § 439 Abs. 1 verlangen.

Klausurtipp:
Die Rügeobliegenheit des § 377 HGB gilt auch bei einem Unternehmerregress, wie § 478 Abs. 6 klarstellt.

Unterscheide:
- **Pflichten**
  sind einklagbar und bei Pflichtverletzung entstehen Sekundäransprüche, z.B. auf Schadensersatz
- **Obliegenheiten**
  sind nicht einklagbar und führen auch nicht zu Sekundäransprüchen. Jedoch entstehen bei Obliegenheitsverletzung (indirekte) Nachteile, z.B. wegen § 377 Abs. 2 HGB Verlust der Gewährleistung

---

80 Palandt/Putzo § 442 Rdnr. 12.

Fall 36: Individual-vertragliche Ausschlussgründe

Rentner K kauft bei V, der einen kleinen Gebrauchtwagenhandel betreibt, einen 12 Jahre alten VW Golf. In dem individual-vertraglich abgeschlossenen Vertrag hat V festgehalten:

„Der Pkw ist laut Angaben des Vorbesitzers unfallfrei; im Übrigen gekauft wie besichtigt unter Ausschluss jeglicher Gewährleistung."

Kurz darauf erleidet K einen Unfall, der zum Totalschaden an dem Pkw führt, weil er in einer Kurve die Gewalt über das Fahrzeug verliert. Untersuchungen ergeben, dass die Vorderachse gebrochen war, weil das Fahrzeug zuvor einen Unfallschaden im Frontbereich hatte und die Achse fehlerhaft repariert worden ist. K verlangt von V Schadensersatz, da V ihm schließlich Unfallfreiheit garantiert habe. Im Übrigen fühle er sich getäuscht. V weist dies empört zurück. Kann K von V Schadensersatz und Schmerzensgeld verlangen?

A) K gegen V auf Schadensersatz statt der Leistung aus § 437 Nr. 3 i.V.m. § 280 Abs. 1, Abs. 3 i.V.m. § 283

I) Voraussetzungen

1) Wirksamer Kaufvertrag K – V, § 433

2) Sachmangel, § 434

Entgegen der ausdrücklich vereinbarten Soll-Beschaffenheit war der Pkw nicht unfallfrei, sodass ein Sachmangel im Zeitpunkt des Gefahrübergangs gemäß § 434 Abs. 1 S. 1 vorlag.

3) Weitere Voraussetzungen für Schadensersatz statt der Leistung, § 437 Nr. 3 i.V.m. § 280 Abs. 1, Abs. 3 i.V.m. § 283

a) Nachträgliche Unmöglichkeit der Nacherfüllung

Da der Pkw einen Totalschaden hat, ist er nicht mehr reparabel. Weil bei älteren Fahrzeugen aufgrund fortgeschrittener Abnutzung ein individueller Zustand entsteht, welcher dazu führt, dass der Charakter einer vertretbaren Sache nicht mehr vorliegt, scheidet eine Ersatzlieferung aus (s.o. Fall 10). Somit ist die Nacherfüllung in beiden Varianten für V unmöglich.

b) Verschulden des V

Ein Verschulden des V wird vermutet. Eine Exkulpation liegt nicht vor. Allein das empörte Zurückweisen durch V genügt nicht, da die Beweislast gemäß § 280 Abs. 1 S. 2 bei ihm liegt.

Somit besteht an sich ein Schadensersatzanspruch statt der Leistung.

II) Kein Ausschluss der Gewährleistung

⇨ s. Vertiefungsschema 4

1) Gesetzlicher Ausschluss, § 442

Da K keine Kenntnis vom Mangel hatte und er den Unfallvorschaden auch nicht grob fahrlässig verkannt hat, greift der Ausschlussgrund des § 442 nicht.

2) Durch Individualabrede

Ausschluss der Gewährleistung:
- per Gesetz
  § 377 Abs. 2 HGB;
  § 442
- per Vertrag
- Grenzen: §§ 444, 475
- zusätzliche Grenzen bei AGB §§ 307 ff., insbesondere
  - – § 309 Nr. 8 b
  - – § 309 Nr. 7
  - – § 307

a) Grundsatz

Grds. sind Individualabreden, die die Gewährleistung ausschließen, aufgrund der Vertragsfreiheit wirksam.

b) Ausnahme gemäß § 444

Sofern der Verkäufer eine bestimmte Beschaffenheit garantiert oder einen Mangel arglistig verschwiegen hat, ist der Gewährleistungsausschluss gemäß § 444 unwirksam.

aa) Arglist des V

Arglist des V hat K zwar behauptet. Da V dies bestreitet, trägt K für den für ihn günstigen Ausschlussgrund die Darlegungs- und Beweislast. K hat für Arglist des V nichts dargetan. Auch die von der Rspr. entwickelte Beweiserleichterung bei einer sog. „Erklärung ins Blaue hinein" setzt voraus, dass K darlegt, dass V Unfallfreiheit zugesagt hat, ohne das Fahrzeug überhaupt untersucht zu haben. Nur dann liegt eine Erklärung „ins Blaue hinein" vor. Dies hat K nicht dargetan.

bb) Beschaffenheitsgarantie des V

Fraglich ist, ob V hier im Wege der unselbstständigen Beschaffenheitsgarantie i.S.v. § 443 zugesichert hat, dass der Pkw unfallfrei ist. Andererseits könnte eine bloße Vereinbarung der Soll-Beschaffenheit vorliegen, die lediglich den Sachmangel i.S.v. § 434 Abs. 1 S. 1 begründet. Wegen der weitreichenden Folgen einer unselbstständigen Garantie, die regelmäßig eine verschuldensunabhängige Schadensersatzhaftung auslöst, vgl. § 276 Abs. 1 S. 1, 2. Halbs. (s. bereits Fall 28 B) II)), sind hieran strenge Anforderungen zu stellen. Zwar kann die einschränkungslose Angabe „unfallfrei" eine Zusicherung und damit eine unselbstständige Beschaffenheitsgarantie darstellen.[81] Hier ist jedoch zu berücksichtigen, dass V keine eigenen Angaben getätigt hat, sondern einschränkend „laut Vorbesitzer" angegeben hat. Damit lässt sich eine unselbstständige Garantie nicht annehmen. Somit greifen die Ausschlussgründe des § 444 nicht.

3) Zusätzliche Grenzen beim Verbrauchsgüterkauf aus § 475

Hier hat K als privater Verbraucher, § 13, von V als Unternehmer, § 14, zu privaten Zwecken gekauft, sodass ein Verbrauchsgüterkauf i.S.v. § 474 vorliegt. Hierfür schränkt § 475 die Möglichkeit von Gewährleistungsausschlüssen ein. Jedoch stellt § 475 Abs. 3 klar, dass ein Verkäufer die Haftung auf Schadensersatz ausschließen kann. Zwar gilt dies nur „unbeschadet der §§ 307–309". Mangels AGB-Vertrag sind hier die §§ 307 ff. jedoch nicht einschlägig.

Somit konnte individual-vertraglich der Anspruch auf Schadensersatz statt der Leistung ausgeschlossen werden. Bestätigt wird dies durch § 276 Abs. 3, welcher klarstellt, dass lediglich die Haftung wegen Vorsatzes nicht vertraglich ausgeschlossen werden kann.

Somit hat K gegen V keinen Anspruch auf Schadensersatz statt der Leistung.

B) K gegen V auf Schadensersatz neben der Leistung (Heilbehandlungskosten) aus § 437 Nr. 3 i.V.m. § 280 Abs. 1 und i.V.m. § 253 Abs. 2 auf Schmerzensgeld

I) Voraussetzungen

---

81 Palandt/Putzo § 443 Rdnr. 4.

1) **Wirksamer Kaufvertrag K – V, § 433**

2) **Sachmangel, § 434 Abs. 1 S. 1**

3) **Weitere Voraussetzung für Schadensersatz neben der Leistung: § 280 Abs. 1**

Das hiernach erforderliche Verschulden des V wird mangels Exkulpation vermutet, § 280 Abs. 1 S. 2.

4) **Rechtsfolge:**

Somit könnte K Schadensersatz neben der Leistung hinsichtlich der Mangelfolgeschäden verlangen. Aufgrund der Verletzung des K ist i.V.m. § 253 Abs. 2 grds. auch ein Schmerzensgeld geschuldet.

II) Kein Ausschluss der Haftung

Da § 475 Abs. 3 hinsichtlich der Art des Schadensersatzes keine Einschränkung macht, kann ein Verkäufer individual-vertraglich auch Schadensersatz neben der Leistung und damit auch Schmerzensgeldansprüche ausschließen. Eine Ausnahme gilt gemäß § 276 Abs. 3 nur bei Vorsatz, der hier nicht vorliegt.

Klausurtipp:
Etwas anderes gilt bei AGB, s. Fall 37

Somit besteht kein Anspruch K gegen V auf Schadensersatz neben der Leistung (Heilungskosten) und Schmerzensgeld.

C) K gegen V aus § 823 Abs. 1 auf Schadensersatz und Schmerzensgeld, § 253 Abs. 2

I) Voraussetzungen

1) **Rechtsgutverletzung**

a) **Eigentumsverletzung am Pkw**

Zwar hat K niemals mangelfreies Eigentum erworben. Jedoch hat der ursprüngliche Mangel zu einem Totalschaden geführt. Damit liegt ein sog. weiterfressender Mangel vor, sodass K insoweit eine Eigentumsverletzung geltend machen kann.

b) **Gesundheitsverletzung**

Im Übrigen sind Körper und Gesundheit des K verletzt worden.

2) **Durch ein Verhalten des V**

Durch das Ausliefern des mangelhaften Fahrzeugs hat V adäquat kausal die vorgenannten Rechtsgutverletzungen herbeigeführt.

3) **Die Rechtwidrigkeit ist indiziert**

4) **Verschulden**

Im Gegensatz zu § 280 Abs. 1 wird im Rahmen des § 823 das Verschulden nicht vermutet. K müsste also ein Verschulden des V nachweisen, wofür bislang nichts dargetan ist.

K kann allerdings zurücktreten und Rückgewähr des Kaufpreises verlangen, da gemäß § 475 Abs. 1 die übrigen Gewährleistungsrechte außerhalb des Schadensersatzes beim Verbrauchsgüterkauf nicht abbedungen werden können.

II) Ausschlussgrund

Im Übrigen hat V seine Haftung für sämtliche und damit auch für deliktische Ansprüche ausgeschlossen. Wie die allgemeine Regelung in § 276 Abs. 3 zeigt, ist dies individual-vertraglich bis zur Grenze des Vorsatzes auch bei deliktischen Ansprüchen möglich.[82]

Ergebnis: Somit bestehen keine Schadensersatzansprüche des K gegen V.

---

82 Palandt/Heinrichs § 276 Rdnr. 35.

Aufbauschema 11: Gewährleistungsausschluss durch AGB

I. **Vorliegen von AGB**

Voraussetzungen (§ 305 Abs. 1 S. 1)

- ▸ vorformulierte Vertragsbedingungen
- ▸ für eine Vielzahl von Verträgen
- ▸ vom Verwender (einseitig) gestellt

Ausnahmen / Besonderheiten

⇨ nicht, wenn ausgehandelt (§ 305 Abs. 1 S. 3)

⇨ gegenüber **Verbrauchern** auch bei einmaliger Verwendung (§ 310 Abs. 3 Nr. 2)

⇨ gegenüber **Verbrauchern** gelten AGB als vom Unternehmer gestellt (§ 310 Abs. 3 Nr. 1)

Auch wenn begrifflich keine AGB vorliegen, sind die §§ 305 ff. gem. **§ 306 a anwendbar** bei **Umgehung**.

II. **Einbeziehung in den Vertrag**

Voraussetzungen (§ 305 Abs. 1 S. 1)

- ▸ **gegenüber Verbrauchern: § 305 Abs. 2**
  - (1) ausdrücklicher Hinweis / Aushang
  - (2) Möglichkeit der Kenntnisnahme
  - (3) Einverständnis mit Geltung
  - (4) nicht überraschend (§ 305 c Abs. 1)

- ▸ **Gegenüber Unternehmern: § 310 Abs. 1 S. 1, Abs. 3 Nr. 2**
  - (1) keine Geltung des § 305 Abs. 2 u. 3
  - (2) Einbeziehung daher nach allg. Grundsätzen (Einigung, kfm. Bestätigungsschreiben).

Ausnahmen / Besonderheiten

⇨ § 305 a: Auch ohne Einhaltung der Voraussetzungen (1) und (2) werden Vertragsbestandteil:

- ▸ genehmigte Beförderungsbedingungen
- ▸ veröffentlichte Telekommunikationsbedingungen
- ▸ Postbedingungen

§ 305 b: Individualabrede verdrängt AGB

⇨ *Widersprechende AGB*

- ▸ *Soweit AGB übereinstimmen bzw. sich nicht widersprechen, gelten sie.*
- ▸ *Soweit sich die AGB widersprechen, werden sie nicht einbezogen; es gilt § 306 Abs. 2.*
- ▸ *Abwehrklausel schließt zusätzlich Einbeziehung ergänzender AGB aus.*

III. **Inhaltskontrolle**
- ▶ **Allgemeines**
    1. Kundenfreundliche Auslegung, § 305 c Abs. 2
    2. Transparenzgebot, § 307 Abs. 1 S. 2
- ▶ **Gegenüber Verbrauchern: Prüfung im Rückwärtsgang!**
    1. § 309 (Klauselverbote ohne Wertungsmöglichkeit) ⇨ *Jeder Verstoß führt zu Unwirksamkeit der Klausel*
        - ▶ § 309 Nr 8 b: Gewährleistungsausschluss bei Verkauf neuer Sachen
        - ▶ § 309 Nr. 7: Differenzierung nach Schäden
    2. § 308 (Klauselverbote mit Wertungsmöglichkeit) ⇨ *Unangemessene Regelung führt zu Unwirksamkeit*
    3. § 307 (Allgemeine Unwirksamkeitsgründe) ⇨ *Verstoß bei Abweichen von Grundgedanken der gesetzlichen Regelung*
        - ▶ bei Verkauf gebrauchter Sachen i.d.R. keine unzumutbare Benachteiligung
- ▶ **Gegenüber Unternehmern: Wegen § 310 Abs. 1 nur § 307**
    Unwirksamkeit nur nach § 307, wobei die §§ 308, 309 eine **Indizwirkung** haben können (vgl. § 310 Abs. 1 S. 2) ⇨ *Keine Indizwirkung: § 309 Nr. 1, 2, 6, 8 b ee, 9, 13*
    Auf die Besonderheiten des Handelsverkehrs ist Rücksicht zu nehmen.

IV. **Rechtsfolgen der Nichteinbeziehung (II) bzw. Unwirksamkeit (III)**
- ▶ **§ 306 Abs. 1:** Wirksamkeit des Vertrages (und der anderen Klauseln)
    Beachte: **Spezialregelung zu § 139**, wonach der Vertrag eigentlich unwirksam wäre
    Ausnahme: § 306 Abs. 3
- ▶ **§ 306 Abs. 2:** Lückenschließung durch gesetzliche Regelung / Vertragsauslegung

Bei Teilunwirksamkeit einer Klausel:

*Grundsätzlich **Verbot der geltungserhaltenden Reduktion**, d.h. Klausel insgesamt unwirksam. Ausnahme: „blue-pencil-test" (Kann die unwirksame Passage ohne Sinnverlust des Restes gestrichen werden, kann dieser bestehen bleiben)*

V. **Zusätzliche Grenzen** ⇨ können ggf. auch zuerst geprüft werden

Beachte: Bei Verbrauchsgüterkauf § 475 beachten!

Beachte: Allgemeine Grenzen: § 444 (Arglist oder Beschaffenheitsgarantie des Verkäufers; § 444, 2. Alt. gilt nicht für Haltbarkeitsgarantien!

> **Fall 37: Gewährleistungsausschluss durch AGB**
>
> K hat für seinen Gartenteich im Zoofachgeschäft des V einen Koi-Karpfen mit einzigartiger Maserung für 1.500 € gekauft. Kurz darauf schwimmt der Fisch im Teich bäuchlings oben und verstirbt. Als K die Rückzahlung des Kaufpreises von V verlangt, verweist dieser auf sein im Geschäft aushängendes, deutlich sichtbares Schild: „Achtung lebende Tiere, bitte haben Sie Verständnis dafür, dass wir keine Haftung übernehmen können. Aus Kulanz erfolgt jedoch Ersatzlieferung innerhalb des ersten Monats." Kann K von V dennoch Rückzahlung des Kaufpreises verlangen, wenn zwischen den Parteien unstreitig ist, dass der ca. 4 Jahre alte Koi-Karpfen bereits bei Veräußerung an einem unheilbaren Virus litt?

A) K gegen V auf Rückzahlung des Kaufpreises unter dem Aspekt „großer Schadensersatz" aus § 437 Nr. 3 i.V.m. § 311 a Abs. 2

I) **Voraussetzungen**

1) **Wirksamer Kaufvertrag K – V, § 433**

2) **Sachmangel, § 434 Abs. 1**

Tiere werden gemäß § 90 a wie Sachen behandelt, sodass § 434 auch anwendbar ist.

Auch ohne besondere Vereinbarung entspricht die Viruserkrankung nicht der gewöhnlichen Verwendungstauglichkeit, sodass ein Sachmangel i.S.v. § 434 Abs. 1 S. 2 Nr. 2 vorlag. Unstreitig bestand dieser auch bereits zum Zeitpunkt des Gefahrübergangs, also der Übergabe i.S.v. § 446.

3) **Weitere Voraussetzungen für Schadensersatz: § 437 Nr. 3 i.V.m. § 311 a Abs. 2**

a) **Anfängliche Unmöglichkeit der Nacherfüllung**

Da die unheilbare Viruserkrankung nicht beseitigt werden konnte und bei dem seltenen Fisch aufgrund des individuellen Charakters eine Ersatzlieferung ausschied, waren beide Varianten der Nacherfüllung von Anfang an unmöglich.

b) **Mangels Exkulpation des V i.S.v. § 311 a Abs. 2 S. 2 wird sein Verschulden weiterhin vermutet**

Somit liegen die Voraussetzungen für Schadensersatz statt der Leistung vor.

II) **Kein Gewährleistungsausschluss**

V hatte auf seinem Schild die Gewährleistung ausgeschlossen.

1) **Kein Verstoß gegen § 475**

Zwar hat K als Verbraucher i.S.v. § 13 bei V als Unternehmer i.S.v. § 14 zu privaten Zwecken gekauft, sodass ein Verbrauchsgüterkauf i.S.v. § 474 vorliegt und daher gemäß § 475 Abs. 1 grds. Gewährleistungsrechte nicht disponibel sind. Jedoch bestimmt § 475 Abs. 3, dass Ansprüche auf Schadensersatz ausgeschlossen werden können; allerdings „unbeschadet der §§ 307–309".

2) Kein Verstoß gegen §§ 307-309 ⇨ s. Aufbauschema 11

a) Begrifflich AGB

Das Schild im Geschäft des V enthielt einseitig gestellte Bedingungen für eine Vielzahl von Fällen und damit Allgemeine Geschäftsbedingungen i.S.v. § 305 Abs. 1. Da das Schild deutlich sichtbar im Geschäft des V hing, waren die AGB auch gemäß § 305 Abs. 2 einbezogen. Einschränkungen im Anwendungsbereich gemäß § 310 sind nicht gegeben.

b) Verstoß gegen § 309 Abs. 1 Nr. 8 b

Die Vorschrift gilt nur für den Verkauf neu hergestellter Sachen. Zwar sind Tiere gemäß § 90 a wie Sachen zu behandeln. Umstritten ist jedoch, ob Tiere als neu zu bezeichnen sind, weil die Kategorien „neu" und „gebraucht" auf Tiere nicht unbedingt passen. Daher sind Tiere allenfalls „neu", wenn sie bald nach der Geburt verkauft werden bzw. noch „jung" sind.[83] Dies war hier nicht der Fall, sodass § 309 Nr. 8 b unanwendbar ist.

c) Verstoß gegen § 309 Nr. 7

§ 309 Nr. 7 gilt für Verträge jeder Art, unabhängig davon, ob der Kaufgegenstand neu oder gebraucht ist. Fraglich ist allerdings, ob bei wie hier vorliegendem Gewährleistungsausschluss § 309 Nr. 8 b als die speziellere Vorschrift den § 309 Nr. 7 verdrängt. Hiergegen spricht jedoch zum einen, dass § 309 Nr. 8 b ohnehin nur für neu hergestellte Sachen gilt. Zum anderen enthält § 309 Nr. 7 die allgemeine Wertung, dass eine Schadensersatzhaftung für die sog. höchsten Rechtsgüter wie Leben, Körper, Gesundheit nicht ausgeschlossen werden kann. Da auch bei Gewährleistungsfällen diese Rechtsgüter als sog. Mangelfolgeschäden eintreten können, ist nach h.M. § 309 Nr. 7 selbst bei neu hergestellten Sachen neben § 309 Nr. 8 b anzuwenden.[84]

Da V hier pauschal seine Haftung ausgeschlossen und damit gegen die Differenzierung in § 309 Nr. 7 a, b verstoßen hat, ist die Klausel gemäß § 306 Abs. 1 unwirksam. Da im AGB-Recht eine geltungserhaltende Reduktion nicht stattfindet (s. AS-Skript Grundlagen Fälle, Schuldrecht AT, 1. Aufl. 2007, Fall 28), ist nach h.M. eine solche Freizeichnungsklausel im Ganzen unwirksam.[85] Unerheblich ist auch, dass hier gar keine Gesundheitsschäden eingetreten sind. Die Wirksamkeit von AGB-Klauseln ist bei Vertragsschluss zu beurteilen und nicht durch eine ex-post-Betrachtung.

Somit liegt kein wirksamer Ausschluss der Schadensersatzansprüche vor.

III) Rechtsfolge

K hat daher einen Anspruch gegen V auf Schadensersatz statt der Leistung aus § 437 Nr. 3 i.V.m. § 311 a Abs. 2.

B) K gegen V auf Rückzahlung des Kaufpreises aus § 437 Nr. 2, 1. Alt. i.V.m. § 326 Abs. 5 i.V.m. § 346 Abs. 1

I) Voraussetzungen

---

[83] BGH RÜ 2007, 65, 69; Palandt/Heinrichs § 309 Rdnr. 54; a.A. Erman/Grunewald § 474 Rdnr. 7.
[84] Palandt/Heinrichs § 309 Rdnr. 40.
[85] OLG Hamm NJW-RR 2005, 1220, 1221; Palandt/Heinrichs § 309 Rdnr. 47.

1) **Wirksamer Kaufvertrag K – V, § 433**

2) **Sachmangel, § 434 Abs. 1 S. 1, zum Zeitpunkt des Gefahrübergangs**

3) **Weitere Voraussetzungen für Rücktritt, § 437 Nr. 2, 1. Alt. i.V.m. § 326 Abs. 5**

a) **Anfängliche Unmöglichkeit der Nacherfüllung**

Für V waren beide Varianten der Nacherfüllung unmöglich, s.o.

b) **Somit konnte K ohne Fristsetzung gemäß § 326 Abs. 5 i.V.m. § 323 zurücktreten.**

c) **Rücktrittserklärung, § 349**

In dem Verlangen auf Rückerstattung des Kaufpreises ist eine konkludente Rücktrittserklärung i.S.v. § 349 zu sehen.

II) **Kein Gewährleistungsausschluss**

1) **Unwirksamkeit des Gewährleistungsausschlusses gemäß § 306 Abs. 1**

Fraglich ist, ob die von V verwendete Freizeichnungsklausel, die alle Gewährleistungsrechte ausschließen soll, lediglich hinsichtlich des Ausschlusses von Schadensersatzansprüchen teil-unwirksam ist (s.o. A) II) 2) c)) oder, weil sie alle Gewährleistungsrechte ausschließt, als insgesamt nichtig anzusehen ist. Da die von V verwendete Klausel nicht zwischen Schadensersatz und anderen Gewährleistungsrechten differenziert und eine geltungserhaltende Reduktion nicht möglich ist, nimmt der BGH in derartigen Fällen Gesamtnichtigkeit der Klausel an.[86]

2) **Verstoß gegen § 475 Abs. 1**

Für den hier vorliegenden Verbrauchsgüterkauf i.S.v. § 474 Abs. 1 bestimmt § 475 Abs. 1 S. 1, dass die Gewährleistungsrechte des Käufers (mit Ausnahme von Schadensersatz, § 475 Abs. 3) vor Mitteilung des Mangels nicht wirksam ausgeschlossen werden können. Die Vorschrift gilt nicht nur für Individualvereinbarungen, sondern auch für Allgemeine Geschäftsbedingungen.

Somit verstößt der Ausschluss des Rücktrittsrechts jedenfalls gegen § 475 Abs. 1 und ist deswegen unwirksam.

III) **Rechtsfolge**

K hat damit gegen V einen Anspruch auf Rückgewähr des Kaufpreises aus § 437 Nr. 2, 1. Alt. i.V.m. § 326 Abs. 5 i.V.m. § 346 Abs. 1.

---

86 BGH RÜ 2007, 65, 70; a.A. BAG NJW 2005, 3305, 3306.

11. Teil: Verjährung

Fall 38: Verjährung der Gewährleistung
Bauunternehmer U soll für den Bauherrn B eine Doppelgarage erstellen. U kauft daher im Großhandel des V Zement und gießt damit die Garagendecke. V hatte jedoch dem U alten Zement angedreht und hierzu das auf den Zementsäcken aufgedruckte Haltbarkeitsdatum abgekratzt. Nach 4 1/2 Jahren stürzt die Betondecke infolge des fehlerhaften Zements ein. U muss daher aus werkvertraglicher Gewährleistung mit dem Bauherrn abwickeln. Nunmehr möchte U Schadensersatz gegen V geltend machen. V beruft sich auf Verjährung, da nunmehr 5 1/2 Jahre vergangen seien. Zu Recht?

A) U gegen V auf Schadensersatz statt der Leistung hinsichtlich des Zements aus § 437 Nr. 3 i.V.m. §§ 280 Abs. 1, Abs. 3, 283

I) Voraussetzungen

1) Wirksamer Kaufvertrag U – V, § 433

U und V haben seinerzeit einen wirksamen Kaufvertrag über den Zement geschlossen.

2) Sachmangel, § 434

Der Zement wies im Zeitpunkt des Gefahrübergangs nicht die gewöhnliche Verwendungstauglichkeit auf und war daher mangelhaft i.S.v. § 434 Abs. 1 S. 2 Nr. 2.

3) Weitere Voraussetzungen für Schadensersatz statt der Leistung, § 437 Nr. 3 i.V.m. §§ 280 Abs. 1, Abs. 3, 283

a) Nachträgliche Unmöglichkeit der Nacherfüllung

Aufgrund der Verwendung des Zements ist eine Nacherfüllung für V unmöglich geworden.

b) Verschulden des V

Gemäß § 280 Abs. 1 wird das Verschulden vermutet. V kann sich nicht exkulpieren i.S.v. § 280 Abs. 1 S. 2.

Somit ist der Schadensersatzanspruch entstanden.

II) Kein Gewährleistungsausschluss

Ein Gewährleistungsausschluss zwischen U und V ist nicht ersichtlich. Im Übrigen wäre ein solcher wegen der Arglist des V auch gemäß § 444, 1. Alt. unwirksam.

III) Durchsetzbarkeit

Die Durchsetzbarkeit könnte aufgrund der Einrede der Verjährung gehemmt sein.

1) Einredeerhebung durch V, § 214 Abs. 1

Aufbautipp:
Hier werden Schadensersatz statt der Leistung (Mangelschaden bezüglich Zement) und Schadensersatz neben der Leistung (Betondecke) getrennt geprüft. Möglich ist auch, dass man einheitlich prüft und dann erst im Rahmen der Rechtsfolge „Schadensersatz" differenziert

Klausurtipp:
Im Prozess wird die Verjährung nicht von Amts wegen berücksichtigt. Vielmehr muss der Beklagte die Einrede der Verjährung erheben, vgl. § 214 Abs. 1. Andererseits sollte in einem Klausurgutachten die Verjährung stets angesprochen werden, kann dann aber um den Hinweis ergänzt werden, dass der Schuldner sich ggf. noch auf die Verjährung berufen muss

Sinn des § 438 Abs. 1 Nr. 2 b: Bauhandwerker haften aus Werkvertragsrecht gegenüber ihrem Vertragspartner (Bauherrn) gemäß § 634 a Abs. 1 Nr. 2 5 Jahre lang. Würde hingegen der Kauf von Baumaterialien als normale bewegliche Sache i.S.v. § 438 Abs. 1 Nr. 3 in 2 Jahren verjähren, so entstünde für ihren Regress gegenüber dem Verkäufer eine Lücke

V hat die Verjährungseinrede i.S.v. § 214 Abs. 1 erhoben.

2) Verjährungstatbestand, § 438

a) § 438 Abs. 1 Nr. 3

Für den Kauf beweglicher Sachen gilt, wie der Vergleich zu den vorstehenden Ziffern des § 438 Abs. 1 ergibt, grds. eine 2-jährige Verjährungsfrist. Diese beginnt gemäß § 438 Abs. 2 nicht erst mit Kenntnis vom Mangel, sondern bereits mit der Übergabe. Da der Zement eine bewegliche Sache darstellt, wäre hiernach die Frist längst verstrichen.

b) § 438 Abs. 1 Nr. 2 b

aa) Verwendete Baumaterialien

Zwar begründet § 438 Abs. 1 Nr. 2 a eine 5-jährige Verjährungsfrist bei dem Kauf von Bauwerken. Der hier gekaufte Zement stellt jedoch kein Bauwerk dar.

Andererseits gilt die 5-jährige Verjährungsfrist gemäß § 438 Abs. 1 Nr. 2 b auch bei Sachen, die entsprechend ihrer üblichen Verwendungsweise für ein Bauwerk verwendet worden sind und dessen Mangelhaftigkeit verursacht haben.

Somit wird für mangelhafte Baumaterialien ebenfalls eine 5-jährige Verjährungsfrist begründet, um Bauhandwerker zu schützen.

Der hier gekaufte Zement wurde entsprechend seinem üblichen Verwendungszweck für die Garage als Bauwerk verwendet und hat infolge seiner Mangelhaftigkeit auch die Mangelhaftigkeit des Bauwerks verursacht, wie der spätere Einsturz zeigt. Somit gilt die 5-jährige Verjährungsfrist des § 438 Abs. 1 Nr. 2 b.

bb) Fristbeginn

Die 5-Jahres-Frist des § 438 Abs. 1 Nr. 2 b beginnt aber wiederum gemäß § 438 Abs. 2 mit Übergabe des Zements. Da diese mehr als 5 Jahre zurückliegt, wäre auch hiernach der Anspruch des U verjährt.

c) § 438 Abs. 3

aa) Arglist des V

Hier hat jedoch V den Mangel arglistig verschwiegen. Daher gilt § 438 Abs. 3 S. 1, der auf die regelmäßige Verjährungsfrist verweist. Gemäß § 195 beträgt die regelmäßige Verjährungsfrist 3 Jahre.

bb) Fristbeginn § 195 i.Vm. § 199

Die 3-Jahres-Frist des § 195 beginnt gemäß § 199 Abs. 1 mit dem Schluss des Jahres, in dem der Anspruch entstanden ist, sofern der Käufer Kenntnis von den anspruchsbegründenden Tatsachen bzw. grob fahrlässige Unkenntnis hat. Hier hat U erst aufgrund der Reklamation des B nach 4 1/2 Jahren Kenntnis erlangen können, sodass hiernach noch keine Verjährung eingetreten ist.

cc) Modifizierung durch § 438 Abs. 3 S. 2

Je nachdem, wann die subjektiven Voraussetzungen des § 199 Abs. 1 erfüllt sind, könnte aber die 3-jährige Verjährungsfrist auch eine Verschlechterung darstellen. Daher bestimmt § 438 Abs. 3 S. 2, dass die Verjährung im Fall des § 438 Abs. 1 Nr. 2 nicht vor Ablauf der dort bestimmten 5-Jahres-Frist eintritt.

Somit ist der Anspruch U gegen V auf Schadensersatz statt der Leistung aus §§ 437 Nr. 3, 280 Abs. 1, Abs. 3, 283 nicht verjährt.

IV) Rechtsfolge

U hat gegen V einen durchsetzbaren Anspruch auf Schadensersatz statt der Leistung bezüglich des Zements.

B) U gegen V auf Schadensersatz neben der Leistung bezüglich der Folgeschäden aus § 437 Nr. 3 i.V.m. § 280 Abs. 1

I) Voraussetzungen

1) Wirksamer Kaufvertrag U – V, § 433

2) Sachmangel, § 434 Abs. 1 S. 2 Nr. 2

3) Weitere Voraussetzungen für Schadensersatz: § 437 Nr. 3 i.V.m. § 280 Abs. 1

Als Folge des mangelhaften Betons ist die von U für B erstellte Betondecke eingestürzt. U haftet gegenüber B hierfür aus werkvertraglicher Gewährleistung, § 634. Dieser sog. Haftungsschaden ist für U ein allgemeiner Vermögensschaden. Dieser Vermögensschaden als kausale Folge des Sachmangels ist als Schadensersatz neben der Leistung zu ersetzen und richtet sich allein nach § 280 Abs. 1. Da V sich nicht exkulpieren kann, liegt Verschulden vor.

Klausurtipp:
§ 634 regelt als Parallelvorschrift zu § 437 die Gewährleistungsrechte im Werkvertragsrecht. Im Gegensatz zu § 437 ist jedoch in § 634 Nr. 2 die Selbstvornahme geregelt

II) Durchsetzbarkeit

Fraglich ist, wonach sich nunmehr die Verjährung beurteilt.

Für Ansprüche aus § 280 Abs. 1 gilt grds. die regelmäßige 3-jährige Verjährung gemäß §§ 195, 199. Dies gilt aber nur für reine Nebenpflichtverletzungen eines Verkäufers i.S.v. § 241 Abs. 2. Liegt hingegen mangelbedingt ein Gewährleistungsfall vor und verlangt der Käufer Ersatz der Mangelfolgeschäden bzw. der kausalen allgemeinen Vermögensschäden, so ist § 280 Abs. 1 i.V.m. § 437 Nr. 3 anzuwenden. Daher richtet sich die Verjährung nach § 438.[87]

Somit gilt das oben Erörterte, sodass keine Verjährung eingetreten ist.

U hat gegen V einen Anspruch auf Schadensersatz neben der Leistung bzgl. der Folgeschäden aus § 437 Nr. 3 i.V.m. § 280 Abs. 1.

C) U gegen V aus § 823 Abs. 2 i.V.m. § 263 StGB

I) Voraussetzungen

V hat den U arglistig getäuscht und hierdurch irrtumsbedingt eine vermögensschädigende Verfügung in der Absicht, sich rechtswidrig zu bereichern, herbeigeführt. Damit ist Betrug, § 263 StGB, als Schutzgesetz i.S.v. § 823 Abs. 2 erfüllt, sodass ein Schadensersatzanspruch aus § 823 Abs. 2 besteht.

---

87 Palandt/Putzo § 438 Rdnr. 2 (str.).

II) **Durchsetzbarkeit**

Die Verjährungsregelung des § 438 gilt nur für vertragliche Ansprüche. Die Verjährung deliktischer Ansprüche richtet sich nach den allgemeinen Regeln der §§ 195, 199, beträgt also grds. 3 Jahre ab Ende des Jahres, in dem der Anspruch entstanden ist, sofern Kenntnis hiervon besteht bzw. grob fahrlässige Unkenntnis. Da hier keine Anhaltspunkte dafür ersichtlich sind, dass U grob fahrlässige Unkenntnis vorzuwerfen ist, muss davon ausgegangen werden, dass U erst aufgrund der Mitteilung des Bauherrn, dass die Decke eingestürzt ist, Kenntnis erlangt hat. Da seitdem noch nicht 3 Jahre verstrichen sind, ist keine Verjährung eingetreten.

U hat gegen V einen Schadensersatzanspruch aus § 823 Abs. 2 i.V.m. § 263 StGB.

D) Anspruch U gegen V aus § 826

I) **Voraussetzungen**

Der von V begangene Betrug stellt gleichzeitig eine vorsätzlich sittenwidrige Vermögensschädigung i.S.v. § 826 dar.

II) **Durchsetzbarkeit**

Die Verjährung beurteilt sich wiederum nach §§ 195, 199 und ist hier noch nicht eingetreten, s.o. C) II).

U hat einen Schadensersatzanspruch gegen V aus § 826

Fall 39: Ablauf der Verjährungsfrist bei Gestaltungsrechten

K hat bei Händler V ein DVD-Gerät gekauft, das nicht nur abspielen, sondern auch aufnehmen können soll. Die Aufnahmefunktion weist jedoch einen Defekt auf. Die Fristsetzung des K an V zur Nacherfüllung bleibt erfolglos. Später gerät bei K, der beruflich bedingt so wenig Zeit hat, dass er das Gerät ohnehin kaum noch benutzt, die Angelegenheit in Vergessenheit. Als er nach 2 1/2 Jahren gegenüber V den Rücktritt erklärt, verweist dieser auf Verjährung. Zu Recht?

1. Abwandlung:
Angenommen, K hat bislang noch keinen Kaufpreis bezahlt. Kann er gegenüber dem drängenden V die Kaufpreiszahlung weiterhin verweigern?

2. Abwandlung:
Welche Verjährungsfrist gilt, wenn V dem K eine 3-jährige Haltbarkeitsgarantie gegeben hat?

K gegen V auf Rückabwicklung aus § 437 Nr. 2, 1. Alt. i.V.m. § 323 Abs. 1 i.V.m. §§ 346 ff.

I) Voraussetzungen

1) Wirksamer Kaufvertrag K – V, § 433

2) Sachmangel, § 434 Abs. 1 S. 1

Die ausdrücklich vereinbarte Soll-Beschaffenheit einer Aufnahmefunktion wies das Gerät von Anfang an nicht auf, sodass ein Sachmangel i.S.v. § 434 Abs. 1 S. 1 vorliegt.

II) Weitere Voraussetzungen für Rücktritt, § 437 Nr. 2, 1. Alt. i.V.m. § 323 Abs. 1

1) Fristsetzung zur Nacherfüllung

Eine Fristsetzung zur Nacherfüllung i.S.v. § 323 Abs. 1, 2. Alt. ist erfolgt. Gleichwohl ist die Nacherfüllung durch V ausgeblieben.

2) Rücktrittserklärung, § 349

K hat auch ausdrücklich den Rücktritt erklärt.

III) Unwirksamkeit des Rücktritts gemäß § 438 Abs. 4 i.V.m. § 218 Abs. 1 S. 1, 2. Alt.

Gemäß § 438 Abs. 4 S. 1 i.V.m. § 218 Abs. 1 S. 1, 2. Alt. ist der von K erklärte Rücktritt unwirksam, wenn der Anspruch auf Nacherfüllung verjährt ist und der Schuldner (Verkäufer) sich hierauf beruft.

1) Verjährung des Nacherfüllungsanspruchs gemäß § 438 Abs. 1 Nr. 3, Abs. 2

Beim Kauf einer beweglichen Sache verjährt der Nacherfüllungsanspruch gemäß § 438 Abs. 1 Nr. 3 in 2 Jahren, beginnend ab Übergabe der Kaufsache, § 438 Abs. 2. Somit ist hier Verjährung eingetreten.

2) Schuldner hat sich hierauf berufen

Da Einreden geltend zu machen sind, setzt auch § 218 Abs. 1 S. 1 voraus, dass der Schuldner, hier also der Verkäufer, sich auf die Einrede der Verjährung beruft, was vorliegend geschehen ist.

Klausurtipp:
Beachte die Technik:
- **Nur Ansprüche können verjähren.** Beruft sich der Schuldner auf Verjährung, so begründet dies gemäß § 214 Abs. 1 ein Leistungsverweigerungsrecht, das die Durchsetzbarkeit des Anspruchs hemmt. Deswegen Prüfungsstandort: Durchsetzbarkeit des Anspruchs
- **Hingegen** können **Gestaltungsrechte** wie Rücktritt oder Minderung nicht verjähren. Daher andere Technik: Das verspätet ausgeübte Gestaltungsrecht ist gemäß § 218 i.V.m. § 438 Abs. 4 bzw. Abs. 5 **unwirksam**. Deswegen Prüfungsstandort nicht „Durchsetzbarkeit", sondern „Unwirksamkeit"

Somit ist der von K verspätet erklärte Rücktritt gemäß § 218 i.V.m. § 438 Abs. 4 S. 1 unwirksam.

K hat daher keine Rückabwicklungsansprüche gegen V aus § 437 Nr. 2, 1. Alt. i.V.m. §§ 323, 346 ff.

1. Abwandlung:

Trotz der Unwirksamkeit des verspäteten Rücktritts nach § 218 Abs. 1 ist der Käufer gemäß § 438 Abs. 4 S. 2 berechtigt, die Zahlung des noch ausstehenden Kaufpreises wegen Mangelhaftigkeit der Kaufsache zu verweigern. Demnach besteht hier nach wie vor ein Zahlungsverweigerungsrecht.

Macht K von diesem Recht Gebrauch, kann allerdings der Verkäufer gemäß § 438 Abs. 4 S. 3 vom Kaufvertrag zurücktreten, um zu verhindern, dass der Käufer die mangelhafte Sache kostenlos behält.

2. Abwandlung:

Welche Verjährungsfrist für Garantien gilt, ist heftig umstritten.

I) Verjährungsfrist

1) Regelmäßige Verjährung, §§ 195, 199

Teilweise[88] wird vertreten, dass bei Garantien unabhängig davon, ob es sich um selbstständige oder unselbstständige Garantien handelt, die Verjährungsfristen des § 438 nicht gelten, sondern die regelmäßige 3-jährige Verjährungsfrist aus §§ 195, 199.

2) Verjährungsfrist aus § 438

Nach der Gegenansicht gelten für unselbstständige Haltbarkeitsgarantien, wie vorliegend, die Verjährungsfristen des § 438, da durch sie die gesetzlichen Gewährleistungsansprüche nur modifiziert werden.[89]

II) Beginn der Verjährungsfrist

1) Wer von der regelmäßigen Verjährung ausgeht, muss für den Beginn der Frist § 199 anwenden, hiernach beginnt die Frist mit Schluss des Jahres, in das das Ereignis fällt, sofern Kenntnis oder grob fahrlässige Unkenntnis der maßgeblichen Umständen vorliegt. Mithin wäre der Zeitpunkt der Entdeckung des Mangels bzw. des Eintritts der grob fahrlässigen Unkenntnis entscheidend.

Klausurtipp:
Für die Klausurlösung muss nicht jede Meinung auswendig gelernt werden, sondern es genügt eine Problematisierung der noch ungeklärten Rechtsfrage

2) Wer hingegen § 438 anwendet, müsste die Frist an sich gemäß § 438 Abs. 2 objektiv mit Übergabe/Ablieferung der Kaufsache beginnen lassen. Dies macht jedenfalls dann keinen Sinn, wenn die Garantiefrist länger als die Verjährungsfrist ist. Deswegen wird teilweise eine entsprechende Verlängerung der Verjährungsfrist vorgenommen. Andere hingegen sehen in der Garantie eine Modifizierung des § 438 Abs. 2 dahingehend, dass generell die Frist nicht mit Übergabe, sondern erst mit Entdeckung des Mangels durch den Käufer beginne und sich dann aber im Übrigen nach den Bestimmungen des § 438 richtet.[90]

---

88 Palandt/Putzo § 443 Rdnr. 23.
89 Bamberger/Roth/Faust § 443 Rdnr. 31.
90 Bamberger/Roth/Faust § 443 Rdnr. 31.

12. Teil: Rechtskauf, Forderungskauf

Fall 40: Rechtskauf, Forderungskauf

Handwerker V hat offene Forderungen gegen seine Kunden S1 und S2. Um zu Geld zu gelangen, verkauft V diese Forderungen an K und tritt sie ihm ab. Als K aus abgetretenem Recht die Forderungen realisieren will, macht S1 geltend, er habe zuvor in dem Werkvertrag mit V ein Abtretungsverbot vereinbart. Bei S2 hingegen stellt sich heraus, dass dieser zahlungsunfähig ist. K ist empört und fragt nach seinen Gewährleistungsrechten gegen V.

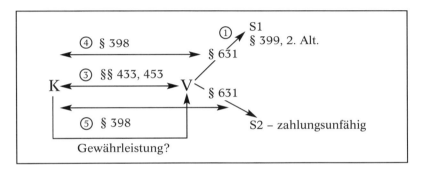

A) Gewährleistungsrechte K gegen V aus § 453 Abs. 1 i.V.m. § 437 entsprechend bezüglich der Forderung gegen S1

I) **Voraussetzungen**

1) **Wirksamer Rechtskauf, § 453 Abs. 1, 1. Alt.**

V und K haben einen wirksamen Kaufvertrag über (Werklohn-)Forderungen und damit über Rechte i.S.v. § 453 geschlossen.

Gemäß § 453 finden für den Rechtskauf die Vorschriften über den Sachkauf und damit auch die Gewährleistungsrechte aus § 437 entsprechende Anwendung.

2) **Mangel der Forderung**

Da ein Sachmangel bei einer Forderung nicht in Betracht kommt (gewisse Ausnahme § 453 Abs. 3) ist der Verweis in § 453 Abs. 1 als Verweis auf Rechtsmängel anzusehen. Da aber § 435 auf Rechtsmängel einer Sache zugeschnitten ist, kommt für den Rechtskauf nur eine entsprechende Anwendung in Betracht. Hiernach liegt ein Rechtsmangel der Forderung vor, wenn das verkaufte Recht nicht besteht, nicht in dem Umfang besteht, wie im Kaufvertrag vorausgesetzt oder wenn andere Rechte entgegenstehen.[91]

Hier war die Forderung gegen S1 gemäß § 399, 2. Alt. nicht übertragbar, weil seinerzeit S1 in dem Werkvertrag mit V ein Abtretungsverbot verein-

Klausurtipp:
Beachte den Unterschied:
- Der Kaufvertrag, das schuldrechtliche Rechtsgeschäft, ist die causa.
- Dieser wird erfüllt durch Übertragung der Forderungen, was durch Abtretungsvertrag gemäß § 398 geschieht (ausführlich AS-Skript Grundlagen Fälle SchuldR AT, 1. Aufl. 2007, Fall 35)

---
91 Palandt/Putzo § 453 Rdnr. 17, 18.

bart hatte. Dies begründet einen Rechtsmangel der verkauften Forderung, weil ein Kauf die Übertragbarkeit durch Abtretung gemäß § 398 als Erfüllungsgeschäft zwingend voraussetzt.[92]

II) **Rechtsfolge:** Gemäß § 453 Abs. 1 kann somit K Gewährleistungsrechte gegen V entsprechend § 437 geltend machen.

B) Gewährleistungsrechte K gegen V aus § 453 Abs. 1 i.V.m. § 437 entsprechend wegen der Forderung gegen S2

I) **Wirksamer Rechtskauf V – K, § 453 Abs. 1, 1. Alt.**

II) **Rechtsmangel der verkauften Forderung, § 453 Abs. 1, 1. Alt. i.V.m. § 435 entsprechend**

Der verkaufte Werklohnanspruch gegen S2 aus § 631 war entstanden, nicht untergegangen und auch nicht einredebehaftet, also (juristisch) durchsetzbar und wurde von V wirksam gemäß § 398 an K abgetreten. Somit könnte V ordnungsgemäß erfüllt haben.

Andererseits ist der abgetretene Anspruch faktisch nicht realisierbar, da S2 zahlungsunfähig ist. Fraglich ist, ob dieser Umstand einen Mangel i.S.d. Gewährleistungsrechts begründet.

- Veritätshaftung Haftung für das Bestehen der verkauften Forderung
- Bonitätshaftung Haftung für die Bonität des Schuldners

1) **Veritätshaftung**

Aus den §§ 453 Abs. 1, 433 folgt, dass der Verkäufer einer Forderung grds. nur für die Existenz des verkauften Rechts haftet, sog. Veritätshaftung. Notfalls muss er das verkaufte Recht schaffen oder, sofern es bei einem Dritten entsteht, sich verschaffen, § 433 Abs. 1 S. 2. Vorliegend ist aber die verkaufte Werklohnforderung gegen S2 existent und juristisch durchsetzbar.

2) **Grds. keine Bonitätshaftung**

Aus §§ 453, 433 ergibt sich nicht, dass ein Verkäufer auch für die Werthaltigkeit des verkauften Rechts, insbesondere für die Bonität seines Schuldners haftet, sog. Bonitätshaftung. Sofern nicht im Kaufvertrag über den Verkauf der Forderung Abweichendes vereinbart wird, haftet ein Verkäufer daher nicht für die Zahlungsfähigkeit des Schuldners des verkauften Rechts.[93]

Da hier eine derartige Vereinbarung zwischen V und K nicht ersichtlich ist, trägt somit V nicht das Bonitätsrisiko. Somit scheiden bezüglich der Forderung gegen S2 Gewährleistungsrechte des K gegen V aus.

---

92 Palandt/Putzo § 453 Rdnr. 20.
93 Palandt/Putzo § 453 Rdnr. 22.

STICHWORTVERZEICHNIS

Die Zahlen verweisen auf die Seiten.

Abgrenzung allgemeine Leistungsstörungen zum Gewährleistungsrecht ... 8
Abgrenzung Anfechtungsrecht zur Gewährleistung ... 5
Abgrenzung Unmöglichkeit zur Gewährleistung ... 3
Abhandenkommen als Rechtsmangel ... 2
Abhandenkommen als Unmöglichkeit ... 2
AGB ... 125
Agenturgeschäft ... 102 f.
aliud ... 22
Aliudherstellung ... 13
Aliudlieferung ... 13
Allgemeine Geschäftsbedingungen ... 116
Anfängliche Unmöglichkeit ... 2, 54
Anfängliche Unmöglichkeit der Nacherfüllung ... 52, 126
Anfechtungserklärung ... 6
Anfechtungsgrund ... 5, 10
Angemessene Frist ... 62
Anspruchsuntergang ... 41
Anwendungsbereich der Gewährleistung ... 14
Äquivalenzinteresse ... 59
Arglist ... 120, 128
Arglist des Verkäufers ... 116
Arztkosten ... 60
Aufwendungen ... 76
Aufwendungsersatz ... 75
Aufwendungsersatzanspruch ... 108
Aufwendungsersatz statt der Leistung ... 51
Ausbleiben der Nacherfüllung ... 51, 61, 64
Ausschluss der Ersatzlieferung ... 31
Ausschluss der Gewährleistung ... 109
Ausschluss der Nachlieferung ... 31
Ausschluss des Wertersatzes ... 41
Auswirkungen der Garantie ... 91

Baumaterialien ... 128
Beratervertrag ... 8
Berichtigung des Verkäufers ... 20
Beschaffenheit ... 12
Beschaffenheitsgarantie ... 86 f., 116, 120
Beweislastumkehr ... 27, 105, 115
Bonitätshaftung ... 134
Bringschuld ... 34

Dingliche Rechte Dritter ... 26
Disponibilität ... 115
Doppelte Fristsetzung ... 73
Dual-Use ... 115
Durchsetzbarkeit des Anspruchs ... 41

Eigenmächtige Mängelbeseitigung ... 69
Eigentumsverletzung ... 66, 121
Eignung für die gewöhnliche Verwendung ... 17
Einredeerhebung ... 127
Eintritt des Garantiefalles ... 80
Elektive Konkurrenz der Nacherfüllungsvarianten ... 28
Enger Unternehmerbegriff ... 98
Entbehrlichkeit der Fristsetzung ... 40, 51
Entfernung ... 34
Entgangener Gewinn ... 4
Entsorgung ... 34
Erfüllungsort ... 28
Erklärungsirrtum ... 5
Ersatz der Verzögerungsschäden ... 68
EU-Konformität ... 37

Evidenzfall ... 107
Exkulpation ... 3, 65
Exkulpation bei anfänglicher Unmöglichkeit der Nacherfüllung ... 55
Exkulpation bei nachträglicher Unmöglichkeit der Nacherfüllung ... 55
Exkulpation bezüglich ursprünglichem Mangel ... 55

Fahrlässigkeit ... 4
Falschlieferung ... 13, 21 f., 27
Fehlerhafte Montageanleitung ... 23
Folgeschäden bei Ausbleiben der Nacherfüllung ... 64
Folgeschäden bei Unmöglichkeit der Nacherfüllung ... 57
Forderungskauf ... 133
Fristbeginn ... 128
Fristsetzung ... 71
Fristsetzung zur Nacherfüllung ... 47, 51, 61, 64

Garantie ... 79
Garantiefall ... 78, 85
Garantiefrist ... 85
Garantievertrag ... 78, 80
Gefahrübergang ... 8, 27
Gefahrübergang bei Sachmangel ... 12
Gefahrübergang bei Versendungskauf ... 95
Geringfügige Mängel ... 49
Gesetzliche Ausschlussgründe ... 117
Gesetzlicher Ausschluss der Gewährleistung ... 18
Gestaltungsrechte ... 131
Gesundheitsverletzung ... 66, 121
Gewährleistung ... 2
Gewährleistungsausschluss ... 21, 28, 51, 63, 116 f., 126
Gewährleistungsausschluss durch AGB ... 122, 124
Gewährleistungsrecht als lex specialis ... 72
Gewährleistungsrechte ... 27
Gewöhnliche Beschaffenheit ... 17
Gewöhnliche Verwendung ... 12
Großer Schadensersatz ... 51, 53, 58
Gutachterkosten ... 60

Haftungsausschluss ... 27
Haftungsprivileg „eigenübliche Sorgfalt" ... 42
Haltbarkeitsgarantie ... 86, 90
Herstellergarantie ... 79
Holschuld ... 34

Identitätsmangel ... 22
Individualabrede ... 119
Individual-vertragliche Ausschlussgründe ... 119
Individuelle Garantierechtsfolgen ... 78
Inhaltsirrtum ... 5
Inhaltskontrolle ... 123
Integritätsinteresse ... 59
Internet-Online-Auktionen ... 114
Inzahlunggabe ... 102
Ist-Beschaffenheit ... 8

Kaufmännische Rüge ... 38, 63, 113
Kleiner Schadensersatz ... 51, 53, 58

Leistungsverweigerungsrecht ... 28

Mahnung ... 63, 68
Mangel ... 8
Mangelbestimmung ... 28

135

Stichwortverzeichnis

Mangel der Forderung ... 133
Mangel der Kaufsache ... 27
Mangelbegriff im Kaufrecht ... 12
Mangelfolgeschäden ... 27, 63
Mangelhaftigkeit der Montageanleitung ... 13
Mangelvermutung ... 106
Minderherstellung ... 13
Minderleistung ... 21
Minderlieferung ... 13, 21
Minderung ... 27, 47 f., 70
Minderung als Anspruchsgrundlage ... 50
Minderungserklärung ... 47, 49
Minderungsgrund ... 47 f.
Minderungsrecht „statt Rücktritt" ... 47
Mindesthaltbarkeitsdatum ... 17
Modellpflege ... 16
Montage ... 13, 23, 27
Montageanleitung ... 13, 23, 27

Nachbesserung ... 29
Nachbesserungskosten ... 112
Nacherfüllung ... 26 f., 29, 51
Nacherfüllungsanspruch ... 28
Nachlieferung ... 28
Nachlieferungsanspruch ... 29
Nachträgliche Unmöglichkeit ... 55
Nachträgliche Unmöglichkeit der Nacherfüllung ... 54
Naturalrestitution ... 8
Neulieferung ... 33
Nutzungsersatz ... 36, 41, 46

Öffentliche Äußerungen ... 19
Öffentliche Versteigerung ... 38, 63, 116
Ort der Nacherfüllung ... 33

Privatautonomie ... 97

Rechte Dritter ... 25
Rechtsgrund ... 9
Rechtsfolgen der Nacherfüllung ... 28
Rechtsgrund ... 9
Rechtsgutverletzung ... 59, 66, 121
Rechtskauf ... 27, 133
Rechtsmangel ... 3, 8, 12 f., 25, 27
Rückabwicklungsschuldverhältnis ... 38
Rückgewähranspruch ... 47
Rückgewähr der Kaufsache ... 41
Rückgewähr der mangelhaften Sache ... 28
Rücktritt ... 27, 38
Rücktrittserklärung ... 38 f., 64, 126
Rücktrittsgrund ... 38 ff., 64
Rügeobliegenheit ... 118
Rügeverlust bei Handelskauf ... 116

Sachmangel ... 8, 14, 17, 27
Schadensersatz ... 27
Schadensersatz neben der Leistung ... 27, 57 f., 63, 65
Schadensersatz statt der Leistung ... 27, 51, 57, 61, 65
Schadensersatz wegen anfänglicher Unmöglichkeit ... 52
Schadensersatz wegen nachträglicher Unmöglichkeit ... 54
Schickschuld ... 34
Schmerzensgeld ... 27, 65
Schuldrechtliche Position eines Dritten ... 26
Selbständige Garantie ... 84, 87
Selbständige Verkäufergarantie ... 83
Selbständiger Garantievertrag ... 78, 84
Soll-Beschaffenheit ... 8
Standzeit des Fahrzeugs ... 15

Störung der Geschäftsgrundlage ... 11
Stückkauf ... 29

Tageszulassung ... 15
Tauschvertrag ... 27
Totalaliud ... 13

Übliche Beschaffenheit ... 12
Umfang der Nacherfüllung ... 33
Umgehungsgeschäft ... 100, 103
Umtauschrecht ... 105
Unerheblicher Mangel ... 38
Unkenntnis des Verkäufers ... 20
Unmöglichkeit ... 2 f., 28, 30
Unmöglichkeit der Ersatzlieferung ... 54
Unmöglichkeit der Nacherfüllung ... 47, 49, 51, 61, 70
Unselbständige Garantie ... 84, 87
Unselbständige Verkäufergarantie ... 90
Unselbständiger Garantievertrag ... 86
Unternehmer ... 94, 114
Unternehmenskauf ... 27
Unternehmereigenschaft ... 96 f.
Unternehmereigenschaft bei Gesellschaften ... 97
Unternehmerregress ... 108 f., 114, 116
Unverhältnismäßigkeit der Kosten ... 28
Unwirksamkeit des Gewährleistungsausschlusses ... 126

Verbraucher ... 94, 114
Verbrauchereigenschaft ... 96 f.
Verbrauchsgüterkauf ... 12, 94 f., 97, 114
Verbrauchsgüterkauf-Richtlinie ... 37
Vereinbarte Beschaffenheit ... 12, 14, 27
Verfristung ... 27, 38, 47
Veritätshaftung ... 134
Verjährung ... 27, 115, 127
Verjährung der Garantierechte ... 78
Verjährung der Gewährleistung ... 127
Verjährungsfrist ... 132
Verjährungsfrist bei Gestaltungsrechten ... 131
Verschulden ... 55
Versteckter Mangel ... 116
Vertretenmüssen ... 3
Verwechselung bei (Aus-)Lieferung ... 22
Verwendung ... 27
Verwendungstauglichkeit ... 12
Verzögerungsschäden ... 67
Verzögerungsschäden bei Ausbleiben der Nacherfüllung ... 67
Verzug mit der Nacherfüllung ... 63, 67
Vorgetäuschte Unternehmereigenschaft ... 101
Vorvertragliche Pflichtverletzung ... 9
Vorvertragliches Schuldverhältnis ... 9

Wechsel des Nacherfüllungsbegehrens ... 28
Weiter Unternehmerbegriff ... 97
Werbeanpreisung ... 84
Werbeaussage ... 19, 27
Werbeaussagen des Herstellers ... 19
Werklieferungsvertrag ... 24, 27
Werkvertrag ... 24
Wertersatz ... 46
Wertersatz für fehlende Neuwertigkeit ... 41
Wertersatzansprüche ... 41
Wirksamer Kaufvertrag ... 27

Zufriedenheitsgarantie ... 84
Zug-um-Zug ... 38
Zuvielzahlung ... 47
Zuweniglieferung ... 27

– – –